JN204537

Reinventing Your Life:
The Breakthrough Program to End Negative Behavior...and Feel Great Again

自分を変えれば人生が変わる

あなたを困らせる10の［性格の癖］

ジェフリー・E・ヤング
Jeffrey E. Young
ジャネット・S・クロスコ
Janet S. Klosko
［著］

鈴木孝信
Suzuki Takanobu
［訳］

Ψ 金剛出版

Reinventing Your Life:
The Breakthrough Program to End Negative Behavior...and Feel Great Again
by Jeffrey E. Young and Janet S. Klosko

Copyright©Jeffrey E. Young and Janet S. Klosko, 1993
All rights reserved
A PLUME BOOK

Japanese translation and electronic rights arranged with
Janet Klosko and Jeffrey E. Young
c/o William Morris Endeavor Entertainment LLC., New York
through Tuttle-Mori Agency, Inc., Tokyo

日本語版への序文

本書は一九九三年に出版されて以来、世界中でたくさんの言語に翻訳されてきました。そしてこのたび日本語翻訳版を出版することができてとても光栄に思っています。本書の内容は、文化的な違いはあろうとも、全ての人に訴えかけるものがあると信じています。それは人間の根本的な体験について言及しており、それは人間であればみな同じだからです。

本書が扱う「スキーマセラピー」は通常の認知行動療法から効果を得られない患者さんを治療するために作られました。それらの人たちは通常「パーソナリティ障害」を持っています。パーソナリティ障害とは、とても長く続く自己破壊的なパターンのために、生きていると慢性的に問題が起きてしまう、そのような病気です。この病気を持つ患者さんは、たいていいつも親密な人間関係に満足しておらず、仕事上でも十分に力を発揮することができません。

スキーマは子どものときに始まり人生を通じて繰り返されるパターン、またはテーマです。本書では、スキーマを［性格の癖］と呼んでいます。スキーマの例として例えば「見捨てられ／不安定」（【あなたなしにはいられない癖】）、「情緒的剥奪」（【愛が足りない癖】）、「服従」（【子分癖】）、「依存／無能」（【依存癖】）等です。本書では10の［性格の癖］について説明しています。

スキーマ（［性格の癖］）はなかなか変わりません。［性格の癖］は、その人の考え、感情、行動、そして記憶と結びついています。これを変えるためには、それら全てを取り扱う必要があります。スキーマ療法は他の心理療法を一つにまとめ上げて、それら全てを取り扱う方法です。

本書は、長くに続く問題を乗り越えるために、日常生活で使える方法をご紹介しています。本書に私たちが望むことは、本書が感受性、智慧、そして思いやりを持って患者さんに接するセラピストの代わりになることです。

二〇一七年六月

ジャネット・クロスコ

まえがき

アーロン・ベック

性格によって引き起こされる難しい問題に対し、J・ヤング、J・クロスコ両先生が、認知療法[*1]の考えやテクニックを用いて取り組んでくださったことに感激しております。二人は、人間関係や仕事において大きな変化をもたらす強力な方法を作り出し、それを一般の人が使える形で紹介したという点で最先端の仕事をされたと言えるでしょう。

パーソナリティ障害[*2]は自己破滅的で、人生を通じて続くパターンなので、患者・相談者に多大な不幸をもたらします。この種の問題を持つ方は、生きること自体を困難に感じ、付け加えてうつや不安など特定の問題にも悩まされます。たいてい、親しい人間関係に不満を感じ、慢性的に仕事で能力を発揮できず、望む基準の生活の質を得られないでしょう。

認知療法は、こういった難しい慢性的なパターンを改善していく方法として進化し続けています。パーソナリティの問題を取り扱うにあたって、表面化している症状、例えばうつ、不安、パニック発作[*3]、依存症[*4]、摂食障害[*5]、性的問題、または不眠だけでなく根底にあるスキーマ[*6]（支配力を持つ信念）を改善していく必要性を感じています（本書ではスキーマを「性格の癖」と記述しています）。心理的な援助に訪れる患者・相談者たちのほとんどは、症状に反映された根深いスキーマを持っています。これらの根深いスキーマを改善していくことで、患者・相談者たちの生活の全面において良い影響を与えることが可能になるのです。

認知療法家はスキーマのレベルの問題を示すいくつかのサインを見つけてきました。一つ目のサインは、問題について患者・相談者が「いつもこうだ・いつもこの問題を抱えている」などと語ることです。つまりその問題が、ある意味「自然」に感じられるということです。そして二つ目が、同意の上で決めた宿題をやってこられないことです。つまり「行き詰まった」感覚を持っており、患者・相談者は変わりたいけど変わることに抵抗を感じるということです。三つ目のサインは、患者・相談者が、自分の言動がどう周囲の人たちに影響を与えているかということに気がついていないということです。おそらく自分を偽る言動に関しての気づきが薄いのでしょう。

スキーマは簡単には変えられません。なぜならスキーマは思考・行動・感情によって支えられているからであり、カウンセリングではこれら全てを改善していく必要があるからです。一部分だけの改善では変化は生まれないのです。

本書は、長く続いている自己破滅的なパーソナリティの10のパターン（「性格の癖」）を正す手伝いをしてくれます。本書は、本来とても複雑な内容を単純化し、理解がしやすい形で書かれています。だから読者の方は「性格の癖」という考え方を飲み込み、自分自身の癖を特定することができるでしょう。実際の心理臨床からのたくさんの事例は「性格の癖」を自分に関連させることに役立つでしょう。また、著者が紹介している方法はとても強力なものなので変化をもたらしてくれることでしょう。この方法は認知療法、行動療法、精神分析、経験的な方法の統合でありながら、認知療法の実践的、問題解決の態度を維持しています。

本書は痛みの伴う人生を通じての問題を、実践的な方法によって克服する方法を提供する、著者の深いきめ細やかさ、慈悲、そして臨床的な洞察が反映された一冊です。

注

＊1　考え方を現実的にすることで病状を改善させる方法。
＊2　自分らしさ（パーソナリティ）が生きる上で支障や苦痛をもたらす個性。強い「性格の癖」がいくつか合併している状態。
＊3　突然または予期される状態で襲ってくる身体の興奮と恐怖感。
＊4　物質（ニコチン等）・行為（パチンコ等）・人間関係といった対象を強く求め、それなしには穏やかでいられないことが続く状態。
＊5　異常に食べること（過食症）と食べないこと（拒食症）の総称。
＊6　あるテーマにおける深い信念。本書では「性格の癖」と言い換えている

序　文

自分で治す本？

本書は、今まで出版された自己啓発本にある深刻な「矛盾点」を埋めるものです。たくさんの良い心理療法があるように、この種の本にも良い本がたくさんあります。けれど、ほとんどの本には限界があるようです。共依存[*7]、うつ、臆病さ、または恋愛関係など、特定の問題しか扱わない本もあります。またインナーチャイルド[*8]のワークやカップルの問題のワーク、または認知行動療法[*9]などたくさんの問題を扱う本もありますが、問題を扱う方法が一つしかない本などもあります。他には、喪失[*10]など大きな問題を説明しているとても興味深いものもありますが、解決法が曖昧で何をして良いのかわからないというものもあります。

本書では、私、J・ヤング博士とJ・クロスコ博士が人生のパターンを変える新しい方法を紹介しています。「性格の癖」の方法では、私たちの心理臨床の中でよく見られる10の破滅的な癖を取り扱います。これらの癖を変えていくために、いろいろな心理療法を組み合わせました。その結果、人生を通じて続くいろいろな問題に対して、より深くより理解しやすい方法を提供する本となりました。

本書は成長することや変わることについてのものなので、本書を生み出すに至った私自身の経緯についてお伝えしておきましょう。多くの点で、私の辿ってきた道は、本書で紹介している筋道に酷似しています。

一九七五年、ペンシルバニア大学の大学院生だった頃、フィラデルフィアの地域のメンタルヘルスセンターで、研修生として始めてカウンセリングを経験しました。私はロジャーズ[*11]の心理療法、非指示的な方法を学んでいて、カウンセリングではほとんどの場合窮地に立たされている感覚でした。相談者たちが、人生の深刻な問題について話し、強い感情を出す中で私が知っていたのは、話を聞き、理解を伝え、話をはっきりさせることで、相談者は自分自身で答えを見出してもらうというものでした。しかしたいてい相談者たちが自分で解決法を見つけることができませんでした。できたとしてもとても時間がかかり、私自身がいらだちを隠せませんでした。ロジャーズの方法は私の「生まれつきの傾向」には合っていなかったようなのです。たぶん私は少し辛抱が足りなかったのかもしれませんが、もっと早く変化が見たかったのです。深刻な問題があるにも関わらず何もできずただ相談者の目の前に座っていることに苛立ちすら覚えていました。

ほどなく、私は行動療法[*12]について学び始めました。それはより早く、具体的な行動の変化をもたらすことを強調する方法でした。

もっと積極的になれ、ただ受身で待つだけではなく、相談者にアドバイスができることを知り、とても安心しました。行動療法は、なぜ相談者が特定の問題を持つのか、そしてそれに対してどのテクニックを使えば良いのかを説明する考えの枠組みを提供してくれます。それは言わば、料理の本や技術的なマニュアルのようでもありました。私が最初に学んだ曖昧な方法と比べると、行動療法的なやり方はとても惹かれるものでした。素早く短時間で変化をもたらすことを意図していた方法だったのです。

数年後、私は行動療法にさえもがっかりしていました。行動療法は人がすることにだけ着目して、人間の内的な世界、考えや感情を無視しすぎているように思えてきたからです。この頃に私はA・ベック博士の『認知療法』を読み、強く惹かれました。ベック博士は行動療法の実践的で直接的な面と人間の豊かな思考や信念を組み合わせたのです。

一九七九年に大学院を卒業した後、私はベック博士とともに認知療法の研究に入りました。相談者や患者さんの考えが偏っており、論理的な別の可能性を示す部分、また問題ある行動を指摘し、新しいやり方を練習する部分を私は良いと思っていました。相談者や患者さんたちは劇的な変化を示しました。つまりうつが改善したり、不安がなくなったりなどです。また認知療法は私自身の生活の中でも役立ちました。そしてアメリカやヨーロッパで専門家に認知療法を広める活動を始めました。

数年後、フィラデルフィアで自分の相談室を持ち、ケアの提供を始めました。そこでも、特にうつや不安の問題を持つ相談者たちには、認知療法は劇的な成果を残していきました。しかし残念なことに、全く反応しなかったり少ししか良くならない相談者さんもたくさんいました。そこで私はそれらの相談者さんの共通点について調べ始めました。そして同じように認知療法を実践している知り合いにも、そういった抵抗を示す相談者さんについて教えてもらいました。ほかの人のカウンセリングの失敗が自分のものと同じようなものであるかどうかを知りたかったのです。

すぐに反応する相談者や患者さんと、そうじゃない方を見分けようとしてわかったものは、私にとっては目からウロコでした。難しい相談者や患者さんはそれほど症状が重いわけではなく、概してうつや不安もそれほど大きくありませんでした。それらの方の問題の多くは、親しい人間関係についてでした。さらにそれらの方は、人生でほぼいつも問題を抱えているようでした。つまり、離婚や両親の他界など、一つの出来事でカウンセリングを受けに来たわけではなかったのです。それらの方みな、自己破滅的なパターンを持っていたのです。

次に私はそれらの相談者や患者さんに共通するテーマをリスト化しました。これが最初のスキーマ、または「性格の癖」のリストです。最初のリストには、10の癖のうちのいくつかしかありませんでした。例えば根本的に何か足りないという感覚、孤立感と孤独感、他人のために自分の欲求を無視する性質、それに不健康な依存の傾向などです。これらの「性格の癖」は、以前までは反応しなかった相談者や患者さんのカウンセリングをする際にとても貴重なものでした。このリストを作ることで、そういった方たちの問題を、取り扱えるだけの小さな部分に分けることができました。そしてそれらの問題やパターンに対して今までとは違った解決法を見出していくことができました。

振り返ってみると、大きなテーマやパターンを見つけ出していくことは、私の性格と一貫していました。人生のいろいろな部分が全体の一部であり、パターンがあり予測可能である、そのように自分の人生を捉えたいと常に思っていました。それらのテーマやパターンを取り出して、自分の人生をもっとコントロールできたら良いのに、そう思っていました。そう考えると、私が大学生の時に、どのくらい信頼できるかという基準で寮の友だちを分類していたことも、今では理解できます。

私がカウンセラーとして向上していった別の道は、排除し批判するのではなく、統合し、組み合わせたいという私自身の願望でした。多くのカウンセラーが一つの心理療法を選びそれに献身する必要があると考えているようです。だから厳格なゲシュタルト療法家、家族療法家、精神分析家、そして行動療法家がいるのです。私はそれよりも、いくつかの心理療法の一番良い部分を統合したものの方がはるかに効果的であると次第に信じ始めました。精神分析にも、経験的な方法にも、認知療法にも薬物療法にも、そして行動療法にも良い点がありますが、単独での使用に関してはそれぞれに大きな欠点があるのです。

一方で、全てをつなぎあわせるような根本的な考えなしには、いろいろなテクニックをでたらめに組み合わせることには反対します。10の［性格の癖］のアプローチは、そういった考え方を提供してくれます。そして［性格の癖］と戦うための複合的な心理療法テクニックを提供してくれます。付け加えて、第2話以降でお伝えしていますが［性格の癖］は過去と今が一つの一貫した全体の一部であるということを知らせてくれるでしょう。それぞれの［性格の癖］は子どもの頃の経験に原因があり、それは直感的に理解できることだと思います。例えばどうして批判的な人に惹かれるのか、どうして失敗をしたときに酷い気持ちになるのか、などを理解できて、過去がいかに悪影響を与えているかを飲み込むことができるでしょう。

人生の広範囲で問題となる、深く刻まれたパターンを理解すること、そしてそれらのパターンがどのように生まれ強くなったのか、またそれらをどう解決していくのかを理解するのに本書が役立てばと切に願っています。

ジェフリー・ヤング
一九九二年九月

注

＊7　依存症の一つ。自分と特定の相手がお互いに必要としすぎることが続く状態。
＊8　傷ついたまま癒されていない自分の中の子どもの頃の自分。
＊9　認知療法に加え、問題に関して調整して行動を行うことで症状を和らげる方法。
＊10　物や人、その他形のないもの（希望等）を失うこと。
＊11　［Carl Rogers］最も影響力のある臨床家として心理療法の発達に大きく貢献したアメリカの心理学者。来談者中心療法の創始者。
＊12　問題に関して調整して行動をすることで症状を和らげる方法。

目次

第1話　あなたの［性格の癖］は？

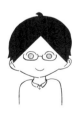

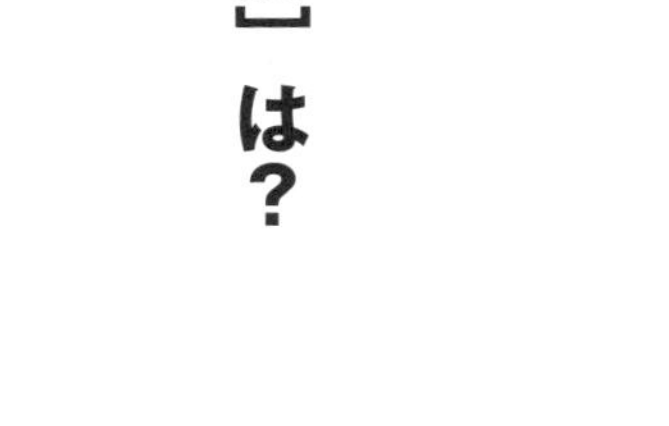
まずは自分の［性格の癖］を
知ることからはじめましょう。

- 冷たい人をいつも好きになっていませんか？　近くにいる人でも、自分のことを十分に考えてくれないしわかってくれないと感じることはありませんか？
- 自分の奥深くに自信を感じられない所があり、そんな自分がバレたら誰も自分のことを愛してくれないし受け入れてくれないと感じていませんか？
- 自分より人を優先するので、自分が望むことや欲しいものが満たされてないと感じていませんか？　自分が本当は何を望んで求めているのかわからないことはありませんか？
- 何か悪いことが自分に起きてしまうかもと恐さを感じて、例えば軽い喉の痛みでさえも、酷い病気（のサイン）かもしれないと怖くなりませんか？
- 周りからどんなに褒められ社会的に認められても、嬉しくないし満たされないし、自分には価値がないと思っていませんか？

このようなパターンを本書では［性格の癖］と呼んでいます。本書では、よくある10の［性格の癖］を取り上げ、どうすれば［性格の癖］に気づき、理解し、変えていけるかを紹介していきます。

まずはどの［性格の癖］が自分に当てはまるかを調べてみましょう。20の質問項目に、それぞれどの位自分は当てはまるかを左記の1～6の数字で回答してみましょう。

1　完全に当てはまらない	4　まあまあ当てはまる
2　ほとんど当てはまらない	5　ほとんど当てはまる
3　少しだけ当てはまる	6　完全に当てはまる

はじめに、子どもの頃にそれぞれがどのくらい当てはまるかを回答してください。もし年齢によって答えが変わってくるようでしたら、十二歳までの平均で回答してください。次に大人になってからそれぞれがどのくらい当てはまるかを答えますが、その時その時で違うようでしたら、過去六カ月で回答してください。

［性格の癖］テスト

子ども	今	質問項目
		①親しい人たちが自分から離れるのが怖いので、その人たちにすがってしまう。
		②自分が好きな人たちが、他の好きな人を見つけて、自分から離れていくことを心配する。
		③裏に隠された意図を警戒するので、たいていの人を簡単には信用しない。
		④傷つけられると思うので、人の前では心を開けないように感じる。
		⑤病気になったり自分が傷つくのではないかなどと心配することが普通の人より多い。
		⑥自分や家族が、お金をなくしたり貧しくなったり、金銭的に人を頼るようになることを心配している。
		⑦物事にうまく対処できないと思うので、誰か自分を手伝ってくれる人が必要だと思う。
		⑧自分と親はお互いの人生や問題に関わりすぎる傾向がある。
		⑨自分をはぐくみ、自分のためにいてくれ、また自分のことを深く気にかけてくれた人はいない。
		⑩わかってくれたり、共感してくれたり、困ったときに指示やアドバイスをしてくれる人は、自分の周りにはいない。
		⑪所属感がないように感じる。自分は人と何か違って、なじむことができない。
		⑫人前では何を言って良いかわからなくなるので、自分は人から見たら鈍くて退屈な人間だ。
		⑬欠点の多い本当の自分がばれてしまうと、私の好きな人たちから愛されなくなる。
		⑭自分が恥ずかしい。他人から愛情をもらったり注目してもらえたり尊重される価値がないと思う。
		⑮仕事や勉強で言うと、自分は周りの人たちほどには賢くないしできない。
		⑯才能や頭の良さ、今まで成し遂げてきたことでは他の人たちにかなわないので、自分を不十分だとよく感じる。
		⑰仕返しをされたり拒絶されたりすると思うので、他人の望み通りに自分が折れるしかないと感じている。
		⑱人のためにたくさんやりすぎて、自分のために十分やっていないと人からは言われる。
		⑲私はやるのなら、並程度では満足せず一番になりたいので、全力を心がける。
		⑳たくさんやることがあるので、リラックスしたり楽しんだりする時間がない。

テストに回答したら、次に記入シートに点数を書き込みます。例を挙げますので、それを見ながら記入してみましょう。

【性格の癖】テスト（記入例）

子ども	今	質問項目
3	2	①親しい人たちが自分から離れるのが怖いので、その人たちにしがみついてしまう。
5	4	②自分が好きな人たちが、他の好きな人を見つけて、自分から離れていくことを心配する。

【性格の癖】テスト　記入シート（記入例）

✓	【性格の癖】	子ども	今	子ども	今	最高点
✓	【あなたなしにはいられない癖】	① 3	① 2	② 5	② 4	5

質問①と②は【あなたなしにはいられない癖】の項目です。質問①から見ていくと、まず「子ども」欄の数値を、記入シートの【あなたなしにはいられない癖】の列、「子ども」の行の記入欄（①は質問番号を意味します）に例のように書き写します（濃い矢印）。そして【あなたなしにはいられない癖】の列、「今」の行の記入欄に「今」の欄の数値を書き写します（薄い矢印）。同じように質問②の数値も書き写します。

これで質問①と②の数値が記入シートの【あなたなしにはいられない癖】の記入欄に移りましたが、四つの数値の中で一番大きいものはどれでしょう。一番高い数値を一番下の欄に書き入れましょう（点線矢印）。この数値が4か5、または6なら一番上の欄にチェックマークを付けましょう。これはあなたが【あなたなしにはいられない癖】を持っている可能性があることを意味しています。もし最高の数値が1か2、または3なら、この癖を持っている可能性は低いでしょう。

では次ページの記入シートにテストの点数を書き写してみましょう。

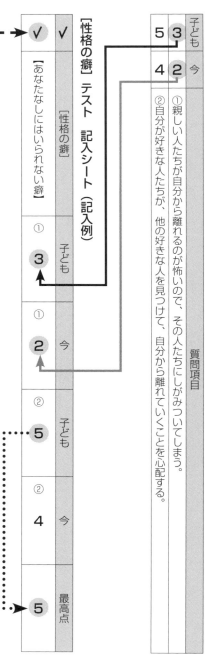

【性格の癖】テスト　記入シート

✓	［性格の癖］	子ども	今	子ども	今	最高点
	【あなたなしにはいられない癖】	①	①	②	②	
	【疑い癖】	③	③	④	④	
	【心配癖】	⑤	⑤	⑥	⑥	
	【依存癖】	⑦	⑦	⑧	⑧	
	【愛が足りない癖】	⑨	⑨	⑩	⑩	
	【一人ぼっちになる癖】	⑪	⑪	⑫	⑫	
	【仮面癖】	⑬	⑬	⑭	⑭	
	【できない癖】	⑮	⑮	⑯	⑯	
	【子分癖】	⑰	⑰	⑱	⑱	
	【完ぺき癖】	⑲	⑲	⑳	⑳	

［性格の癖］テスト結果の使い方

記入シートのチェックマークを参考にして、自分が当てはまる可能性のある［性格の癖］を確認します。次の項目で、可能性のある［性格の癖］の簡単な説明を読み、そしてもっと詳しいテストに答え、それらの癖が自分にどの程度当てはまるのかを確かめましょう。

10の［性格の癖］

テストでわかった「自分に当てはまるかもしれない［性格の癖］」の簡単な説明を読みましょう。その後第1話の最後にあるテストでどれくらい当てはまるのかを確かめましょう。

子どもの頃に、家族環境が安全でなく、安心できなかったことに関連するのが【あなたなしにはいられない癖】と【疑い癖】です。

・【あなたなしにはいられない癖】

大切な人が一生離れてしまうのではないかと思い込んでしまう癖です。深い関係の人が亡くなったり、家出して戻らなかったり、また自分を捨てたりすると、この癖を持つ人は取り残された気持ちを強く感じるでしょう。そのためこの癖を持つ人は自分と深い関係にある人にすがりがちになります。しかし皮肉なことに、すがることは逆に相手を遠ざけることになります。こうして、この癖を持つ人は、深い関係の人と日常的に少し離れるだけでも、とても動揺したり怒ったりするのです。

・【疑い癖】

この［性格の癖］を持つ人は、他人は自分を傷つけたり、騙したり、嘘をついたり、コントロールしたり、恥をかかせたり、暴力を振るったり、自分を利用するだろうと考えがちです。だからこの癖を持つ人は、自分の身を守るために人と親しくなろうとしません。他人の意図を疑い、最悪のシナリオを考え、大切な人に裏切られるだろうと考えるので、人と仲良くなることを避けたり、表面的な人間関係で心を開くことがなかったり、また逆に自分を雑に扱う人には、怒りや恨みを抱えることもあります。

他人に頼ること、自分だけでなんでもこなすことに関連するのが【依存癖】と【心配癖】の二つの［性格の癖］です。

・**【依存癖】**

この［性格の癖］を持つと、誰かの助けなしには毎日の生活を十分にこなせないだろうという気になります。誰かの支えが必要な気持ちになるのです。子どもの頃に自分だけでは物事を十分こなしていけないと刷り込まれたので、大人になって頼りになる強い人を求め、なんでも指示を出してもらいたくなるのです。仕事では、萎縮して自分の意志に従えず、受動的になりがちでしょう。

・**【心配癖】**

この［性格の癖］を持つ人は、天災、犯罪、病気や破産など「今にも大惨事が起こる」と恐怖を感じながら生きています。毎日の生活に安心感がないのです。子どもの頃に、子どもの安全を心配する親から過保護に育てられ、危険なことがたくさんあると刷り込まれたのでしょう。その恐怖は大きすぎ想像の産物であるのにも関わらず、恐怖にとらわれ、安全になるようエネルギーを使うのです。不安発作を起こしたり、ＡＩＤＳに感染したり、気が狂うのでは、破産して路上生活を強いられるのではという恐怖にとらわれ、または飛行機事故、強盗、地震の恐怖などを抱えるかもしれません。

人と気持ちがつながることに関係するのが**【愛が足りない癖】**と**【一人ぼっちになる癖】**の［性格の癖］です。

・**【愛が足りない癖】**

自分に必要な愛情は絶対に満たされないと信じるのがこの［性格の癖］で、この癖を持っている人は、誰も自分を気にかけないし理解しないという気がしてなりません。気づくと冷たく自己中心的な人が好きになり不満を感じたり、自分が冷たく自己中心的であったりします。騙されていると感じ、怒りや傷つき、孤独を感じます。皮肉なことに、この怒りは人を遠ざけ、［性格の癖］を強めてしまいます。

この癖を持つ患者さんがカウンセリングに来ると、その患者さんが帰ってもなおカウンセラーは孤独を感じます。心が通わないためです。この癖を持つ人は、何が愛なのかを知りません。

・**【一人ぼっちになる癖】**

この癖は、友達や仲間とのつながりに関連します。この癖を持つ人は「人とは違う」という感覚を持ち、孤立していると感じます。子どもの頃、同級生に仲間外れにされたと感じたり、友達グループのメンバーでないと感じたりしがちです。何か目立つ特徴のため、人とは違うと感じるのかもしれません。大人になると、集団に入り友達を作ることを避けがちになります。

子どもの時に仲間外れにされたのは、他の子たちが嫌がる何かが自分にあったからだと思うので、人からは好かれないだろうと感じます。大人になってからは、醜い、もてない、地位が低い、会話能力が乏しい、つまらない、または欠陥があると感じるかもしれません。社交の場では自分は劣っているように感じ、劣っているかのように行動します。

この［性格の癖］を持っているかどうかは、はっきりとは自分ではわからないでしょう。この癖を持つ多くの人は、親しい人間関係に満足していますし、またコミュニケーション能力もあります。一対一の関係では、この癖は現れにくく、パーティーの場、教室、また職場で不安を感じ、よそよそしくする、そこではじめてわかるかもしれません。この癖を持つ人は、自分の居場所を求める性質を持っているのです。

自信に関係する二つの［性格の癖］は【仮面癖】と【できない癖】です。

・【仮面癖】

この癖を持っている人は、自分の内面に欠点や短所があると感じ、本当の自分がバレたら、心から愛してくれる人は誰もいないだろうと信じ込んでいます。子どもの時から、家族に尊重されず欠点を責められていたように感じ、自分は愛されるに値しないと自分を責めていたことでしょう。大人になり、人を愛することを恐れ、親しい人たちが認めてくれていると思えず、拒絶されるだろうと考えます。

・【できない癖】

この［性格の癖］は､学校や仕事､そしてスポーツなどで､自分には成し遂げる力が十分にないと思い込ませます。だからこの［性格の癖］を持つ人は、同世代の人よりうまくいっていないと感じます。学習障害があったかもしれませんし、文字を読むなど、大切な能力を身につけるための忍耐力を学ばなかったのかもしれませんが、子どもの頃に物事を成し遂げられないことで、劣っていたり､他の子たちの方がいつも勝っていると感じさせられました。「バカ」「才能がない」「怠けてる」などと言われたかもしれません。そして大人として、その短所を確かめるように行動し、強調しこの癖を持ち続けるのです。

・【子分癖】

子分癖があると、自分の欲求や望みを犠牲にして、他人を喜ばせたり満たせてあげようとします。自分のことを優先することで感じる罪悪感や、また人に叱られたり見捨てられたりする恐れから、人の都合のいいように振る舞います。この癖を持つ人は、子どものときに親に従わせられ、また大人になってからは、色々と押しつけコントロールしてくる人たちや見返りがなく求めすぎる（求めすぎるので十分にお返しをできない）人たちとの恋愛を繰り返すでしょう。

・【完ぺき癖】

完ぺき癖を持つ人は、自分の高い望みを満たそうと必死になります。社会的な地位や高収入、成果、美しさ、規律や決まりごと、そして有名さに大きく価値を持ちそれらを求めすぎるので、幸福感や心地良さ、健康、達成感、良い人間関係が犠牲になります。自分の価値感を他人にも押しつけ、その尺度で他人を厳しく評価します。この癖を持つ人は、子どものときに「一番になる以外は失敗である」という価値観を教え込まれたことでしょう。なので、大人になってからも、することなすこと全て十分でないように感じるでしょう。

ここまでで、どの［性格の癖］があなたに当てはまるのかだいたい検討がついたのかもしれません。最後の仕上げとして、［性格の癖］・質問紙集から、自分に当てはまる可能性のある癖の質問紙に答えてみましょう。

［性格の癖］・質問紙集

これらの質問紙では、それぞれの［性格の癖］の強さを測定します。左記の基準（1～6の数字）を参考にして、大人になってからの自分の体験を元に、それぞれに回答しましょう。もし時期によって答えが違うようなら、最近の自分を元に答えます。答えたら、合計得点を「点数の解釈」（第1話最後のページ）を見て確認しましょう。

1　完全に当てはまらない	4　まあまあ当てはまる
2　ほとんど当てはまらない	5　ほとんど当てはまる
3　少しだけ当てはまる	6　完全に当てはまる

【あなたなしにはいられない癖】質問紙

点数	質問項目
	1　私が好きな人が死んでしまったり、好きな人に捨てられないか心配だ。
	2　捨てられるのが怖いので、私はその人にすがってしまう。
	3　私をサポートし続けてくれる人はいない。
	4　私のことを真剣に考えてくれない人を好きになり続ける。
	5　私の人生では、誰かが近づいてきたと思うと必ず去っていってしまう。
	6　好きな人が私から離れようとすると、いてもたってもいられない。
	7　好きな人が離れて行ってしまうという考えにとらわれすぎているため、かえってその人を遠ざけてしまっている。
	8　私の一番親しい人は神出鬼没で、私のためにそばにいてくれたと思うと、どこかへ行ってしまう。
	9　私は誰かを必要としすぎる。
	10　結局、私は一人ぼっちだろう。
	合計点（質問項目1～10の点数を足します）

【疑い癖】質問紙

質問項目	点数
1　人は私を傷つけたり利用したりするだろう。	
2　親しかった人から虐待を受けたことがある。	
3　好きな人に裏切られるのは時間の問題だ。	
4　私は警戒し、自分を守り続けないといけない。	
5　もし私が気を抜いたら、誰かがそれにつけ込むだろう。	
6　人が本当に私の味方かどうか試すようにしている。	
7　傷つけられる前に、相手を傷つけるようにしている。	
8　親しくなったら傷つけられると思うので、私は人と仲良くなるのが怖い。	
9　人からされてきた仕打ちに対して怒りを感じる。	
10　本来なら信頼できるはずの人たちから、身体的暴力、言葉の暴力、または性的な暴力を受けてきた。	
合計点（質問項目1～10の点数を足します）	

【愛が足りない癖】質問紙

点数	質問項目
	1　今よりもっと愛情をかけてもらわないと満足できない。
	2　誰も私のことを本当には理解していない。
	3　冷たくて私を満足させられない人を好きになりがちだ。
	4　私に近い人たちとさえ、つながりがあるように感じない。
	5　私と一緒にいたいと思い、私に起こることを深く気にかけてくれるような特別な人は、私が好きだった人の中にはいなかった。
	6　温かく接し、抱きしめ、愛情を与えてくれるような人は私にはいない。
	7　私の話を聴き、私が本当に必要としているものや私の気持ちを理解してくれる人は私にはいない。
	8　本当はそうしてもらいたいと感じるのに、人からアドバイスをもらったり守ってもらうことに抵抗を感じる。
	9　人から愛してもらうことに抵抗を感じる。
	10　私はたいてい孤独だ。
	合計点（質問項目1～10の点数を足します）

【一人ぼっちになる癖】質問紙

質問項目	点数
1　社交の場では自意識過剰になる。	
2　私は飲み会や集まりでは、鈍くてつまらない人間だ。何を話して良いのかわからない。	
3　私が友達になりたい人たちは、自分より何かしら優れている（例　容姿・知名度・財産・地位・学歴・職歴）。	
4　ほとんどの社交的な行事はどちらかというと避けたい。	
5　私には魅力がない（太りすぎている・痩せすぎている・背が高すぎる・背が低すぎる・醜い等）。	
6　私は根本的に人と違う。	
7　私はどこにも属さない一匹狼だ。	
8　私はいつもグループの外にいるように感じる。	
9　私の家族は、周りの家族とは違っていた。	
10　私は社会から切り離されているように感じる。	
合計点（質問項目1～10の点数を足します）	

【依存癖】質問紙

質問項目	点数
1　日々のことをこなしていくことで言うと、私は大人というより子どものようだ。	
2　私には自分一人で何とかやっていく能力がない。	
3　一人では物事の対処を十分できない。	
4　他人の方が私より上手に私をケアできる。	
5　教えてもらわないと新しいことに取り組めない。	
6　何も上手くできない。	
7　私は無能だ。	
8　私には常識が欠けている。	
9　私は自分の判断を信用できない。	
10　日常のすべきことに圧倒される。	
合計点（質問項目1～10の点数を足します）	

【心配癖】質問紙

点数	質問項目
	1　何か悪いことが起こるという感覚から逃れられない。
	2　とても悪いことがいつ起きてもおかしくない。
	3　路上生活者や浮浪者になってしまうことを心配する。
	4　犯罪者や強盗、泥棒に襲われることを心配する。
	5　医師からは何も言われていないにも関わらず、重い病気になるのではないかと心配する。
	6　不安なので一人で飛行機や電車に乗って旅行に行けない。
	7　突然強い不安に襲われる。
	8　体の感覚を気にすることが多く、その意味を心配する。
	9　公共の場で理性を失ったり気がおかしくなったりすることを心配する。
	10　お金を失ったり一文なしになることをとても心配している。
	合計点（質問項目1～10の点数を足します）

【仮面癖】質問紙

質問項目	点数
1　もし本当の私を知ってしまったら、誰も私を愛せないだろう。	
2　根本的に欠陥があるので、私には愛される価値がない。	
3　どんなに親しい人にでも見せたくない秘密を持っている。	
4　両親が私を愛せなかったのは私の責任だ。	
5　本当の私は誰にも受け入れられないので隠している。見せている自分は偽の自分だ。	
6　私は批判的で拒絶的な人たち（親・友達・恋人）によく惹かれる。	
7　私は自分を拒絶するし、自分を愛してくれているように思える人に対して批判的だ。	
8　自分の長所に価値をあまり感じない。	
9　私は大きな恥を抱えながら生きている。	
10　私の欠陥がばれてしまうことがとても怖い。	
合計点（質問項目1～10の点数を足します）	

【できない癖】質問紙

質問項目	点数
1　自分の仕事の業績は人より不十分のように感じる。	
2　今まで成し遂げてきたことで言うと、私は負け犬のように感じる。	
3　仕事において、同世代の人たちは私より成功している。	
4　学生の頃は落ちこぼれだった。	
5　周囲の人たちと比べると、私は知的に劣っている。	
6　仕事で失敗したことで恥をさらしているように感じる。	
7　仕事で結果を残していないように感じるので、他人と一緒にいると恥ずかしく感じる。	
8　人は私を実力以上に買い被っている。	
9　私は人生で役立つような特別な能力を一つも持っていないように感じる。	
10　私は自分の可能性以下の仕事をしている。	
合計点（質問項目1～10の点数を足します）	

【子分癖】質問紙

点数	質問項目
	1　人の言いなりになってしまう。
	2　人の思い通りにしないと、攻撃されたり、叱られたり、受け入れられないと思う。
	3　私の人生の大きな決断は、自分がしたものではないように感じる。
	4　私の権利を尊重してくれるよう人に言うのは大変なことだ。
	5　人を喜ばせて認めてもらうことばかり考えている。
	6　人とぶつかり合うのをとても避けている。
	7　自分がしてもらうより多く人にしてあげている。
	8　人の痛みがわかるので、最終的には私が周囲の人の世話役になる。
	9　自分のことを優先すると罪悪感を覚える。
	10　自分のことより人のことばかり考えているので、私は良い人間だ。
	合計点（質問項目1～10の点数を足します）

【完ぺき癖】質問紙

点数	質問項目
	1　自分のすることは何でも一番でなければいけない。二番は受け入れられない。
	2　自分のすることは全て不十分だ。
	3　私は物事を完ぺきに整理することに努力している。
	4　私はいつもベストを尽くすよう努めなければいけない。
	5　たくさんのことを成し遂げないといけないのでリラックスする時間がない。
	6　頑張りすぎのせいで、人間関係が悪化している。
	7　大きなプレッシャーを感じているので、健康が損なわれている。
	8　自分が間違いをした時は、激しく非難されても仕方ない。
	9　私は競争心が強い。
	10　お金と地位はとても大切だ。
	合計点（質問項目1～10の点数を足します）

点数の解釈

10〜19	（とても弱い）この「性格の癖」は当てはまらないでしょう
20〜29	（弱い）たまにこの「性格の癖」が当てはまるでしょう
30〜39	（やや強い）この「性格の癖」は人生でパターン化しているでしょう
40〜49	（強い）この「性格の癖」は根強い人生のパターンでしょう
50〜60	（とても強い）この「性格の癖」中心で人生が回っているでしょう

第2話　「性格の癖」とは？

満足いく女なんて
そういないな…
Check!!
確認しないと
不安で不安で…
妻が不倫しても
離れられない…
「性格の癖」は生涯を通じて
繰り返されるパターンです。

子どもの頃に見捨てられたり、責められたり、過保護に育てられたり、虐待をされたり、仲間外れにされたり、感情的やり取りのチャンスを奪われたりなど、家族や周りの子どもたちに何かをされ傷つくことで［性格の癖］は始まります。そして、やがてその癖が当たり前になり、大人になってからも、酷い扱いを受けたり、無視されたり、へこまされたり、支配されたりした過去が繰り返し起こり、ものごとが上手くいかない状況が作られ続けてしまいます。

［性格の癖］で、考え方、感じ方、行動パターン、そして人との関わり方が決められます。［性格の癖］は、怒りや悲しみ、不安などの強い感情を引き起こし、また［性格の癖］があるがために、日々の生活を十分に楽しむことができないし、自分を信じられないこともあります。たとえ、社会的地位や理想の結婚、身近な人たちからの尊敬、職業上の成功など望むものを全て手に入れても、です。

相談者No.1

栄一（三九歳）大成功した株式ブローカー

口説き落としては心が通じ合わない女性関係を続ける【愛が足りない癖】を持つ男性

栄一さんのケースは、自滅に陥ってしまう［性格の癖］のケースです。

栄一さんは「どの女にも満足しない」と言いながら次々と女性と付き合っては別れを繰り返していました。新しい女性と会い付き合い始めると、だんだんとガッカリしていくのです。栄一さんが一番満足する女性は、色っぽく、情熱的な女性でしたが、こういった人との関係は長くは続きませんでした。

女性と通じ合うことができず、栄一さんはただ女性を支配することしかできなかったようです。彼が女性に興味を失うポイントは、まさに相手が彼を好きになる瞬間であり、彼が「勝ち取った」瞬間なのでした。

栄一：女が甘え始めたら引くね。すがって離れなくなってきたらもうアウト。特に人前でそんなことされた日には、すぐにでも逃げ出したくなるよ。

栄一さんはいつも孤独に感じていたようです。彼の心は空っぽで、体の中に穴があるかのように感じていたようです。だから彼は、その穴を埋めてくれそうな女性を探していたのです。でもそんな女性は絶対に見つけられない、そう思っていたようです。彼は、今までずっと一人ぼっちだと感じていたし、これからもそうだろうと感じていたようでした。

栄一さんは子どもの時にも同じような孤独を感じており、でも父親と母親が冷たく感情を表に出さない人たちだとは思っていなかったようです。実際は、彼の感情的な欲求を親が満たしてくれることはなかったようでした。栄一さんは、感情のやり取りがないまま育ち、そして大人になっても、人と気持ちのやり取りのない、距離をとった関係を再現し続けていたのでした。

栄一さんはこのパターンを無意識のうちに、数年の間カウンセラーたちとの間で何度も繰り返していたようでした。カウンセリング開始当初は希望を与えてもらえると感じるのですが、だんだんとガッカリさせられたと感じ、次々とカウンセラーを変えていったのです。カウンセラーと心を通わせることができず、カウンセラーの失敗を見つけては、止める理由としていたのでした。カウンセリングを止めるごとに「人生は変えられない」という思い込みを深め、そして孤独に感じるのでした。

栄一さんが会ったカウンセラーは温かく共感的でしたので、親密な関係にならないように努める栄一さんの態度が問題でした。カウンセラーたちは、栄一さんの自滅的なパターンを十分に問題として取り上げようとしなかったようでした。【愛が足りない癖】から抜け出すには、女性のあらを探すことを止めることがまず必要でした。そして親密になることや女性の優しさを受け入れることを栄一さんは快くは感じていませんでしたが、その気持ちに立ち向かう必要があったのです。

カウンセリングでは彼の［性格の癖］が現れるたびに、それを削るために繰り返し彼に向き合いました。彼の両親はとても冷たい人たちだったようです。そのことを考えると、栄一さんが親密さを不快に感じることに対して、カウンセラーは誠実に理解を示すよう接することがとても大切なことでした。一方で「あの女は綺麗じゃない」「あの子は頭悪い」「この女とは合わない」などと言い出すたびに、［性格の癖］にはまりこんでいる、と向き合って話す必要もありました。この理解しつつも向き合う態度、感情的なサポートなどを行い、一年が過ぎる頃には、彼は大きく変わり始めました。彼はある温かみのある女性と婚約をしたのです。

栄一：今まで会ってきたカウンセラーは理解のある人たちだったよ。けど、誰も背中を押しくれなかったんだよね。だから、すぐに昔から馴染んでいるパターンに戻ってしまっていた。けど今回のやり方は違ってた。人間関係を作ることにもっと向き合えたと思う。婚約したのは、彼女との関係を失敗させたくなかったし、彼女との関係に満足していたから。彼女はもちろん完璧じゃないけど、誰かと心がつながっているか、それともこのまま一生一人でいるか、どちらかを取るかという決断ができたんだと思う。

［性格の癖］を取り扱うこのアプローチでは、相談者が自分自身に立ち向かう必要があります。［性格の癖］にはまりこんだときに、どうやってそれに気がつくか、そして癖が弱まるまで、どうやってそれに繰り返し立ち向かうのか、本書を通じて学ぶことになるでしょう。

相談者No.2

美羽（四二歳）
とても強い恐怖のため、家から外に出られず精神安定薬で不安を治療している、【心配癖】を持つ女性

ある意味、美羽さんは生きていないとも言えます。彼女は恐怖におののき何もできないのです。人生は危険をはらんでいるので、彼女は「安全」に感じる家に留まることを好んでいるのです。

美羽：銀座とか行ったらすごく楽しいってわかっているんです。映画館もあるし、素敵なレストランもあるし、友だちに会うのも楽しいことはわかっているんです。でもすごく気が重いんです。面白くないかも、とか悪いこと起きるかもって、ずっと心配してると思います。

美羽さんは、交通事故に遭ったり橋が崩れたり、怖い人に絡まれたり、病気に感染したりお金を使いすぎることをとても心配していました。そう心配していたので、いわゆる都会に出て楽しく過ごすことができないと感じていたのです。

美羽さんの夫は、そういう彼女に苛立ちを感じていたようです。一緒に出ていろいろと楽しみたいと思っているのに、そういうチャンスを奪われてしまうのは納得がいかない、と話してくれました。次第に不本意ながらも彼は一人で出かけて時間を楽しむようになりました。

美羽さんの両親は、幼い時に第二次世界大戦を体験していました。それもあって、彼らはとても過保護で、美羽さんが言うには「触れたら壊れる人形のように」美羽さんと接していました。そして美羽さんは、心身の健康に害を与えるかもしれないこと（現実的ではない）を何度も注意されていました。例えば、白血病に感染してしまう、地下鉄に閉じ込められてしまう、溺れたり火事にあったりする、などです。美羽さんはこういった育てられ方をしていたのですから、安全であることを確かめることに執着し、ほぼ常に強い不安状態でいることも無理はありません。

来室の前に、美羽さんは三年間、何種類かの抗不安薬での薬物療法を受けていました（不安障害には薬物療法が最も一般的な治療法です）。一番最近では、ロラゼパムを処方していた精神科医の診察を受けていました。薬を毎日飲むことで不安は減り、毎日をもう少し楽しめるようになりました。けれど、美羽さんは家からはあまり出ませんでした。「家の中を幸せそうにうろうろと歩き回れるようになっただけ」と夫は不満を感じていました。

また美羽さんはロラゼパムに依存しているように感じていました。

> 美羽：残りの人生、ずっとこれを飲み続けないといけないみたい。これを止めることを考えただけで怖く感じるし。前みたいに、いつも何にでも怖がっていたあの時には絶対に戻りたくないから。

ストレスフルな状況をうまく乗り切った時も、美羽さんはその成功を薬のおかげだと考えていたようでした。そういうこともあり「自分はできる」という自信を、彼女は積み重ねていなかったようです（だから特に不安障害の治療では減薬とともに症状の再発が起こりやすいのです）。

美羽さんは、この［性格の癖］に取り組むことで、一年間ほどで生活はとても良くなりました。少しずつ苦手な状況を体験していき、旅行したり、友だちに会ったり、映画を観に行ったりすることができるようになり、やがてパートを始めようと決意しました。

カウンセリングでは、悪いことが起きるかもしれないと感じることを現実的に見られるよう手助けをしました。害のない状況で最悪のリスクを強調していることを繰り返し話し合いましたし、また家の外では自分の弱さを強調して考えていることについても話し合いました。その結果、美羽さんは適度な用心深さを学び、夫や友だちに安心させてもらうことを止めました。結婚生活も改善し、生活の中に楽しさをもっと見出せるようになりました。

繰り返されるアイロニー

栄一さんと美羽さんは、10の［性格の癖］のうちの二つの例を示しています。**【愛が足りない癖】**と**【心配癖】**です。これから他の相談者たちの話をしていき、そこで残りの［性格の癖］について詳しく紹介していきます。残りの八つの［性格の癖］は**【子分癖】**、**【疑い癖】**、**【あなたなしにはいられない癖】**、**【仮面癖】**、**【依存癖】**、**【できない癖】**、**【完ぺき癖】**、**【一人ぼっちになる癖】**です。

「私たちは幼少期に得た苦しみを繰り返している」という考え方は、精神分析的な心理療法[*1]ではとても大事なことだと考えられます。精神分析の父であるフロイト（Sigmund Freud）はこの繰り返しを反復強迫と呼びました。例えば、アルコール依存症を親に持つ子どもは成長してアルコール依存症の人と結婚をする、虐待を受けた子どもは大人になって虐待をする人と結婚をしたり自分が虐待をする側になったりする、または親の言いなりに育てられた子は他人に従順になりすぎる、などです。

どうして私たちはこのようにしてしまうのでしょう？　どうして私たちは過去の苦しみを再現し苦しみを長引かせるのでしょう？　どうしてそのようなパターンから抜け出して、もっと良い人生を作っていかないのでしょうか？　ほとんどの人が自分を騙しながら、幼少期からのネガティブなパターンを繰り返しているのです。おかしいと思えるかもしれませんが、これは心のケアに携わる専門家たちが語る真実なのです。私たちは大人になって、過去に体験した酷い状況と似た状況を作り出してしまうのです。これらのパターンを再現する全てのもの、それが［性格の癖］です。

［性格の癖］は専門的にはスキーマと呼ばれます。スキーマという考え方は、もともと心理療法の一つである認知療法からきています。自分や世界について頑なに信じている信念の総称、それがスキーマです。これは人生の早くに私たちが学んだことから作られます。そしてこのスキーマが自分であるという感覚の中心です。だからスキーマの中の信念を手放すということは、自分は誰で世界はどういうところかというような、すでに知っている安心感を手放すようなことです。そのため、例え自他が傷つこうとも私たちはそれにしがみつくのです。人生の早くに作られたこういった信念は、心地良くなじみ深いのです。おかしなことですが、スキーマは家に帰ったような感覚を与えてくれるのです。認知療法を使うカウンセラーが、スキーマ（［性格の癖］）を変えるのはとても難しいと考えるのは、こういう理由からです。

では恋愛の場面で、［性格の癖］がどう関係しているのかをお伝えしましょう。

相談者 No.3

竜也（三五歳）建設請負業者

妻が浮気をすればするほど、妻に情熱を感じる【あなたなしではいられない癖】を持つ男性

竜也さんは奥さんが不倫を続けることに不満を感じていました。不倫のたびに、竜也さんは死にもの狂いになっていました。

竜也：何をしてでも妻を取り戻したい。本当に我慢ならないんです。妻が離れていったら、僕はばらばらに崩れてしまいそうだってわかっているんです。なぜこんなことに我慢し続けているのか自分ではわかりません。妻が他の男と一緒にいるのを知ると、妻をもっと愛するようになる、そんな感じなんです。「自分がもっと良い男であれば妻はこんなこと繰り返す必要はない。もしもっと良い男になれたら妻は僕のそばから離れない」そんなことを最近思い始めて。

奥さんは、不倫が発覚するたびに「もうしない」と約束をし、竜也さんもそれを信じました。そして竜也さんの期待は打ち砕かれるのでした。

竜也：妻がこんなこととまたするなんてホント信じられません。こんなに辛いなんて。前回の後、もう絶対やめてくれると思いました。本当に酷いことをしたって妻も認めていましたから。僕はもう死にたいとも思いましたよ。妻がこんなことをするなんて、本当に信じられない。

竜也さんの結婚生活はジェットコースターのようでした。何もできずただそれに乗り、期待から絶望へ、上昇と衝突を何度も繰り返していたのです。

竜也：一番辛いのが待つことです。妻が何しているのかわかっている中、家に帰ってくるのを待つんです。数日間待っていることもありました。ただ座って妻が返ってくるのを待っていたんです。

竜也さんは待っている間、涙をこぼして悲しむのと激怒するのを交互に繰り返しました。そして彼女がやっと帰宅した時に事はいつも起きていたようでした。彼女を殴ったこともあったそうです。その後必ず許しを乞うていたようでした。竜也さんはジェットコースターから降りたかったのです。安定と心の平和を望んでいた、と彼は話してくれました。しかし、これが【あなたなしにはいられない癖】の皮肉なのですが、奥さんの行動が不安定であればあるほど、深く惹かれ、彼女が別れ話を持ち出すと、竜也さんはもっと彼女に夢中になるのでした。

二歳の時、竜也さんの父親は家族を見捨てて家を出ていったそうです。彼と二人の妹は母親に育てられましたが、その母親はアルコール依存の問題を持っており、酔っている時には育児を放棄していました。これらの感覚は彼にとってなじみ深いものなので、このなじみ深い感覚を取り戻そうと今の奥さんと結婚し、彼女の不倫を許していたのでした。

竜也さんは精神分析療法を三年間、週に三回それぞれ五〇分間、莫大な費用をかけて受けていました。

竜也：相談室に入り、ソファーに寝そべって、頭に浮かぶことを何でも話して。寂しかったなぁ。この三年間で、カウンセラーはほとんど何も言ってくれなかったんですよ。僕が泣き崩れたり、彼に怒鳴ったりしても、ほとんど何も言わないで。そこに誰もいないかのようだったです。

幼い頃のことや、ソファーの上で感じていたことについてたくさん話していたようです。それでも問題が改善しているように思えず、竜也さんは精神分析にいらだちを感じるようになりました。彼は問題についてはより理解しましたが、その問題をいまだ抱えているのでした（これは精神分析についてよく語られる不満です。理解だけでは不十分なのです）。もっとすぐに効果が出て、直接問題を取り扱い、そして導いてくれる方法を彼は求めていたようでした。

［性格の癖］を取り扱う方法は、竜也さんが望んでいた治療の筋道を提供しました。つまり、距離をとり、余計な刺激を与えない従来のやり方ではなく、カウンセラーは竜也さんと協力して治療を進めたのです。例えば、彼の行動や考えのパターンとその変え方について理解できるようカウンセラーは手伝いましたし、またどういう基準で女性を選ぶかについてアドバイスを与え、性的に強く感じる相手との破壊的な関係に溺れないよう警告をしました。多くの人たちと同じように、彼は自分の［性格の癖］を強めてしまう相手に惹かれていました。

一年半に及ぶ［性格の癖］へのケアの間、彼は奥さんと上手くいくように最善を尽くしました。彼女をコントロールしようとすることを止め、彼女がもっと自由に感じられるように努め、誠実に関わりました。しかし、奥さんは一向に変わる様子もなくむしろ悪化、最終的に竜也さんは彼女との離婚を決意しました。

カウンセリングの初めに、竜也さんに「彼女と離婚しようと思ったことがあるか？」と尋ねた時「心がバラバラに壊れてしまいそうで怖い」と話していました。しかし、最終的に決意をして彼女との結婚生活を終わらせた時、彼の心はバラバラにならないどころか、落ち着きを持ち、自分の決断に疑いを感じていない様子でした。彼女と離れた人生が想像できていたのでした。自滅的な関係を止めるという彼の決断は正しいものだったのでしょう。

竜也さんは次第に他の女性と付き合うようになりました。初めは元妻と似た、移り気で彼の支えにならない女性たちと付き合っていました。それは放蕩のサイクルを繰り返しているような付き合い方でした。カウンセリングでは健康的な女性関係を作れるよう少しずつ手伝い、そしてとても一途で安心できる女性と六カ月同棲するに至りました。この女性は竜也さんとの関係を大切に考えているように思えました。色っぽさで元妻に劣ったようですが、竜也さんは人生で初めて安定し優しさに満ちた環境に満足することができたのでした。

［性格の癖］の種類によりますが、［性格の癖］を取り扱う方法は、必要で健康的な恋愛関係、そして避けるべき恋愛関係を正しく教えてくれるのです。たいていの場合は楽な道ではありませんし、竜也さんのようにしばらくは自分にとって苦しい選択をしていかなければいけないし、本能に反する必要もあります。

相談者No.4

徹（三〇歳）家族経営の織物業に就き父親の元で働く

従業員の管理が苦手で、別の仕事をしている方が楽だと感じる【子分癖】を持つ男性

徹さんは人のことを考える人でした。自分を後回しにして人の望みを優先させる彼は、いつも「何でも良いよ。キミが決めて良いよ」と答えるタイプの人でした。

徹さんは自分の妻の気分を害さないよう、彼女が言うことや望むものは全て反対しませんでした。同じように子どもたちの望みに決して否定しないように努めていました。それに父親の気分を害さないよう、嫌いな仕事であっても家業を手伝っていました。

徹さんは努力をしていましたが、皮肉なことに周りの人たちは彼に対して苛立ちを感じていたようです。彼には自己犠牲の傾向もあって、奥さんは徹さんの芯のなさに怒りすら感じていたようです。子どもたちは徹さんが優しいことを逆手にとって利用していましたが、しつけをしないことに対しても怒りを感じていたようでした。父親は徹さんの弱みや、自主性のない仕事態度に頻繁に苛立ちを感じていたようです。

自覚がありませんでしたが、徹さんも自分の望みや欲求を無視してきたことで自分に怒っていました。徹さんの父親は、人を支配してコントロールすることで成功してきた、いわゆる暴君で、家庭ではなんでも彼の思い通りでなければなりませんでした。だから話し合おうとしたり反論したりすると、引っ叩かれたり、言葉でけなされたりしたようでした。母親は受け身の役割に徹しており、いつも憂鬱な気分でいたので、母親の気持ちを和らげようと、徹さんが世話役をすることもよくあったようでした。このように徹さん自身の欲求が満たされる場所は子どもの頃からなかったのです。

徹さんは来室前、二年の間ゲシュタルト療法[*2]と呼ばれるセラピーを受けていました。徹さんのカウンセラーは、今の瞬間にとどまり自分の感情を感じられるよう手伝ってきたようです。例えば、父親をイメージしてもらい、その父親に反論をする練習をするといったイメージ訓練をしていました。この方法は役立つもので、彼は次第に自分が怒りを持っていることを感じ始めたのでした。

しかし二年間のケアには方向性がありませんでした。つまりいつも決まって取り組む問題がなかったのです。徹さんは、その時々で一番大きな感情に取り組んでいました。当然のことですが、周囲の人たちへの怒りははっきりとわかったのですが、行動には移さず、なぜそうしないのか自分でも理解できなかったようでした。カウンセラーは、徹さんの問題を全部引き出し、全体像を見せ【子分癖】を乗り越える具体的な方法を教えることができませんでした。

［性格の癖］のケアは、徹さんに単純でわかりやすい問題の考え方を提供しました。この考え方によって、徹さんは【子分癖】が人生における大きなテーマであることがわかり、それを変える方法を学べました。そして彼は急速に改善していきました。【子分癖】は一番早く克服できる［性格の癖］であるようです。

徹さんは自分を作り上げていきました。以前は押し殺していた欲求や感情に気がつくようになっていきました。自分の意見や好みを持ち始め、父親、従業員、そして奥さんや子どもたちに対して、前と比べて自分を主張できるようになりました。特に怒りを表現することに取り組み、自分の望みを落ち着いて冷静に話すことを学びました。奥さんや子どもたちは、初めは徹さんが変わっていくことに少し違和感を覚えていたようでしたが、次第に、新しい徹さんに慣れていくようになりました。そして実際、新しい徹さんの方が良かったようでした。彼には強くあってもらいたかったのです。

しかし、父親とは葛藤が続きました。父親は徹さんの反抗を押さえつけようとし、自分が優位だということをわからせようとしました。徹さんは父親に思った以上の影響力を持っていることを悟り、仕事上の立場に関する要求を飲めないようなら仕事を辞めると父親に言い寄りました。その結果、父親は自分のポジションから退き、徹さんは父親の仕事の大部分を引き継ぎました。その過程で、彼は父親が自分を尊重していることにも気がつきました。

この例では、感情に触れる以上のことをすることが重要だと示しています。例えばインナーチャイルドのワークなど、いわゆる経験的な方法は、普段の生活で体験することと子どもの時に感じたこととの関連を感じさせてくれる手助けをしてくれるのです。しかしながら、経験的な方法では、これ以上の深い援助はあまりありません。これらのケアやワークショップを受けた後、参加者はたいてい気分がとても良くなりますが、すぐに今までのパターンに戻ってしまいます。［性格の癖］のアプローチでは、プログラム化された行動をする宿題を出し、そして繰り返し向き合うことで、癖が和らいでいくよう援助するのです。

考えを変える：認知療法革命

［性格の癖］を取り扱う方法は、一九六〇年代にアーロン・ベック博士によって作られた認知療法から次第に生まれました。

認知療法では、出来事に対する私たちの考え方（認知）が、その出来事に対する私たちの感じ方（感情）を決定する、と考えます。感情的な問題を持っている人は現実を歪めがちです。例えば、前出の美羽さんは、地下鉄に乗るなどの日常的なことを危険なものだと母親から教わってきました。このように［性格の癖］は、私たちの考え方のスイッチを押し、状況を不正確な形で捉えるようにさせるのです。

認知療法を専門に使う専門家は、状況をもっと正しく捉えられるよう教えれば、患者さんはもっと楽になるだろうと信じています。ですから、地下鉄に一人で乗り目的地まで行くことが危険ではないと美羽さんに示せれば、彼女の恐怖は減ってもっと楽になるだろうと、認知療法では考えるのです。

ベック博士は、自分の考えを論理的に考えるよう教えています。例えば、怒りを感じる時、私たちは誇張したり、独りよがりに捉えたり、最悪の結果を考えているのかもしれませんが、私たちの考えは本当に理にかなっているのでしょうか。同じ状況を別の物事の考え方で見ることはできないのでしょうか。

またベック博士は、小さな実験をして自分のネガティブな考えを確かめるよう勧めています。例えば美羽さんは、近所を歩き回ると病気になったり、強盗に会うと思い込んでいましたが、何も害のあることが起きないことを確かめるため、近所を歩き回ってみるようカウンセラーは勧めました。

自分の考えをコントロールすることによって気分をコントロールする方法を患者さんに学んでもらう方法が認知療法です。そして多くの研究結果によって、この方法は不安障害やうつ病などへの効果が認められ、幅広く支持されてきたのです。

認知療法を使う専門家は、認知的な方法と行動的な方法を組み合わせて使うことが多いようです。行動的な方法では、例えばリラックスすること、自分を主張すること、不安になった時の対処、問題を解決する方法、時間管理の方法、そしてコミュニケーション能力など、患者さんが今まで学んだことのないような役立つ方法を学びます。

認知的・行動的な方法はとても役立ちますが、それだけでは人生のパターンを変えるのに十分でないようなのです。なので、認知行動的な方法、そして精神分析と経験的なテクニックを組み合わせたこの［性格の癖］を取り扱う方法が作られました。

二話で最後に紹介する相談者の凛子さんのケースでは、認知行動療法だけを使った場合でも、どのくらいカウンセリングが役立つのかが理解できることでしょう。

相談者No.5

凛子（二九歳）女優・歌手

子どもの頃に継父から性的虐待を受け、その影響に苦しみ続けて【疑い癖】を持つ女性

凛子さんは、男性と長く恋愛関係を持ったことがありませんでした。一切の男性関係を避けることもあれば、何人もの男性と同時に関係を持つこともありました。例えば凛子さんの大学生活の後半では、男性を完全に避け、付き合ったことはもちろん、デートすらしなかったようです。

凛子：男の人と距離をとっていました。初めてキスされたときなんか、すぐにその場から逃げ出しちゃったし。誰かが私に気があるってわかったら、すごく冷たくしちゃったり。私から離れてってもらいたかったんです。

大学の最初の二年間で、凛子さんは飲酒を始め、この二年間で三〇人以上の男性と性的な関係を持っていたようです。「意味のないことしてたなって思います」と彼女は言います。

凛子：大学に入ってから少し調子に乗っちゃったみたいで。誰とでもすぐホテル行っちゃったり。毎週のように合コン行って、必ず新しく会った誰かとホテルに行ってたし。惨めですよね。自分が安っぽくて汚く感じて。「いや」って言えなくて。男の人と食事に行ったりして、絶対にホテル行かないって自分に約束してたけど、結局はダメで。そうしないと、付き合ってもらえないと思ってたから。本当になんでそんなことしちゃっていたのかわからない。その時期はずっと自分が止められなかったような感じでした。

継父から受けた性的虐待の影響で、凛子さんは健康的な性への関心をなくし、男性との親密な関係を作ることができなくなっていました。彼女にとって性交と性的虐待は似たものであり、分けられないものでした。

そしてカウンセリングを受け始め、凛子さんはまた男性を拒絶し始めました。長らく男性とデートしたことがなく、結婚して子どもを授かることができないのではという不安を感じていました。

凛子さんが最初に受けたカウンセリングは認知療法でした。カウンセラーは、彼女が男性を避けていることを問題視し、それに取り組みました。そのカウンセリングでは、幼い時のことを話し合うことはほとんどなかったようです。その代りに、彼女とカウンセラーは、例えば男性に話しかけてみたり、パーティーに参加してみたり、といったことを宿題として行う計画などについて話し合いました。また、カウンセラーは「男性はセックスをするだけの存在」のような凛子さんの考えに対して、思いやりがあり親密さを求めている男性について話してもらうなど、彼女の偏った考えに向き合う手伝いをしました。

カウンセリングは数カ月続き、凛子さんは男性とデートをし始めました。けれど前のパターンのように、凛子さんは自分を酷く扱う男性に惹かれていました。男性の多くが思いやりある人だと理解はしていましたが、付き合う男性は、その理解とは逆だったようです。こうして、深く根づいたこの男性関係のパターンを変えるには、もっと別のものが必要なのではと彼女は考えるようになったようです。

凛子：あのカウンセラーは、なぜあんなふうに男の人と付き合うのか理解しないまま、私を変えようとしていたと思います。その、もちろんあの人が言うように変わらなければいけないってことはわかっていたし。男の人を信じて、仲良くするよう努めないといけないのはわかってたし。でも、男の人たちを避けていたのにはちゃんと理由があって、それを知る必要があったんだと思います。

凛子さんは、次第に恋愛を求めて近寄ってくるように思える男性に対して怒りを感じるようになりました。怒りは偏った考えに由来しているものだとはわかっていても怒りを感じていたようでした。凛子さんは、その怒りを本当の対象である継父に向ける必要があったのです。そしてその怒りを表現し、怒りをわかってもらい理解してもらう必要があったのです。

［性格の癖］をカウンセリングで取り扱い始めてからの一年半は、イメージワークを通して、継父から受けた虐待の記憶を思い出しました。怒りを継父に向けて表現するように、継父に立ち向かうようにカウンセラーは凛子さんを促しました。また近親相姦体験者の支援グループに参加するよう勧めました。そして、虐待をする恋人をどのように彼女が選んでいるのかを話し理解してもらいました。

そして凛子さんは次第に男性との付き合いを始めました。始めは前と同じパターンの男性に惹かれていましたが、カウンセラーの強い後押しもあり、彼女はそういった男性たちに近寄らないようになりました。そして、性的な魅力は弱いけど彼女を大事にしてくれる男性を見つけ始めました。凛子さんは相手によって態度を変えるのを止めて、自分を大事にするように要求をする練習をし「NO」と言えるようになりました。

約一年後、彼女はある優しい男性が好きになりました。彼とも性的な関係を持ちたくないと感じることがありましたが、その人は彼女を理解し積極的に協力してくれました。凛子さんは、今ではその彼と結婚することも考えているようです。

［性格の癖］を取り扱う方法には、認知行動療法に含まれる、実際にすぐに役立つ方法が含まれていることが凛子さんの例でわかるでしょう。つまり、新しいスキルを身につけて変化を起こすということです。しかし、［性格の癖］を取り扱う方法は、その場の行動の変化だけを求めているわけではありません。特に人間関係、自信、そして職業上の問題を含めた人生を通じての問題を解決していくことも求めています。つまり、行動を正すだけではなく、感じ方や人との関わり方を正したいと考えているのです。

［性格の癖］に気がつく

自分の［性格の癖］を次の三つのヒントを手がかりに見つけましょう。

［性格の癖］に気づくヒント

- ［性格の癖］は人生のパターンやテーマであること
- ［性格の癖］は自分を悪い方へ導くこと
- ［性格の癖］は放って置いてもなくならないこと

前出のように［性格の癖］は子どもの時に始まって、その後ずっと繰り返されるパターンです。この癖は、苦しかった子どもの時の状態を再び作り出そうとします。

また［性格の癖］は自滅への道です。相談者たちは、蛾が火に惹かれるように、［性格の癖］が働く状況に自然に入り込み、気分、健康、人間関係、仕事、そして幸せを損ないます。［性格の癖］は、その癖を持つ人たちの生活に大きく悪影響を与えるのです。

そして［性格の癖］は生き物であるかのように、生き続けようとします。私たちは癖を持ち続けたいという強い思いに動かされ、同じ状態を保とうとするのです。だからこの種の癖は、苦しく感じられますが、居心地よくなじみ深くも感じられます。ここに［性格の癖］を変えるのがとても難しい理由があるのです。さらに悪いことに［性格の癖］は、生まれ育った家族では役に立ったことが多いということです。子どもの時は役立っても、大人としての生活ではこれらの癖は役立たたず不必要です。しかし放っておいて勝手になくなってくれるものではない、それが［性格の癖］です。

［性格の癖］はどうやって作られたか？

［性格の癖］が作られる理由はいろいろあります。まず生まれたときからある気質[*3]が一つの理由です。この気質は「感じやすさ」「安定さ」などの小さな要素が組み合わさってできたものです。親から子へと遺伝されると考えられる気質の要素をいくつか紹介しましょう。

私たちの気質は、それぞれの要素の数値（上下どちらの側によっているかを示す）と、それらの組み合わせで決まります。

気質の他に［性格の癖］が作られる理由は環境にもあります。安全で愛ある環境は、生まれつき内気な子どもをどちらかというと社交的な子どもへと変えることもありますし、悪い環境では、生まれつき鈍感な子どもがとても打たれ弱い子どもにもなります。遺伝と環境の両方によって人間の性格はできていくのです。

気質を作る要素の例

敏感	−7	−6	−5	−4	−3	−2	−1	0	+1	+2	+3	+4	+5	+6	+7	鈍感
不安	−7	−6	−5	−4	−3	−2	−1	0	+1	+2	+3	+4	+5	+6	+7	穏やか
受け身	−7	−6	−5	−4	−3	−2	−1	0	+1	+2	+3	+4	+5	+6	+7	積極的
朗らか	−7	−6	−5	−4	−3	−2	−1	0	+1	+2	+3	+4	+5	+6	+7	短気
内気	−7	−6	−5	−4	−3	−2	−1	0	+1	+2	+3	+4	+5	+6	+7	社交的

環境の中で、良くも悪くも一番深刻な影響を与えるのが家庭環境、つまり家族です。家族が子どもの世界だと言ってもよいかも

しれません。大人になってから［性格の癖］に苦しむようになった場合、たいていが生まれ育った家族内で起きた出来事を繰り返すことになります。例えば、竜也さんは母親に見捨てられた出来事が再び起こるように無意識的に行動しましたし、凛子さんは子どもの時に虐待されたことが再び起こるように無意識的に行動しました。

ほとんどの場合、生まれた時が家族の影響が一番強く、子どもが成長するにしたがって影響が弱くなり、友だちや学校などの影響が強くなっていきます。それでも、子どもは家族から影響を受け続けるのです。

この家庭環境が破壊的な時に、［性格の癖］は作られるのです。例を紹介しましょう。

破壊的な家庭環境の例

1 親が虐待し、もう一人の親が受け身で無力
2 両親が冷たく高い期待を子どもにかける
3 両親の喧嘩が絶えず、子どもはどっちにもつけない
4 親が病気（うつ病含む）であり、もう一人の親は看病や世話をせず、子どもが病気の親の世話をする
5 親が子どもと密着し、子どもに自分の夫（妻）的役割をさせる
6 親が怖がりで、子どもの安全に執着し過保護に子どもを育てる
7 両親が子どもを非難し子どもが何をしようと満足しない
8 仲間外れに合い、自分は周りの子とは違うと感じる

遺伝と環境は互いに働き合います。だから子どもの気質と破壊的な家庭環境が互いに働き合って［性格の癖］が作られるのです。気質によって、両親がその子とどう関わるか決まるかもしれませんし、その関わりにどう子どもが反応するのかも決まるかもしれません。例えば虐待を受けるという似た家庭環境にいても、受け身になる子どももいるし反抗する子どももいるということです。

子どもが必要とするもの

子ども時代が理想的でなかったとしてもドナルド・ウィニコット[*4]が「ほどほどに良い」と述べたように、人は苦しみの多くない

大人になれもします。というのは、たいていは欲求が満たされていくと、子どもは精神的に成長するからです。しかし［性格の癖］ができてしまい、そのせいで欲求が満たされなくなると、問題が生じるのです。

子どもの欲求（子どもが成長するために必要なこと）

1　基本的な安全性　　4　自尊感情
2　他人とのつながり　5　自己表現
3　自律性

・基本的な安全性（【あなたなしにはいられない癖】、【疑い癖】に関連）

基本的な安全性に関する［性格の癖］はとても強い力があります。これらの［性格の癖］が作り上げられるのは早く、幼児期に始まることさえあります。幼児にとって安全であると感じることは生死に関わる問題なので、とても重要なことです。

基本的な安全性に関する［性格の癖］には、赤ん坊の家族が、その子とどう関わるかということが関係します。家族が子どもを愛したり、世話をしたり、また保護したりせず、子どもを虐待したり、見捨てたりすると、子どもは深い傷を負うことになります。酷いことがいつか起こるかもしれない、愛する人が自分を傷つけるかもしれない、と子どもは感じることになるのです。これらの［性格の癖］を持つ人は、気分の波が激しく極端で、衝動的で自暴自棄になる傾向があるので、なかなか落ち着いていられないでしょう。

子どもは安全で落ち着いた家庭環境が必要です。安心できる家で、どう行動するかわかりやすい両親が、子どものために心身ともにいることが大切です。喧嘩は正常の範囲内ですが、家族の誰かが除け者として扱われてはいけません。また誰かが亡くなったり、子どもを一人にして長い期間離れることも悪い影響を与えるでしょう。

不倫を続けていた妻を持った竜也さんは、母親がアルコール依存症のため幼い時に安定した家庭環境に育ちませんでした。

竜也：母親が家に帰って来さえしない日もありました。僕を含めてみんな母親がどこにいるかを知っていましたよ。でも誰も言いませんでした。母親が戻ると、もうそんなことどうでも良くなるんですよね。彼女は酔っぱらっていたか、二日酔いか、または酔っ払おうとお酒を飲むだけでしたから。

もし酷いアルコール依存症の親がいるのなら、その子どもの安全への欲求がほとんど満たされないでしょう。大人となった竜也さんは「不安定さに依存している」と言っても良いかもしれません。不安定な状況が彼を引き寄せるのです。特に彼は不安定な女性に相性の良さを感じ恋に落ちるのです。

安全だと感じる子どもは、リラックスでき、人を信用することができます。安全だと感じる気持ちは全ての土台なので、絶対必要で、この気持ちがないと成長に応じてできるようになっていくことが身につきにくくなります。安全かどうかを心配することにエネルギーを使い果たしてしまうからです。

幼い時の安全でない状況を繰り返すことはとても危険です。自分を悪い方に導いてしまうような人間関係を次から次へと繰り返すことになります。あるいは、凛子さんが大学卒業後にしたように、関係を持つことを一切避けることにもなるのです。

・他人とのつながり（【愛が足りない癖】、【一人ぼっちになる癖】に関連）

つながりを感じられるようになるためには、家族や友だちからの、愛や気遣い、共感、尊重、理解、そして手助けが必要です。ところで、他人とのつながりには、親しいつながりと社会的つながりがあります。親しい関係は、家族、恋人、親友との関係のことで、感情的に結びつき、近くに感じられるつながりです。社会的つながりは、大きな社会の中にいる感覚、または何かに所属する感覚です。これには、友だちグループやコミュニティーのグループが含まれます。

家族や恋人がいて、コミュニティーにも属して、完全に溶け込んでいるように見えると、つながりの問題はたいしたことのないように思えるかもしれません。けれど、幼い時にこの欲求が満たされていないと、心の奥底ではつながりを感じていません。孤独を感じ、今持ってない関係を欲しがります。少しだけ他人を遠ざけ、自分に近づきすぎるのを避けるだけなので、良く観察しないと誰もその人が周囲に打ち解けていないことがわからない場合もあるし、明らかに人と関わらずいつも独りでいる場合もあります。

先に紹介した栄一さんは、親しい人間関係の根深い問題を持っています。栄一さんは、親しくなるのを怖がっていたので、とても近い関係の人とも表面的に関わり、カウンセリングを始めたとき、近しい人の名前を挙げることができませんでした。彼は、感情のやりとりや肌の触れ合いが皆無な環境で育ち、それは親からの育み、共感、そして手助けの三つがない環境だったのです。

もしつながりの問題があるなら、孤独を感じていることでしょう。誰も自分のことを深く理解して気にかけてくれないと感じ（【愛が足りない癖】）、周りから孤立してどこにも自分の居場所がないと感じるかもしれません（【一人ぼっちになる癖】）。この空虚な感覚から、つながりを強く欲しく感じるでしょう。

・自律性：独立した機能（【依存癖】、【心配癖】に関連）

自律性とは、親から離れ独立した一人の大人として、自分の生活やアイデンティティー、目標や方向性を持ち、同世代の人たちと同じように物事をこなせることを意味します。つまり自律性とは「自分を持つ」ということです。

自律性を育む家庭では、両親は子どもに自給自足の方法、責任を持つこと、そして良い判断ができるよう教え込みます。過保護にならないで、外に出ていき友だちと交流を深めることが大切だと考え、世界は安全であるけれども、そんな中でも自分をどうやって守るかを教えます。こういった親の教育が子どもに自分を持たせるのです。

不健康な家庭では、頼り合ったりくっつき合ったりすることがとても大事だと教えます。また自分で物事を解決することを教えず、子どもの代わりに何でもやってしまい、子どもが自分でやろうという意思をくじき、子どもの意思決定や判断は役立つものではないと教え込みます。また世界は危険であり、危険なことが起こったり病気になったりする可能性を何度も何度も警告するのです。

前に紹介した美羽さんはいろいろな種類の恐怖症に苦しんでいましたが、彼女は子どもの頃に過保護に育てられました。彼女の両親は自分たちが、危険なことが起こることを心配していたので、美羽さんに執拗にそれを教え込み、そんな危険な世界の中では、美羽さんはちっぽけで何もできない存在だと教え込みました。

でも彼女の両親に悪意はありません。ただ美羽さんを守ろうとしていただけでした。美羽さんの親のようなケースは多く、過保護の親は概して子どもをとても愛します。美羽さんの両親もそうでしたが、美羽さんは、結果として【心配癖】を持つことになり、何をするにも恐れを感じるので自分から行動することができなくなったのです。

リスクを負って行動できるだけの安心感、日常の出来事に対処すること、そして自分を持っていることが自律性です。特に後の二つは【依存癖】とも関係しています。つまり【依存癖】を持っている人は概して、自分の能力に自信を感じられません。親が子どもの代わりに物事を決めたり、子どもの責任を引き受けたりなど、過保護に育てられたのかもしれませんし、子どもの意志をやんわりとくじき、子どもが自分の意志を主張するたびに責めたかもしれません。結果として、大人になってからでも、自分より強そうで賢こそうな人からの手助けやアドバイス、また金銭的なサポートなしには物事をこなすことができないと感じるようになります。【依存癖】を持つ多くの人は家を出ませんが、仮に家を出たとしても親代わりになるような人と関係を持つだけなのです。

依存性の高い人は、未発達な自分という感覚を持ちます。または両親や結婚相手と複雑に絡み合った自分という感覚を持っています。夫のしてもらいたいことを何でもしてあげるなど、夫の人生につくし、自分のアイデンティティーを見失ってしまう妻が典型的な例です。そのような女性は、自分自身の友だちを持たず、興味や意見も持ちませんし、夫の人生のことだけが自分の関心事だということもあるようです。

繰り返しますが、リスクを負って行動できるだけの安心感、自信、そして「自分を持つ」ということ、これらが自律性の要素なのです。

・自尊感情（【できない癖】、【仮面癖】に関連）

自尊感情とは、プライベート、仕事、またはその他の社会生活で、自分自身に価値を感じる気持ちです。子どもの頃、家族や友だち、または学校の先生たちなどから愛情や尊重を受けて育まれます。

家族から愛情を感じ、存在を肯定され、友だちに受け入れられ、学校では良い成績をとり、責め立てられたり拒絶されたりすることを体験しないで、褒められたり励まされたりする、そんな幼少期を子どもが過ごせることが理想でしょう。しかしこれは理想に過ぎないかもしれません。繰り返し子ども（兄弟）のすることなすこと全て不十分だと非難する親（兄弟）もいるのです。友だちを拒絶する子どもたちもいます。それに子ども自身が勉強やスポーツで劣っていると感じるかもしれません。いずれにしても、自尊感情が育まれる環境が整っておらず「自分は愛される価値がない」と感じる子どもも少なくないのです。

そうした環境で育つと、例えば親しい人間関係や社会的な状況、仕事上で自信を感じられず、人より劣っていると感じる、批判されたり拒絶されたりすることに敏感になるなど、大人としての生活の場面では不安を感じることになるでしょう。そういった場面では、不安を感じるので避けたり、上手く行動できなかったりします。

自尊感情に関連する［性格の癖］は【できない癖】と【仮面癖】で、これらはプライベート面、または仕事面で「自分には価値がない」と感じることと関連しています。

【できない癖】は、今まで成し遂げてきたことや仕事能力で不十分であり、自分は周りと比べて成功してなく、才能がなく、知的に劣っているという感覚を生み出します。

【仮面癖】は、自分は生まれつきおかしなところがあり、自分の深い部分が人に知れてしまったら、自分は受け入れてもらえないだろう、という感覚を含みます。前述の凛子さん、栄一さん、そして徹さんの三人は、中心的な［性格の癖］につけ加えて、【仮面癖】を持っているように、この［性格の癖］は、他の［性格の癖］に伴うことがよくあるようです。

凛子さんは継父に性的虐待を受けた女性で【疑い癖】に加えて【仮面癖】を持っています。子どもが虐待を受けると、ほぼ必ず「自分はとても悪い・愛される価値がない・虐待に値する」と自分を責めるので【疑い癖】、【仮面癖】を二つとも持つのはよくあることです。

栄一さんは次から次へと付き合う女性を変える男性で、強い【仮面癖】を持っています。栄一さんに見られる高慢さや超然とした態度は、この癖を持っていることを気持ちの上で隠すためです。そして人を喜ばす徹さんも【仮面癖】を持っています。自分の欲求を無視する理由の一つは、彼自身が欲求を満たすに値しないと感じているからです。

自尊感情への傷は「恥」の感情として現れます。これらの癖を持っているとしたら、恥の感情を根底に持ちつつ日々を送っていることになるでしょう。

・自己表現（【子分癖】、【完ぺき癖】に関連）

自己表現とは、自分自身の欲求、怒りを含む感情を自由に表現することを指します。そしてその根底には、自分の欲求は他の人のものと等しく大切だと思う考えがあります。誰でも自然にふるまう邪魔をされずに、気分が良くなることをしたいし、単に仕事をするだけでなく楽しみの時間を持ちたいものです。

自己表現を育む家庭環境は、子どもの自然な興味や好みを見つけ出すことを手助けし、興味や欲求を念頭においた上で、物事を決定します。私たちは、自己表現においては、他の人に酷い害を及ぼさない限り、悲しみや怒りを含めた感情を自由に表現しても良いと考えられていますし、遊び心を持って、制限されることなく、熱中して楽しんでも良いと考えられています。また楽しみと仕事のバランスをとることが良いとも考えられていて、一般的な常識は厳しいものではありません。

もし自己表現を大切にしない家族に育ったとしたら、両親の欲求が大事なもので、自分の欲求や好み、感情の表現をするたびに叱られたり申し訳なく感じさせられたかもしれません。また遊び心を持って、抑制されることなく行動することに恥ずかしさを感じたかもしれません。このような家族環境では、楽しみや心地よさを犠牲にし、働いたり成し遂げることが強調されるので、完ぺきに物事をこなさなければ両親は満足しなかったかもしれません。

人を喜ばす徹さんは、父親が批判的で全ての決定権を持っていた環境で育ったので、自己表現があまりできませんでした。母親は気分が沈んでいることが多く病気でした。

徹：父さんは、僕に満足することはありませんでした。いつも僕を変えようと僕に命令していましたね。母さんは寝て

ばかりでした。いつも病気で寝ていて。僕ができる限り母さんの手伝いをしようとしていましたね。

徹さんの両親は、徹さんを自分たちのために利用していました。彼は両親を怒らせたり気分を落ち込ませたりしないよう、自分の本当の気持ちを隠すようにしたようです。苦しく親のためにつくした子ども時代を徹さんは送りました。「僕には子ども時代がなかったようです」と彼は言っていました。

自己表現に歯止めをかけていることがわかるサインが三つあります。一つ目は、いつも人を喜ばせたり世話役になるような、他人のニーズに無理にでも自分を合わせようとする利他主義です。このような人は、自分自身の欲求に興味がないかのように思え、周りに苦しむ人がいると見かねて、繰り返し自分を犠牲にして手助けをします。人のために努力をしすぎるため、周りの人たちは申し訳なさすら感じます。人の欲求にどうしても応えようとしますが、内面では脆く動かされているように感じますし、自分の努力が認められないと怒りを感じます。

二つ目のサインは、とても引っ込み思案であったり利用されたりすることです。例えば生活の中心が仕事であるような仕事中毒であるかもしれません。専門職かもしれませんし、別のものかもしれませんが、完ぺきに見えるように、全てがわかりやすく整理されて、適切で正しくなるように仕事をこなしているのかもしれません。また感情が平坦で、出来事に対して自然に反応することを抑えているかもしれません。これは人がして欲しいことをしている（【子分癖】）からか、また高すぎる理想を自身に課している（【完ぺき癖】）からです。人生を楽しむ感覚はなく、楽しみ、安らぎ、心地よさを自ら制限しているのです。

三つ目のサインは、胸の内に怒りをたくさん抱えているということです。慢性的な怒りが腹の底にふつふつと煮え立ち、時に突然爆発させ、そして落ち込むのです。この怒りのパターンから抜け出すことができず、人生がむなしく感じ、義務的に物事をこなすことから喜びを見出しません。

注

＊1　無意識にある心の傷を理解することで病状を改善させる方法。
＊2　現実を認識させ、現実から逃避せずに適応するよう援助する方法。
＊3　生まれつきあまり変わらないもの。性格の土台。
＊4　［Donald W. Winnicott］愛着について研究した心理学者。

第3話　従うこと・逃げること・逆らうこと　そして向き合うこと

逆らう
逃げる
従う
・・・

「性格の癖」が心のなかで働いた時、
私たちは三つの方法でそれに対処します。

［性格の癖］は私たちがどう考え、感じ、そして行動するかに影響を与えます。そして［性格の癖］によって私たちが何を体験していくかが、ほぼ決定されます。

［性格の癖］に対処する

人によって［性格の癖］への対処の仕方はいろいろです。同じ環境に育った子どもでも違った個性があるのはこのためです。例えば、虐待をする親の元に育つ二人の子どもは虐待を全く違ったやり方で対処していきます。一人は受け身になり恐れる被害者となり、またもう一人は反抗的になり虐待を拒み、家を飛び出す、などです。

これは、生まれつきにそれぞれの気質を持つからです。例えば生まれつき怖がりだったり、積極的、外交的であったり、また内気であったりなどです。この気質や手本にする両親の違いで、子どもの行動の仕方は決められていきます。例えば、虐待をする人は犠牲となる人と結婚をすることが多く、子どもはいずれかの親を手本にし、虐待をする親、また犠牲となる親を取り入れるのです。

三つの違った［性格の癖］の対処の仕方：従う・逃げる・逆らう

【仮面癖】を持った三人、翔太さん、廉さん、大樹さんを例にとって［性格の癖］のやり過ごし方について紹介します。心の奥深くで、何かがおかしく、愛されるはずもないと考え、また恥を感じているこの三人は、〈欠陥〉の感情に対して全く異なったやりかたで関わります。この関わりを、私たちは《従う》、《逃げる》、《逆らう》と呼びます。

相談者No.1

翔太（十九歳）
【仮面癖】に《従う》男子大学生

翔太さんは人と話すとき、赤面し、目を見ることを避け、うつむき、どもりながら話していました。そして彼は物事が悪い方向へ向かうと、自分のせいではないにも関わらず常に謝ったりするため、周りに奇妙な印象を与えていました。

翔太さんは人より劣っているといつも感じ、人と自分を比較し、どういうわけか人は自分より勝っていると感じていたようです。この理由で、人と集まる場をいつも苦しく感じていたようでした。大学一年生の時、飲み会に始めて参加しましたが、不安・緊張が強すぎて、誰とも話すことができませんでした。「何を話していいか全くわからなかった」。彼はそう話してくれました。それ以来飲み会の類には一度も参加していなかったようです。

翔太さんは、同じアパートに住む女子大生と付き合っていましたが、彼女はいつも彼を責めていたようです。それだけでなく、彼の親友も彼をいつも責めていたようです。自分は人から責められるだろうという考えが強まるばかりだったようです。

カウンセラー：どうして自分をそんなに責めるのかな？
翔太：たぶん、人から責められるより前に自分を責めたいんだと思います。

自分に後ろめたさがあり、恥ずかしさを感じ、赤面し、うつむきながらその場を立ち去るということが翔太さんにはよくあったようです。「自分は根本的にダメで、愛されるべき存在じゃないし、存在価値がない」という彼の考えは、日常の中の出来事で明らかに証明されている、そう彼は考えていました。

翔太：俺、嫌われ者なんです、たぶん。もうこの学期も半分過ぎたのに、まだ一緒の授業取っている人と誰一人仲良くなれないし。周りに座る人たちは話をしてるけど、俺は、その、ただそこに座っているだけ。俺には誰も話しかけてくれないみたいで。
カウンセラー：翔太さんは誰かに話しかけないの？
翔太：誰も俺なんかと話したくないし。

翔太さんは自分に酷い欠点があるかのように考え、感じ、そして行動していました。**【仮面癖】**は、毎日の生活の中でどう経験するかということにまで浸透していたのです。これが［性格の癖］に《従う》ことです。［性格の癖］にはまり込んでいるので翔太さんは〈欠陥〉を肌で感じているのです。

［性格の癖］に《従う》時、私たちは［性格の癖］に沿うように状況を歪めて捉えます。つまり［性格の癖］を強めるような恋人や結婚相手を選んだり［性格の癖］が強まるような状況を無意識的に選んだりします。そういった私たちの行為が［性格の癖］を癖として続かせているのです。

翔太さんは状況を歪め、また勘違いを何度も繰り返していました。それは［性格の癖］に沿い強めるためでした。人から責められている、恥をかかされていると感じやすいなど、ネガティブな面を誇張しポジティブな面を軽視するといった彼の状況の捉え方は、偏見に歪められているので正確ではありませんでした。翔太さんは冷静さを欠いたまま物事を捉えていたのでした。

成長していく中で私たちは、ある決まった役割や人からの見られ方に慣れていきます。子どもが虐待され、放置され、怒鳴られ、繰り返し責められたり支配されたりする環境に育つと、その環境がその子にとって一番なじみ深いものになります。だから私たちはなじみ深い育った環境や、それに似た環境を作り上げてしまうのです。例えそれが健康的でなかったとしてもです。《従う》ことの本質は、幼少期のパターンを繰り返せるよう、自分の人生を調節しようとすることなのです。

翔太さんは、責められ、ダメ出しを受ける環境に育ちました。大人になると、自分で環境を調整し、最後には責められダメ出しを受ける結果になるよう行動していました。例えば、彼は自分を責めがちな恋人、友達を選びましたし、人前で自分を責めるなど、自分は恥じるべき存在であり、悪い存在であると思わせるよう行動していました。優しく誠実な人とは距離をとり、そういう人との関係を傷つけてもいました。翔太さんは過去のなじみ深い状況が維持されるよう、知らずに努めていたのです。周りが自分を支えてくれるようになりすぎると、恥と失意というなじみ深い状態に戻れるよう状況を変えましたし、自分が優位に立つような状況になると、どうにか努力して劣った立ち位置に戻ろうとしていたのです。

《従う》ことは、何度も何度も繰り返す自滅のパターンですが、これは幼い頃の環境を再び作り上げようとするためです。違う言い方をすると、その時の心の痛みを抱えた子どものままでいることなのです。《従う》ことは、幼い頃の状況を大人の生活に延長させるので、成長して変われる気があまりしないことが多くあるようです。過去の経験から知っているのは、逃げ出すことのできない、無限回廊という名の［性格の癖］のみなのです。

相談者No.2

廉（四〇歳）
【仮面癖】から《逃げる》男性

廉さんは、今まで親しい関係を作ったことがありませんでした。暇な時は近所の飲み屋で仲間と騒いで過ごしているようです。彼は深いプライベートな話をすることがない表面的な関係を好んで、今までずっと生きてきたようでした。

廉さんは結婚していました。相手の女性は感情を見せるタイプではなく、自分の美貌を保つことが生きがいだったようです。彼女は廉さんと結婚したかったというより、良い奥さんの役割を演じたかったがために結婚する男性が欲しかったようです。彼女には仲の良い女友達がいるので、廉さんと親しくなることをあまり期待していなかったようです。だから結婚生活には愛情がなく、そこにはただ夫・妻という役割があるだけで、信頼関係はなかったようです。

成人してからずっと、廉さんはアルコール依存症に悩んでおり、家族や友だちにアルコホーリックス・アノニマス[*1]を勧められますが、自分はアルコール依存症ではないと言い張り続けていました。楽しみに飲んでいるだけで、控えることもできる、そう考えていたようです。飲み屋で飲む以外にも、社交の場で自分より優れていそうな人と一緒にいる時にはお酒を飲みがちでした。

廉さんは落ち込みの問題があってカウンセラーを訪れました。翔太さんとは逆に、廉さんは自分の［性格の癖］を見ようとしませんでした。というのは、彼自身、今まで見ないように努力してきたのです。カウンセリングが始まった時点では、廉さんは自分の【仮面癖】にほとんど気がついていませんでした。自分についてどう感じるかという質問に、自信がなかったり恥ずかしく感じたりはしないと答えていました（カウンセリングが進むと、これらの感情が強く出てきました）。

カウンセラーは廉さんが問題から逃げることに手を焼いたようです。ネガティブな考えを書き出す宿題を出すと「なんで考えについて考えないといけないの？　テンション下がるじゃん？」と拒み、幼い頃の自分をイメージすることを促すと「何も見えない。俺の心の中には何もないぞ」と言い、また幼い時の写真を見ると、感情を感じていることを拒み、そして虐待をする父親をどう感じるかを聞くと「親父は良い男だった」と怒りはないことを強調するのでした。

廉さんは【仮面癖】の感情から逃れようとしていたのでした。そうすることで、［性格の癖］について考えることを避けていたのです。嫌なことを心の外に追いやることは、例えば薬物を使ったり、食べ過ぎたり、掃除をしすぎたり、仕事依存になったり、自分の［性格の癖］が働きそうな状況から逃れたり、といったことは誰にでも多少はあることです。しかし廉さんの場合は、それらをやり過ぎて［性格の癖］を持っていないかのように考え、感じて、そして行動をしていたのでした。

人生の中で、自分が弱みを感じることから完全に逃げる人も多くいます。廉さんのように【仮面癖】を持つ人は、誰とも仲良くならないなど、親しい関係を完全に避けるかもしれません。【できない癖】を持つ人は、学校の宿題、仕事、昇進、新しいプロジェクトなどを避けるかもしれませんし、【一人ぼっちになる癖】を持つ人なら、集団行動、飲み会、会議、人の集まりを避けるかもしれません。また【心配癖】を持つ人なら、自ら進んで取り組むことが必要な状況を全て避け、公の場に一人で出ていくのを怖がるかもしれません。

［性格の癖］が働く時、悲しみや恥、不安、そして怒りなどの感情が押し寄せてくるので、それをやり過ごすために《逃げる》ことはごく自然なことです。それらの感情に向き合うことは、とても不愉快なことなので、その苦痛から早く逃れたいと思うのです。

しかし、そうすることで［性格の癖］を弱めるチャンスを失います。事実を見て、問題だと認められないと、物事は変えられません。《逃げる》ことで、自分を偽ることになり、また嫌な人間関係を長引かせることになります。痛みを感じることなく通り過ぎてしまうことで、痛みの原因を変えるチャンスを自分から奪い去ることになるのです。

だから《逃げる》ことは危険な取引だとも言えます。今の苦しみから逃れられますが《逃げる》ことで［性格の癖］を弱めることができず、引き続き苦しみを味わうのです。廉さんは逃げることでは、彼が本当に欲しかったもの（人からの愛情）を手に入れることはできませんでした。廉さんにとって、愛情こそが、子どもの時にもらえなかったものだったのです。

《逃げる》ことで、私たちは生き生きとした人生をあきらめることになります。心が麻痺したように、本当の楽しさと痛みを経験できないのです。《逃げる》ことで、周囲の人たちを傷つけてしまっているのです。それだけでなく、アルコール依存や薬物依存など、自分をさらに苦しめることにもなるのです。

相談者No.3

大樹（三二歳）

【仮面癖】に《逆らう》株式仲買人

大樹さんは高飛車で、人を見下すところがありました。自分の非を認めないで他人を非難してばかりでした。妻に離婚を突きつけられて初めて、仕方なくカウンセリングには来ましたが、彼は妻に問題があると言い張っていました。

カウンセラー：奥さんは大樹さんに怒っているみたいですね。
大樹：そう聞かれるなら答えるけど、あいつが問題を作っているだけだよ。事実を誇張し、俺に要求しすぎるんだ。カウンセリングが必要なのは彼女の方だと俺は思うね。

実際のところ、大樹さんの妻は彼のことを偉大だと思い、彼の要求を受けては自分を犠牲にする女性でした。ここ数年間で、大樹さんは妻に対して、言葉の暴力が酷く、自己中心的に振舞うようになり、カウンセリングを受けて変わるか、離婚するか、という選択を彼女から突きつけられていました。

大樹さんはいつも自分が上に立つような状況を作っていました。彼をもちあげる友だちや従業員を選び、人を利用して名声や立場を高めることに全てのエネルギーを使っていました。そしてカウンセリングでも、彼は上に立とうとしました。カウンセラーの信頼性や心理療法の種類、熟練度、実績、そして歳などをカウンセラーに根掘り葉掘り尋ね、そして自分がいかに成功しているかを強調しました。妻を酷く扱っていることに触れると「理解が足りない」と激怒し「自分は特別な人間なのだから好きな時間に予約を取りたい」という要求を断ると、彼は自分に優遇されたカウンセリングではないと感じ、激怒しました。

大樹さんは自分の［性格の癖］が見えていませんが、確かにそこにあるようでした。上に立つことで、子どもの頃に感じたものと逆のものを感じているのです。親に無価値であると感じさせられた子どもではいたくなかったのです。たぶん彼はその無価値な子を遠ざけ、自分を責めたり酷い仕打ちをすると思える人に対しては反抗し続ける人生だったのでしょう。

［性格の癖］に《逆らう》時、私たちは自分と周囲に「事実の逆が真実」だと思わせるように振る舞いがちです。自分は特別で、優れていて、完全無欠の存在であるかのように感じ、行動し、考えます。そしてこの外面にしがみつくのです。

《逆らう》ことで、私たちは自信を奪われ、責められ、恥をかかせられることから逃れられます。打たれ弱さをやり過ごす手段なのですが、過度に《逆らう》ことになると、逆に傷つくことになります。

《逆らう》ことは健康的なように思えます。実際、映画俳優や、ロック歌手、また政治的リーダーなど、私たちが尊敬する人たちの中には《逆らう》傾向のある人たちもいます。けれど、この人たちがいかに社会に適応し成功しているように見えても、本人たちはたいてい心穏やかで暮らしてはいないのです。心の奥底で、自分には重大な欠点があると思っているのです。彼らは観衆から拍手が送られることで、自分が感じる無価値観をやり過ごします。《逆らう》ことで、自分で認めてしまう前に、欠点（と自分に思えているもの）を覆い隠すことができるのです。

この傾向がある人は、《逆らう》ことで、自分は素晴らしい存在だと思ってもらうことに夢中になります。夢中になっているうちに周囲の人が傷ついていることに気づけなくなります。そうすることで、やがて周りの人たちが離れて行ったり、仕返しをしたりするなど、負の影響を負うことになるのです。そして《逆らう》ことで、信頼することを忘れ、打たれ弱くなるので、親しい人間関係の障害にもなるのです。

どんなに完ぺきに振る舞ったとしても、いずれかの形で失敗をすることになります。《逆らう》人は、打ちのめされた時の対処法を学んでこないので、失敗の責任をとらないし、自分の限界を認めようとしません。しかし、とても大きな妨げがある時には《逆らう》ことが通用せず、自分を守るすべを持たないので、崩れてしまい、激しく落ち込むことになるのです。

《逆らう》ことで［性格の癖］に対処する人の本質は、たいていは「打たれ弱さ」です。作り上げている優越感は簡単に崩れ去ります。

自分を守る鎧にはひびが入り、やがて全てが崩れ落ちていくような感覚です。このような時に［性格の癖］は強く働き、それに伴う苦痛が戻ってくるのです。

翔太さん、廉さん、そして大樹さんの三人とも【仮面癖】を持っていました。心の底では、自分は価値がなく、愛されるに値せず、何か根本的なものが抜け落ちているように感じています。しかし【仮面癖】に伴う嫌な感情に全く違った形で対処しているのです。

この三人は、［性格の癖］の対処の仕方が一辺倒なので、比較的純粋なタイプです。しかし実際、私たちのほとんどが《従う》、《逃げる》、《逆らう》を組み合わせて使います。

［性格の癖］の対処の仕方を変えていくことで、［性格の癖］を弱め、安らかな心を再び取り戻すことができるのです。

では次に《従う》、《逃げる》、《逆らう》ことをせずに、［性格の癖］に効果的に立ち向かう方法を紹介します。

［性格の癖］の弱め方

［性格の癖］は依存症や悪癖のように根深く、長く続くので、なかなか変えられません。これを変えるには、意志を持って苦しみに耐え、また努力をしながら、自分の［性格の癖］に向き合い、理解を深めていく必要があります。日々の生活の中で、自分を観察し、行動を変えていくといった継続的な努力が必要とされます。

［性格の癖］を弱めるための大まかな手順

［性格の癖］を変えるステップを紹介していくのに、亜美さんという【あなたなしにはいられない癖】を持った三一歳の女性を例として挙げます。亜美さんは、彼女との関係を真剣に考えていない男性と長く付き合っています。十一年間の付き合いの中で、亜美さんは何度も彼に結婚を申し出ましたが、彼は承知しようとはしませんでした。

逆に彼は何度も彼女と別れようとしましたが、そのたびに亜美さんは死に物狂いに彼にしがみつこうとしたのです。カウンセリングは亜美さんのそんな失恋時に始まりました。

> 亜美：こんな気持ちでずっといたくないだけなんです。もう無理。彼のことしか考えられなくて。すごく執着してしまって。彼に戻ってきてもらいたいの。

このような執着は【あなたなしにはいられない癖】の特徴です。失恋中、亜美さんは他の男性と付き合おうとしましたが、彼ほどには相手に興味を感じませんでした。落ち着き安定している男性にはあまり惹かれないようでした。

亜美さんの［性格の癖］を弱めるために、カウンセリングでは次のような手順を踏んで援助をしました。

・ステップ1　［性格の癖］を見つけ出し名前をつける

最初のステップは、自分の［性格の癖］に気づくことです。これには第1話のテストが役立ちます。自分の［性格の癖］に気がつき、それが自分の人生にどう悪影響を与えているかを知れば、［性格の癖］を弱めやすくなります。

［性格の癖］に【仮面癖】【依存癖】などの名前をつけること、そして、自分の［性格の癖］についてこの本を読むことで、自分のこと、また自分の人生についてもっと理解できて納得ができるようになるのです。この気づきを得ることが最初のステップです。

亜美さんは【あなたなしにはいられない癖】についていろいろな方法で気がついていきました。カウンセリングを始める前に、まず第1話のテストに回答してもらいました。その結果【あなたなしにはいられない癖】の項目の点数が高いことがわかりました。

亜美：たぶんだけど、人から見捨てられることについて問題がずっとあったこと、うすうす気がついてたんだと思うの。だって、いつも見捨てられるんじゃないかって怖かったたし、心配していたから。

［性格の癖］にしっかりと気がつくと、亜美さんが感じたように感じることが良くあります。うすうすと気がついていたものが、はっきりとする感覚です。

亜美さんは、今の状況に【あなたなしにはいられない癖】がどう関係しているかを簡単に理解しました。彼女はこの癖が働く相手の男性と恋愛関係を長く続けていたのです。また過去をイメージする方法を通して、自分の［性格の癖］について理解を深めました。彼女が思い出せる子どもの頃の記憶は【あなたなしにはいられない癖】に関連するものがほとんどだったのです。

亜美：居間のソファーのそばに立っている自分が見える。お母さんの気を引こうとしているけど、お母さんは酔っぱらっていて……。お母さんに気にかけてもらえないの。

亜美さんが思い出せる限りでは、彼女の母親はアルコール依存症でした。亜美さんが七歳の時、父親は家を出て他の女性と結婚をしました。新しい家族を始めると、父親はだんだんと距離を置き始めました。母親が亜美さん姉妹の世話をできないことがわかっている状況で、父親は亜美さんの元を去ったのです。

父親は文字通り亜美さんを見捨て、そして母親はアルコールに依存することで、亜美さんを見捨てたのです。両親からの見捨てられたことは、子どもの頃の亜美さんにとって辛辣な現実でした。

次第に【あなたなしにはいられない癖】のテーマが、過去から現在に至るまで自分に影響を与え続けていることを理解していきました。［性格の癖］という考え方で、亜美さんは過去の経験を整理し、自分についてはっきり理解できるようになったのです。［性格の癖］は、私たちが立ち向かう相手です。まずは相手を理解することが大切です。

・ステップ2　［性格の癖］が作られた子ども時代の原因を理解する：自分の中の傷ついた子どもを感じる

二つ目のステップは、自分の［性格の癖］を感じることです。［性格の癖］を弱めるためには、それを再び体験する必要があります。しかし、私たちには痛みをブロックする仕組みが心に備わっているので、［性格の癖］に完全に触れることはなかなかできません。［性格の癖］を感じるには、子どもの頃のことを思い出すことが必要です。カウンセリングでは、目を閉じてイメージを浮かべてもらっています。無理にイメージしようとせず、出てくるのを待つのです。それらのイメージに深く入り込み、幼い頃の記憶をできるだけはっきりとさせます。これを何度か繰り返すと、子どもの頃どのように感じていたかを思い出し［性格の癖］に関連した痛みや感情を体験していきます。

この類のイメージは苦痛を伴います。イメージの体験に完全に圧倒され、または怖気づくようでしたら、専門家の手助けが必要なサインです。子どもの頃の記憶は苦痛を伴うので、一人で思い出すべきではなく、導いてくれ、協力してくれる人、つまりカウンセラーが必要なのです。

子どもの頃の自分は生気を失っています。だから、この子が成長し変わるための癒しを与えたいのです。そのために、子どもの頃の自分とつながったら、カウンセリングでは、この自分と会話をするよう促します。声を出してでも、手紙を書いても構いません。手紙を書く場合は、利き手で自分が書き、自分の中の子どもに逆の手で返事を書かせます。こうすると子どもの自分が出てきやすいのです。

自分の中にいる子どもに話しかけるというのは最初は変に思えるかもしれませんが、この本を先に読み進めるときっと理解できるでしょう。亜美さんが子どもの自分に話しかける場面を紹介します。

カウンセラー：亜美さんの中にいる子どもの自分と話してくれますか？ 彼女を助けてあげてください。
亜美：イメージの中に入って行って、小さな私を膝の上に乗せました。そしてその子に「あなたには、お父さんとお母さんが必要だったけど、あの人たちはあなたのそばにいてくれなかった。こんなことになって、本当に可哀想に思うよ。だから、私があなたのそばにいる。このことを乗り越えて、元気になれるように私がお手伝いするよ」って言いました。

カウンセリングでは、イメージを通じて自分の中の子どもをなぐさめ、いろいろと教えてあげ、そしてわかってあげます。馬鹿げてると思ったり不快に感じたとしても、この方法はとても役に立つことがわかっていますので続けましょう。

・ステップ３ ［性格の癖］に立ち向かい、その癖は思い込みであることを頭で理解する

［性格の癖］は、人生での絶対真理です。亜美さんは、自分が愛する人は必ず自分を見捨てると信じて疑いません。彼女は、［性格の癖］を頭でも心でも受け入れているのです。

ステップ３では、頭を使って［性格の癖］に立ち向かいます。つまり［性格の癖］に疑いを投げかけ［性格の癖］は思い込みであり、少なくとも弱めることができるということを証明するのです。［性格の癖］が真実だと思い込んでいる限りは、それを弱めることは難しいでしょう。

［性格の癖］に立ち向かうために、まず人生を通じての［性格の癖］の根拠を書き出すのが良いでしょう。例えば「自分は周りから嫌われている」と感じるのなら、その考えを支持する根拠を書き出し、そしてそうではない根拠を別に書き出しましょう。

多くの場合［性格の癖］は正しくないことがこれでわかります。けれど、［性格の癖］が本当に正しい場合もあります。例えば、今までずっと拒絶され避けられ続けて、人とのコミュニケーションの仕方を学ぶことができず、実際に嫌われている場合、また学校や仕事上の課題をずっと避け続けてきて、実際に失敗を重ねてしまう場合などです。

［性格の癖］を支持する根拠を見てみましょう。それらは事実なのでしょうか。それとも子どもの頃、家族や同級生からいわば洗脳されていただけの思い込みなのでしょうか。例えば生まれながら障害などを持っているのでしょうか。それとも手厳しい親に

叩き込まれて信じるようになったのでしょうか（【できない癖】）。そして［性格の癖］を支持する根拠は、子どもの頃だけではなく今も事実なのかどうか自分に問いかけてみましょう。

この自己分析をしてもまだ［性格の癖］が事実のように感じるようであれば「私のこの部分をどうやって変えられるだろう？」と前向きに自問し、何ができるかを考えてみてください。

では亜美さんが作った【あなたなしにはいられない癖】を支持する根拠のリストを紹介しましょう。

愛する人に見捨てられると思う根拠

- **根拠**：すがらなかったら、彼は私と別れるつもりだから。
- **事実なのか思い込みなのか？**：事実ではない。彼はすがられるのを嫌がっている。彼は怒るし、私から離れたがる。子どもの頃、お父さんを引き留めておくことができなかったから、こう考えるのだろう。
- **変える方法**：彼にすがるのをやめて、少し距離を置く。一人でいるとき、見捨てられる可能性について考えないようにリラックスする方法を学ぶ。

次に、彼女が作った【あなたなしにはいられない癖】が思い込みだという根拠のリストです。

全ての人が私を見捨てるわけではない根拠

根拠

1　私は妹とずっと仲が良い。
2　私と一緒にいたいと言ってくれた男性が何人かいたけど、彼に執着していたので、相手にできず向き合わなかった。
3　私のカウンセラーは私のためにいろいろしてくれる。
4　私の叔母さんは私のことを気にかけてくれて、手助けしようとしてくれる。
5　ずっと私の周りにいてくれる友だちがいる。

６　良い時も悪い時もあったけど、結局彼は私と十一年間一緒にいてくれている。

リストに書き出した後、自分の［性格の癖］に対抗する考えをフラッシュカードに書き出しましょう。次は亜美さんが書いたフラッシュカードのサンプルです。

【あなたなしにはいられない癖】フラッシュカード

私と親しくなる人は誰でも私を見捨てるだろうと感じるけど、それは正しくない。子どもの頃、両親が私を見捨てたからそう感じるだけ。

今まで、たくさん見捨てられた経験をしてきたけど、これは私が関係を続けるのが下手な男性や友達に惹かれていたから。でも私の人生にはそういう人たちはもういらない。そういう人たちは私の人生から取り除くこともできる。そして私と対等な関係を作ってくれる人を選ぶこともできる。

誰かに見捨てられたと感じる時、自分がただ単に敏感になっているのではないかと自問する必要がある。誰かが私を見捨てようとしていると感じても、それは単に【あなたなしにはいられない癖】が働いているだけ。私の過去に起きたことを思い出させているだけ。人は誰でも距離をとる権利があるから、私はそれを認めないといけない。

このフラッシュカードを毎日読み、持ち運び、毎日見られる場所、例えばベッドのそばなどに貼ったり置いたりすると良いでしょう。

・ステップ４　［性格の癖］が作られるのに関係した人たち（親、兄弟、同級生）に手紙を書く

起きた出来事に関係する怒りや悲しみを発散することはとても大事なことです。自分の中にいる子どもが凍りついているのは、感情の縛りつけがあるためなので、その子に痛みを表現させてあげましょう。

カウンセリングでは、自分を傷つけた人全員に対して手紙を書いてもらっています。特に両親に書く時はそうですが、手紙を書いて感情を表現することに罪悪感を感じるかもしれません。でも、それを乗り越える必要があります。両親は悪意があったわけではなく、良かれと思っていろいろとしてきたかもしれないので、両親に怒りの矛先を向けるのはとても苦痛なことです。しかし、それはそれとして横に置いておき、淡々と事実を綴ってもらいたいのです。

手紙では、気持ちの発散、痛みを感じた相手の言動、それに対して自分がどう感じたか、に触れます。そして相手の言動が間違っていたことを述べ、自分がどうあって欲しかったかを書きます。

書いた手紙を送ろうとは思わないかもしれませんが、書くこと、感情を表現することがこの手紙で一番重要なことです。多くの場合、両親の言動や感じ方を変えることは難しいことです。このことは肝に銘じておく必要があります。つまり、この手紙は相手を変えることではなくて、自分自身を取り戻すためのものなのです。

亜美さんがお母さんに書いた手紙を紹介します。

> お母さんはずっとアルコール依存症でしたね。それが私にどう影響を与えてきたか、お母さんに伝えようと思います。
> 私はね、子どもでいることができなかったの。他の子どもならきっと夢にも思わなかったようなことをずっと心配していたんだ。他の子たちが外で遊んで楽しんでいるときに、私は料理や掃除をしなければいけなかったのよ。食事が用意されているなんて思えなかったし、なんでも私は自分のことをしなければいけなかったのよ。
> お母さんのせいで、私がどれだけ恥ずかしい思いをしたかわからないでしょ？　六歳の時、私はアイロンがけを覚えたわ。それはよれよれの服を着ているのを他の子から笑われたくなかったためなの。それに、家には誰も連れてこれなかった。
> お母さんは、他の子のお母さんと全然違って、私のそばにいなかった。学校に一度も来てくれなかったし、悩み事を話すこともできなかった。お母さんはソファーに横たわって狂ったようにお酒を飲んでるだけだったよね。
> お母さんには、私のためのお母さんになってもらいたくて、一生懸命頑張ったんだよ。でもお母さんは、私のためのお母さんにはなってくれなかったよね。
> 本当に少ないけど、お母さんは私のためにいろいろしてくれたことあったよね。例えば、私が高校の時ボーイフレンドのことですごく怒っていたことあったよね。そのときお母さんは私と話をしてくれたよね。そういうの、もっともっと私は欲しかったんだ。それを考えると、とても悲しくなるの。
> お母さんという空白を抱えながら、私は育ったわ。その空白は私の心にまだあるの。こんなこと、良いことじゃないよ。お母さんが私にしたこと、間違っていたのよ。

この種の手紙は事実関係を明確にします。また初めてのことかもしれませんが、自分の過去を表現することにもなります。

・ステップ５　［性格の癖］のパターンを細かに調べる

次のステップでは、今の生活の中で［性格の癖］がどう働いているかを調べます。10の［性格の癖］の中で関連するものを読み、自滅のパターンを見つけ出しましょう。そのために、自分の［性格の癖］にどのように《従って》いるか、そしてそれらをどうやって変えられるかを書き出します。亜美さんが書き出した例を紹介しましょう。

日常生活の中で【あなたなしにはいられない癖】が強まる仕組み	変え方
・彼にすがり、彼を思い通りにしようとした。 ・友だちの一人が電話をすぐにかけ返さなかったことにとても怒った。	どこに行くのか・何をするつもりかなど質問攻めにせず、彼にもっと自由を与える。 取り乱したり言い合ったりするのではなく、彼が関係性について不満だったり怒ったりしていることを話してもらい冷静に受け止める。 自分を愛しているか・自分と一緒にいたいか何度も何度も聞かない。 彼が距離を置いた時に、怒り続けるのを止める。 彼に何か良いことが起きた時に、脅されているように感じ続けるのを止める。 自分の人生を意識して自分にとって大切なことをする。 友達に会い、絵を描き、本を読み、手紙を書く。出かけて楽しいことをする。おいしいものを食べる。 彼の人生のことが気になりすぎ自分の人生を忘れている。 友だちが忙しい時に、脅されているように感じ続けるのではなく、もう少し距離をとる。

・ステップ６　パターンを壊す

第１話のテストで自分の［性格の癖］を見つけた後、その中で最初に具体的に取り組みたい［性格の癖］を一つ決めます。今の人生に一番影響を与えている［性格の癖］を選ぶのが良いでしょう。もしそれが難しそうでしたら、もう少し扱えそうな［性格の癖］を選びます。

亜美さんは【あなたなしにはいられない癖】の他に【仮面癖】の［性格の癖］を持っていました。彼女は、父親を留めておけなかったこと、もっと良い母親を持たなかったことを自分の責任だと思っていました。前にも触れましたが、虐待されたり放置されたりした子どもは自分を責めることが多いのです。

しかし彼女の一番大きな問題は【あなたなしにはいられない癖】で、最初に取り組むものとして彼女が選んだものでした。これは【仮面癖】に取り組むためには、安定した基盤が必要だと彼女は考えたためでした。

ステップ5で書き出すリストを使い［性格の癖］が強まる仕組みを二、三個選びます。そして書き出した変える方法を、一つずつ順番に取り組んでいき、成功の体験を積んでいくのです。

亜美さんは、友だちに対する接し方から変えてみようと、すがったり怒ったりするのを止めようとしました。電話やメールにすぐ返事がなかったとしても、すぐさま電話をかけて怒ったり、取り乱したりするのではなく、一定の時間待ってから電話をするようにしました。また自分を大切にしてくれる友だちともっと良い関係を持ち、自分を大切にしない友だちとの関係を軽視するよう努めました。特に移り気な友だち（多くがアルコール依存症）からは、自分の意思で身を引くよう努めました。

次の話以降で紹介する［性格の癖］を変えるための方法を使い、［性格の癖］を強める仕組みに取り組んでいきます。［性格の癖］にある程度対処できるようになったら、次のステップへと進みます。

・ステップ7　努力を続ける

［性格の癖］は変えられますが、時間と努力を必要とします。だから簡単にあきらめたりがっかりしたりしないでもらいたいのです。自分に何度も何度もチャレンジしてください。

亜美さんは一年以上カウンセリングを続けました。彼女の人生に起きる出来事は未だ【あなたなしにはいられない癖】を働かせますが、回数は少なくなり、感情の激しさは和らぎ、早く離れられるようになりました。また【あなたなしにはいられない癖】を引き起こす出来事は、例えば恋愛や友人関係の終わりなど、大きなものだけになりました。彼女の人生は変わったのです。

一番劇的な変化は、彼との関係です。亜美さんは彼が常識の範囲内で自分から離れていることに耐えられるようになりました。彼は亜美さんからの縛りを窮屈に感じ、彼女から離れるために無駄にした時間は多くありました。彼が亜美さんに真剣になれなかった理由の一つは、彼女にすがられることに抵抗を感じていたことでした。また、彼女は怒っている時に、冷静に話をせず、怒りをぶつけるだけでした。亜美さんは、彼が怒りについて、または彼自身の人生について話す時には、努めて聞くようにし、彼が自分の選択をできるよう努めました。

二、三カ月前、亜美さんは彼に、結婚をするか別れるかどちらかにしてくれるよう話しました。もちろん、亜美さんのケースのようにいつもハッピーエンドになるとは限らず、関係が終わることもあります。彼は結婚を選びました。しかし、希望の持てない恋愛を終わらせることは【あなたなしにはいられない癖】にとらわれているより良い選択でしょう。

・ステップ8　両親を許す

特に、ひどい虐待やネグレクトを受けた場合、両親を許すことはできないかもしれないし、そういう場合でなくても、許すことは絶対に必要なことではありません。自分で選択することですが、両親を許すということは癒しが進むにつれて自然に起こることが多いようです。相談者にとって、両親はだんだんと強力でネガティブな存在ではなくなり、自分の問題や心配を抱えた単なる人のように思えてきます。そして両親も［性格の癖］を持っていて、彼らは強力な人というより、むしろ子どもの様に思えてきます。こうして両親への許しが起きるのです。

しかし、いつもこのようにうまくいくとは限りません。子どもの頃に起きた出来事によって、絶対に両親を許さないと決めてしまうかもしれません。また完全に縁を切ってしまうかもしれません。癒しの過程を通じて、許しがそこにあるかもしれないし、ないかもしれません。いずれにしても自分にとって正しく思える選択がベストでしょう。

変化を妨げる壁

多くの相談者を援助してきた経験から、頻繁に出会う「変化を妨げる壁」を挙げ解決策をそれぞれにいくつか紹介します。

・壁1　［性格の癖］を認め自分の問題として取り組む代わりに［性格の癖］に《逆らう》

なかなか自分が変わらない。そんなときは、もしかしたら自分の問題や進歩がないことを他人のせいにしているのかもしれません。自分の過ちを認められず、本腰を入れて変わるために取り組んでいないのかもしれません。また［性格の癖］に《逆らう》ことで働きすぎたり、自慢したり、お金儲けに精を出したり、人を喜ばせようと必死になっているのかもしれません（《逆らう》に関しては第２話で確認してください）。

次々と付き合う女性を変えていた栄一さんは、［性格の癖］に《逆らう》ことを止めるのにとても努力をしました。彼が女性に求める美しさ、社会的地位、情熱は非常にレベルが高く、また女性への批判的な態度は［性格の癖］からくる孤独感を埋め合わせるものでした。批判をせず、また自分を大きく見せることなく、彼の非現実的な理想どおりではない女性とつながるために、彼は［性格の癖］を乗り越えなければなりませんでした。

この壁を乗り越えるためのいくつかの解決法を紹介します。

解決法1

脳内実験をする。今まで生きてきた中で後悔した選択のリストを作る。もしそれらが自分の過ちだったとしたら、どのように感じるだろうか？　他人がする自分への批判がいくらか正しかったとしたら、それは自分にとってどんな意味であるか？　自分の不十分さからくる痛みを感じてみる。子どもの頃、欲しかったけど得られなかったものを考え、その時の痛みを感じてみる。

解決法2

少しずつお金を稼ぐための努力を減らしていく。意図的に自分を大きく見せようとするのを止める。自分は特別ではない、また勝っておらず、他人と同じだったとしたらどうか感じる。これらの感情を受け入れないことには、変化できる状態にはならない。

・壁2　［性格の癖］が働くことから《逃げる》

《逃げる》ことで癖に対処するパターンはよくあることで、これをなかなかやめられない方も多いようです。第2話で紹介した五人は全員この問題に悩みました。竜也さんは妻にすがることで問題から逃げていました。凛子さんは身体の関係からの親密さが生み出す苦しみから逃げていました。美羽さんは危険ではないのに危険だと感じた行為を避けていましたし、また栄一さんは親密になることを避けていました。そして徹さんは自分の欲求や好みから逃げるのを止めなければなりませんでした。

［性格の癖］をやり過ごすための方法である《逃げる》の克服には、やる気が必要です。これから続く残りの人生を見て、このままでいたいのか、乗り越えたいのか決断する必要があります。

この壁を乗り越えるためのいくつかの解決法を紹介します。

解決法1

自分の問題について考え、子どもの頃の痛みを感じる。子どもの頃の記憶に対して取り組むワークをやってみる（後に紹介します）。両親への批判、または自分の不十分な点を書き出してみる。これらを毎日続ける。

解決法2

感情から《逃げる》ことの損得をリストに書き出す。そのリストを毎日読み返し、なぜこのリストを読み返しているのかを確認する。

解決法3

飲みすぎ、食べすぎ、薬物使用、働きすぎなどで《逃げる》ことを数日間だけ止めてみる。その間どう感じるかを日記に記録する。またイメージワーク（後に紹介します）をやってみる。（もしアルコール依存を抱えているのなら）12ステップ・プログラム（依存を乗り越えるためのプログラム）に参加する。

・壁3　［性格の癖］が誤りであると受け入れていない（頭でしかわかっていない）

ただ単に、［性格の癖］が間違っていると頭でわかっているだけでは、［性格の癖］を変えようと努力することはできません。［性格の癖］が正しいという考えに十分に疑問を投げかけ、変わるために実験をしてみる必要があります。

例えば、美羽さんは建物に入るという状況がとても不安でした。これは、状況は危険であり恐ろしいことが起こるだろうと信じていたためです。こう信じていることを変えるために、美羽さんは現実的な危険を評価することを学び、危険の可能性が下がるように取り組み、そして常識的な範囲の危険にだけ気をつけるようにしました。また苦手な状況で体をリラックスさせることを学び、状況は危険であると信じる度合いを徐々に下げていきました。

［性格の癖］はいっぺんに消え去るということはありません。継続的に少しずつ端を砕いていき、少しずつその引き込む力を弱

めていくものです。

この壁を乗り越えるためのいくつかの解決法を紹介します。

解決法1

取り組んでいる［性格の癖］を読み返して、癖が正しいという自分の考えに立ち向かう。客観的な意見を得るために、自分を手助けしてくれる人に頼み、一緒にワークに取り組むことも役立つ。

解決法2

今までの人生を思い返し［性格の癖］に反した事実を見つけ出す。［性格の癖］が正しくなかったと思える状況はなかったか？　虐待されたか？　拒絶や失敗を恐れて頑張ることを避けていないか？　自分の［性格の癖］が正しいと思わせるような友だち、恋人、上司を選んでいないか？　［性格の癖］に対してあえて反論をする。

解決法3

フラッシュカードを書いて一日に数回読んでみる。

・壁4　難しすぎる［性格の癖］や課題から取り組みたく感じる

いくつも［性格の癖］がある中で、もっとも不快なものから取り組み始めたかもしれません。でもそれが難しすぎるとしたら、前進していくこともまた難しいことです。

または難しすぎない［性格の癖］を選びましたが、それに取り組む計画に少し無理があるのかもしれません。例えば人を喜ばす徹さんは、初めに自己主張訓練を始め、初めから父親に対して自己主張をしようとしました。彼は父親の前で恐怖におののくだけだったので、失敗を故意に誘う計画であり、誤りでした。

最終的に、徹さんは父親に自己主張することを学びましたが、最初はもっと怖くない人たちで練習をし、技術を磨き自信をつける必要があったのです。最初は、セールスマンやウェイトレスなどの他人を相手に練習をして、少しずつに知り合いに、同僚に、それからもっと親しい人たちとの関係に焦点を当て始めました。常に手におえる課題で、というのはとても大切なルールです。

この壁を乗り越えるためのいくつかの解決法を紹介します。

解決法1

［性格の癖］を変える計画をもっと細かなステップに分ける。

解決法2

簡単なステップから始め、学びながら、次第に難しいステップに挑戦する。

・壁5　頭では［性格の癖］が間違いだとわかっているが、感情的には正しいと感じている

これはよく起こることです。ほとんどの方は、論理や証拠がどうあれ、長い間心の奥底で［性格の癖］が正しいと感じるのです。

妻が浮気を繰り返していた竜也さんは、安定して思いやりある女性と健康的な恋愛関係にあったとしても、見捨てられるのではないかと感じていました。彼女が一時的に何かに夢中になったり距離を置いたりしていると感じると、必死に彼女にすがっていました。女性が自分から少しでも離れるのが耐え難かったのです。彼にはあえて彼女と距離を置いて、彼女が少し離れることは危険なことではないと学ぶ必要がありました。

この壁を乗り越えるためのいくつかの解決法を紹介します。

解決法1

気づきはすぐに起こるが変化はゆっくりとしか起こらないと自分に言い聞かせる。すぐに変化が起こらない不満に耐える：健康的な部分はどんどん強くなり，［性格の癖］はどんどん弱くなる。感情はやがて必ず変化する。

解決法2

体験を通じた実験のワークに多く取り組んで［性格の癖］を弱める速度を速める。健康的な部分と［性格の癖］の部分の間で会話をして書き留めておく。子どもの頃に受けた扱いを思い出して泣く。子どもの頃に受けた不正を感じる。

解決法3

［性格の癖］を強める行動を変えて，癒しを速める。行動を変えることで，［性格の癖］と矛盾する結果が出るので，［性格の癖］が正しくない強い根拠を得られる。

解決法4

［性格の癖］が正しくないとわかるために，友だちに手伝ってもらう。

・**壁6　変わるための努力の効率が悪い。努力できない。**

もしかしたら，いい加減に取り組んでいるかもしれないし，たまに努力するだけかもしれないし，また段階を間違えたり，一つの［性格の癖］に集中して取り組んでいないのかもしれませんし，あるいは書き出すワークに抵抗を感じてやっていないのかもしれません。

「ゆっくり着実にやれば必ず競争に勝てる」という考え方がありますが、［性格の癖］を弱めるのは、岩を金づちで少しずつ砕いていくようなものです。岩をところ構わず打ったり、気の抜けた叩き方をするなら、岩はそのままです。順序立て、強い意志を持ち、力強く打ち砕く方が効率は良いのです。

この壁を乗り越えるためのいくつかの解決法を紹介します。

解決法１

全てのワークをこなしたか確かめる。イメージワークはしたか。［性格の癖］が正しいかどうかを問う根拠を書き出したか。フラッシュカードを作ったか。両親に手紙を書いたか。行動を変えるための計画を立てたか。これらのワークを頭で考えただけではなく書き出してみたか。

解決法２

進歩を確かめるために毎日数分だけ時間を割く。フラッシュカードを読む。その日［性格の癖］は働いたか？［性格の癖］に《従う》ようなことをしたか。毎日、考え方、感じ方、または行動の仕方を変える努力をする。

・壁７　［性格の癖］を弱める計画に抜けている点がある

［性格の癖］を強める考え方、感じ方、行動の仕方を完全に理解していないと、進歩に必要な段階が抜け落ちてしまいかねません。

徹さんの例で説明します。彼は妻や子どもたちに対して必要なことをもっと伝えられるようになりましたが、怒りや不満は続いていました。怒った時は冷静に妻や子どもたちに彼の言い分を伝えたり、無理なお願いは断りましたし、嫌なことを止めてもらうようにお願いしたりしていました。それでも徹さんは［性格の癖］に《従う》ことをしているように感じ、怒りを感じていたのです。

問題はとてもシンプルなことでした。徹さんは自分の望み、意見や好みを伝えてはいなかったのです。人にしてもらいたいことを言わず、してもらえないので怒りを感じていたのでした。欲求を伝えることは、彼にとっては欠かせないことでした。

この壁を乗り越えるためのいくつかの解決法を紹介します。

解決法1

自分の［性格の癖］について、信頼できる人と計画を一緒に立てる。自分が見落としている点に気づいてもらう。

解決法2

自分の［性格の癖］を持っている人によく見られる行動パターンを読み返す。自分に当てはまる行動パターンの見落としはないか。

・壁8　問題が根深く自分一人では手に負えない

多くの相談者が、カウンセリングに訪れる前に自分の力で変わろうとしたことがあります。自分で取り組んでも成果が上げられなければ、それがカウンセリングを受ける時です。

この本の手順に従って頑張って取り組んだとしても、［性格の癖］を変えられないこともあります。そのような場合は、カウンセリングを受けることを考えてください。信頼できる人が必要なのです。カウンセラーは、相談者の成長を促してくれるし、誤りを正してくれるし、また客観的な視点を与えてくれます。

この解決法は、専門家の手助けを得るということです！

ここまでで、どうやって［性格の癖］を癒していくかおわかりでしょう。次からは一つ一つの［性格の癖］を詳しく紹介していきます。第1話で調べた自分の［性格の癖］を読み、変わるための努力をしていきましょう！

注

＊1　米国発祥の断酒の会。

第4話「私を見捨てないで」【あなたなしにはいられない癖】

夫が出張に行くのがすごく恐い…

あいつはまだ帰ってこないのかまだ…

アイツはもうつまらない。
別の男さがそ。

【あなたなしにはいられない癖】紹介編

相談者No.1

敬子（二八歳）
夫が離れて行ってしまうのではないかという恐怖の中に生きている女性

相談室で敬子さんが最初に口にした言葉は「お父さんが子どものときに死んじゃったんです」でした。

敬子：私が七歳のときに、お父さんが仕事中に心臓発作を起こして、すごく傷つきました。でもお父さんがいなくなったという記憶は定かではなくて。あ、もちろん写真も残っています。大きくて温かい人でした。たくさん抱っこしてくれたの。
それで、お父さんが死んじゃってから、小さいときの私はしばらく窓際に立ってお父さんの帰りを待っていて（泣き始める）。ただ死んでしまったことを受け入れられなかっただけなんですよね。あの、窓際で待っていた時の気持ちは絶対に忘れられない。
カウンセラー：今の生活の中にも、その時の気持ちはどこかにあるのですか?
敬子：あります。夫が遠くに出かけるときの気持ちと一緒です。

夫が頻繁に出張していましたが、敬子さん夫婦にはそれが問題でした。出張の度に、敬子さんは取り乱していたのです。

敬子：いつも同じです。私が泣き始めて、彼がなだめようとして。でも上手くいかなくて。彼が出張している間、すごく怖く感じたり、泣いていたり。すごく孤独に感じるんです。
彼が戻ると、ひどい思いをさせられたことで、彼にあたっちゃうんです。矛盾してるかもしれないけど、彼が家に戻ると、彼が憎たらしくてもう二度と会いたくない気持ちになるんです。

夫は家に帰るのが怖くなり始めました。また出張中、敬子さんは夫に何度も電話をし、一度ただ彼の声が聴きたいという理由で、大事な会議中に携帯電話で呼び出したりしていました。

相談者No.2

竜也（三五歳）
他の男性と関係を持っていた女性と結婚した男性

竜也さんは、今まで何か大きなものを失うという体験することはありませんでした。というよりも、彼の場合は日常レベルで失うものが多くある生い立ちだったようです。彼が八歳になるまで、彼の母親はアルコール依存症でした。

竜也：最悪な時は、あの人は狂ったように飲んでましたね。二、三日は帰ってきませんでしたよ。戻ってくるかどうかなんてわかりませんでしたからね。良い時でも、家で飲んで僕になんて見向きもしなかった。家で飲んでいようと、外で飲んでいようと、酒を飲んでいるときは、僕は孤独でした。

竜也さんは複数人と関係を持っていた女性と結婚をしました。彼女は、竜也さん以外との関係を止めると約束し続けていましたが、約束を守らず、外出してはやましいことがないことを何度も説明するのでした。でも竜也さんには彼女が嘘をついていることはわかっていました。

竜也さんは、カウンセリングを始める前から、妻の帰りを待つのと幼い時に母親の帰りを待っていた気持ちが似ていたことに気がついていました。

竜也：不可思議ですよ。妻は飲みませんが、母親との頃を繰り返しているような感じがしますね。わからないけど、彼女が帰ってくるのを待つとき、ってあのときみたいに寂しい。

相談者No.3

時子（三二歳）

次から次へと付き合う男性を変え、安定した関係を持つことがない女性

時子さんのカウンセリングでの最初の印象は、好感があり熱心な女性でした。彼女は早いうちからカウンセラーと感情的なやり取りをするようになったのです。ほとんどの相談者は、カウンセラーと感情的なつながりを持てるようになるのはもっと時間がかかることでした。数セッションのうちに、カウンセラーはもう何年も彼女のカウンセリングを続けている感覚さえ感じたようでした。

最初のセッションで時子さんはカウンセリングを受けようと思った理由を話しました。

時子：私とずっと一緒にいてくれる男性が見つかるといいんだけどな。でもそうならない気がするのよ。
カウンセラー：そうならない代わりにどうなるのですか?
時子：付き合う男を変えるだけよ。

時子さんの恋愛関係は嵐のようです。彼女はとても熱しやすく、たった一週間で相手にのめり込み「愛している」と、二人が永遠に結ばれることについて話し出すのです。でも実際、彼女のアプローチが早すぎ激しすぎるので、ほとんどの男性が怖がって逃げていくのです。そして彼女も心の底ではずっと怖さを感じているのです。

時子さんは情熱的な人で、恋愛では理性を完全に失って感情に飲まれてしまいます。男性が少しでも身を引くとすぐに、自分を捨てるつもりだと相手を責め始めるのです。そして相手がどのくらい自分を想っているかを試し、時には異様なことさえしだすのです。例えば、付き合っている男性の誕生日パーティーに参加し、別の男性と一緒に仲良く帰ってしまうといったことなどです。

いったん関係が終わると、退屈に感じ、また空っぽにも感じます。そしてネガティブな感情が沸き起こってくるので、彼女は次の関係へと急ぐのです。時子さんの恋愛関係はすぐに終わり、いつも男性が離れていくという形で、終わりを告げるのです。

第4話では見捨てられることに敏感な癖について、この三人の例を交えながら紹介していきます。まずはこの癖を理解し、そしてそれを変える方法に取り組みましょう。

【あなたなしにはいられない癖】理解編

【あなたなしにはいられない癖】の全体像
見捨てられることへの敏感さ

【あなたなしにはいられない癖】を持つ人は、大好きな人を失ったり（死別を含む）、遠くに離れ離れになったり、またそのうち捨てられたりするだろう、といった強い思い込みを持っています。だから一人取り残されるという感覚を持っていることもあるようです。このまま一生見捨てられ続けるだろうと考え、復縁は不可能とも考え、孤独な人生を歩む定めにあると心から感じるのです。

竜也：運転か何かしていたときだったかな。突然「妻は僕を捨てるつもりだ」と確信を持ってしまったんですね。あの男たちの誰かと本気になってしまって、それでもう僕は用無し。取り残された僕が彼女を想うだけです。

【あなたなしにはいられない癖】は恋愛することに絶望を感じさせます。この癖を持つ人は、いくら恋愛が順調にいこうと、関係は遅かれ早かれ破局に向かう運命だと信じます。だから、誰かが自分のために物理的にそばにいてくれなかったり、またいてくれたとしても、この先、この人は自分のために必ずいてくれると思うことがとても難しいのです。普通、愛する人と離れたとしてもそれが短い期間であれば、関係が終わるわけではないと思えるので、気分を害することはありません。けれど【あなたなしにはいられない癖】を持つ人にとっては何の保証もないのです。敬子さんが「夫がドアの向こうへと行ってしまうともう帰ってこないような気がするんです」と言ったように、人にすがらざるを得ないのです。そして特に恋愛関係では、離れることに関して度を越して怒ったり怯えたりするのです。例えばこの癖が強いと、ごく短い時間離れただけであっても、子どもが捨てられたかのように感情的に反応するのです。

【あなたなしにはいられない癖】は普通、赤ん坊が言葉を知る前に作られます（敬子さんは例外で、七歳で父を失ったことで始まりました。だから彼女の【あなたなしにはいられない癖】は比較的強くありませんでした）。このためか、この癖が働いているときには考えが浮かばないこともあります。だから【あなたなしにはいられない癖】が働いているときのことを話そうとすると、たいてい「私はずっと孤独です」「誰も私のそばにいてくれない」といった表現になります。

【あなたなしにはいられない癖】は主に親しい人間関係で働きます。実際には離れていない場合、例えば愛する人は物理的には離れなかったとしても、この癖は働きます。見捨てられることにとても敏感になるので、無意識に相手が見捨てようとする意図を読み取るのです。そして当然、実際に起こる別れ（離婚・引っ越し・死）は【あなたなしにはいられない癖】を引き起こしますが、もっと小さな出来事でもこの［性格の癖］は働きます。

感情的な見捨てられはよく感じることでしょう。夫（妻）や恋人がつまらなそうにしていたり、気にかけてくれなかったり、他の人といる方が楽しそうにしたり等です。またしばらくの間だけ離れる計画を持ち出されたりするなど、つながりが切れるように感じられるようなことで【あなたなしにはいられない癖】は働きます。それが実際に別れたり見捨てられたりするようなことではなかったとしてもです。

例えば時子さんにはその当時付き合っていた男性が自分の言葉を無視したと思い、友だち数人との外食の場を突然飛び出したことがありました。

時子：隣の席に座っていた私の友だち（女性）と彼はずっと話していて、私が話しかけても全然耳に入ってないみたいだったの。立ち上がってすぐに飛び出してやったよ。最低な気分だった。次の日、心配したのか、彼が電話をかけてきたんだけど、ほんとすっごくムカついた。
カウンセラー：何がそんなに怒らせたのでしょうね？
時子：彼はその友だちをずっと見てたの。好きになったんじゃないの。

彼女が話しかけてきたことすら気が付いていなかった彼は、彼女が突然飛び出したことに戸惑いました。この出来事で、彼は時子さんとはうまくいかないという考えを強めました。そして最終的に（時子さんはずっと予期していましたが）彼は時子さんから離れたのです。

ネガティブ感情のサイクル

一度【あなたなしにはいられない癖】が働き始めると、恐れ、悲しみ、怒りなどのネガティブな感情のサイクルが始まります。まずあたかもスーパーでお母さんとはぐれて迷子になった子どものように、パニック状態になります。不安は高まりパニック発作を起こすかもしれません。これが数時間から数日続くのです。やがてパニックは落ち着き、あの人は行ってしまったのだという事実を受け入れます。そしてもう立ち直れないと思わせんばかりに、孤独であることを嘆きます。この嘆きは抑うつへと変化し、そして特にその人が戻ってきた場合、自分を置き去りにしたその人に、そして求めすぎの自分に対して怒りを感じるのです。

二つのタイプの【見捨てられ】

子どもの頃の経験の違いによって、【あなたなしにはいられない癖】には二つのタイプがあります。一つ目のタイプは、過度に安全で守られる環境から作られるものです。このタイプの人はよく【あなたなしにはいられない癖】と【依存癖】を持っています。二つ目のタイプは、感情的に不安定な環境からくるものです。誰も子どもに一貫して関わらない環境です。

【あなたなしにはいられない癖】二つのタイプ

１　【依存癖】ベースの【あなたなしにはいられない癖】
２　不安定さ・喪失ベースの【あなたなしにはいられない癖】

1　【依存癖】ベースの【あなたなしにはいられない癖】

【依存癖】を持つ多くの人は【あなたなしにはいられない癖】も持っています。むしろ【依存癖】を持つのに【あなたなしにはいられない癖】を持たない人は想像しがたい程です。【依存癖】を持つ人は、一人では生きていけないと信じているので、日常生活を通して導いてくれ、何をするか指示をしてくれる強い人を必要とします。敬子さんがその例です。

カウンセラー：旦那さんを失ったらどうなるか想像できますか?
敬子：わからないです。彼なしでは何もできないし、生きていけないかもしれない。彼なしの人生なんて想像できないよ。
カウンセラー：食べたり、服を着たり、住む場所を維持するなど、日常生活をこなすことは一人でできそうだと思いますか?

敬子：一人じゃ何もできない。……彼がいなかったら死んじゃうよ、私。

もし誰かに頼って生きているとしたら、その人を失う可能性はとても怖いことです。このように強い依存をする人は【あなたなしにはいられない癖】を持っているのです。

2　不安定さ・喪失ベースの【あなたなしにはいられない癖】

強い【あなたなしにはいられない癖】を持っていても依存の問題はないこともあります。これらの人は子どもの頃に感情的なつながりを失ったという、不安定さ・喪失ベースの【あなたなしにはいられない癖】を持つ人です。竜也さんと時子さんは二人とも愛する人から見捨てられるのを恐れていますが、普段は物事を自分でこなせます。感情的な依存はありますが、物理的な依存はありません。

入れ替わりの激しい人間関係で【あなたなしにはいられない癖】が働くとしたら、それは作られた感情的なつながりが失われたということです。愛する人が離れていくことが耐え難いのは、その人とのつながりが切れたことから来る感情的な体験のためです。感情的なつながりが切れたら、何もない世界に放り投げられたような感じもするでしょう。

時子：元カレと別れた後、からっぽな感じだった。そういうオーラを出しているって言われたこともあったし。本当に何もない感じ。

二つのタイプの違い

不安定さ・喪失ベースの人は、落ち着きを取り戻すために人を必要とします。【依存癖】ベースのタイプの人は、子どもが親を必要とするように、誰か自分の世話をしてくれる人を必要とします。前者が指示、指導、援助を必要とするタイプで、後者が優しさ、愛、そして感情的なつながりを必要とするタイプの【あなたなしにはいられない癖】なのです。

別な違いもあります。【依存癖】も持つタイプの人は、もし一番頼りたい人が離れたとしても、「予備」を蓄えておきます。一番の人が去ると「予備」の人がすぐにそのポジションで役立ち始め、また新しい人が依存の対象になるかもしれません。これらの人は、孤独に耐えることが出来ず、自分を世話してくれる人を見つけるのが得意なので、次々と依存する対象を変えていくのです。

不安定さ・喪失ベースの人は少し違うようです。これらの人は長い間一人でもいられます。傷つきとまた傷つくことの恐れから、親しい関係を持たないかもしれません。孤独を過去に経験しているので、それでも生きていけることを知っています。このタイプの人にとっては、孤独は問題ではなく、つながりを持ち、失い、再び孤独に投げ出されるという過程がとても苦しいのです。

【あなたなしにはいられない癖】の原因

幼い頃の環境が［性格の癖］の原因として考えられます。例えば虐待、ネグレクト、またアルコールの問題があるなど、うまくいかない家庭環境が［性格の癖］に大きく影響することがわかっています。子どもの生まれつきのもの（遺伝）が性格を作り上げることにどう関係しているのかがよくわかっていないこともあるので［性格の癖］を扱うこの方法では大きくは着目しません。ただ、生まれつき備わっている性質（気質）は、子どもがどう取り扱われて、それに対してどう反応するかに影響するという意味で関係していると考えられています。しかし気質自体がどう［性格の癖］を作り上げるのに関係しているかはよくはわかっていません。

【あなたなしにはいられない癖】の原因

1　生まれつき分離への敏感さを持っている。
2　幼い頃に親が亡くなったか家を出て行った。
3　子どもの頃に、母親が長期間入院したり離れて暮らしていた。
4　乳母や施設の母親代わりの人に育てられ、幼い時から全寮制の学校に入れられた。
5　母親が不安定だった（うつ・怒り・飲酒等で日常的に子どもと関わらないことがあった）。
6　子どもの頃に両親が離婚した。また喧嘩が絶えず、家族がバラバラになることをとても心配していた。
7　親からの関心を失った（例えば兄弟が産まれた・親が再婚をした等）。
8　家族が過度に排他的で過保護に育てられた。子どもの頃に日常起こる問題の対処を学ばなかった。

1　生まれつき分離への敏感さを持っている

【あなたなしにはいられない癖】の場合は気質も関係しているかもしれません。研究では、母親と離れることにとても敏感に反応する子たちがいることがわかっています。ですから、生まれつき【あなたなしにはいられない癖】を持つ人も少なからずいるかもしれません。

敏感でなかったとしても、自分の世話をしてくれる人との別れに対する反応は生まれつきにも思えます。赤ん坊にとって、お母さんとの別れはとても深刻な問題です。野生の生活では、赤ん坊は母親に生かしてもらっているので、母親を失った赤ん坊はたいてい死んでしまいます。だから赤ん坊が、泣くなどして苦しんでいることを示し、離れた母親を呼び戻すのは生まれながらの行動なのです。ボウルビィ[*1]は、自著『離別』(separation) という本から、赤ん坊は「抗議」(protest) すると述べています。

ボウルビィは著書『離別』の中で一時的に母親から離された赤ん坊について述べています。他の赤ん坊たちと一緒に託児所で待たされた赤ん坊たちの観察によると、全ての赤ん坊に見られた「分離」の三つの段階があることがわかりました。

ボウルビィの分離における三つの段階

1 不安
2 絶望
3 離脱

まず初めに赤ん坊は抗議をします。この時の赤ん坊はとても不安げです。母親を探し始め、他の人がなだめようとしても、全くうまくいきません。そして赤ん坊は顔を真っ赤にして母親に対して怒りを感じます。けれど母親が戻ってこないと次第にあきらめ絶望し始めます。この絶望の段階では、感情がなく引きこもり、スタッフが感情的なつながりを持とうと働きかけても動じません。そして時間がたつと、絶望から回復して、別の人たちに愛着を感じ始めます。

そして母親が戻ると、三つ目の段階が始まります。赤ん坊は母親に冷たく接し、近づいたり、母親に興味を感じようとしません。しかし時間がたつと「離脱」が解け、母親に愛着を再び感じ始めます。このタイプの赤ん坊は、ボウルビィの言葉で言うと「不安のある愛着」(anxious attachment) を母親に対して持っており、母親が見えなくなると依存的になったり不安になったりしがちです。

ボウルビィによると、この種の不安や絶望は万国共通で、全ての小さな子どもが母親との別れに対して持つ反応です。動物でも同じような反応が見られます。このような共通性から、分離の反応は生物学的に備わっているものだと言えるでしょう。

【あなたなしにはいられない癖】のサイクル(不安・悲しみ・怒り)は、ボウルビィの考えととても似ています。例えば時子さんなど、中には生まれながらにしてこのサイクルをとても強く体験しているように思える人もいます。誰かとの別れが起こると、不安、悲しみ、怒りの感情がとても強く、自分でなだめることができず、完全につながりが切れたように感じ、死にもの狂いになるのです。気を逸らすことも短時間しか役に立たず、その相手がいないと落ち着けず安心できないのです。このような人たちは、愛する人を失うことにとても敏感で、他人と深く結びつきます。これは利点でもありますが、ただ一人でいることが耐え難いのです。

生まれつき「分離」に強く反応し、愛する人がそばにいないと自分をなだめられない人は【あなたなしにはいられない癖】を持ちやすいようにも思われます。ただ、生まれつき敏感な人全員がこの癖を持つという意味ではありません。［性格の癖］を持つかどうかは、子どものときの環境も大きく関係しています。つまり、例えば生まれつき敏感だけれど、子どものときに特に母親や他の人たちと安定したつながりを持っているようであれば【あなたなしにはいられない癖】を持つことはないでしょう。逆に、生まれつき敏感でなかったとしても、不安定で多くを失うような環境であれば【あなたなしにはいられない癖】を持つことになるかもしれません。いずれにしても、生まれつき敏感であれば、この癖を持ちやすいということです。

2　幼い頃に親が亡くなったか家を出て行った

時子さんのように、幼い頃に親を失うことは【あなたなしにはいられない癖】の大きな原因となります。親が病気だったかもしれませんし、何かしらの理由で離れないといけなかったかもしれません。また両親が離婚し、離れた方の親がだんだんと自分から離れていったかもしれません。特に一歳になる前に親を失うと、その影響はとても強く残ります。一般的に言うと、親を失うのが早ければ早いほど、強い［性格の癖］を持つ傾向にあります。

親を失うことの影響にはもちろん別の要素も絡んでいます。他の親密な関係の質も関係します。例えば時子さんは、男性との恋愛関係でのみ【あなたなしにはいられない癖】が働いたこともあって、安定して愛情ある関係にあった母親に支えられこの癖に立ち向かうことができました。失った親の代わり（義父・義母）または失った親が何らかの形で戻ってくる（病気が治る・再婚する・アルコール依存症が治る）ことも、この癖を弱めるのに役立ちます。

［性格の癖］を弱めたとしても、見捨てられた過去の記憶は残ります。しかし、十分に弱めれば、実際に愛する人を失うなどしない限り、多少のことではこの癖は働かなくなります。一方で、もし幼いうちに親を失ったとしたら、その苦しみをわかっているので、苦痛に再び投げ出されることが恐ろしく感じられます。

この点が【あなたなしにはいられない癖】と【愛が足りない癖】の大きな違いです。【愛が足りない癖】の場合、親は実際にずっといるのですが、親は子をどうやって愛して、育てて、共感するのかがよくわかっておらず、感情的な関係の質が不十分です。つまり、親との関係は安定していますが、近くはないのです。一方【あなたなしにはいられない癖】の場合、持っていたつながりを失うことやいつ両親とつながれるのかということが予想できないのです。不幸なことですが、感情的に不足していてかつ予測できない親を持つ子どももいます。こういったことは稀ではないのですが、子どもは【あなたなしにはいられない癖】と【愛が足りない癖】の両方を持つことになります

親を失う他に、母親役の人がいないことも【あなたなしにはいられない癖】の原因となります。両親が忙しすぎて子どもの世話ができなかったり、乳母に育てられたり、デイケアセンターで育ったり、またはスタッフが定期的に変わる施設で育てられたりといったことなどがこの種の原因です。特に産まれてからの一年間は、継続して世話をしてくれる人を子どもは必要とします。その人は親である必要はありませんが、入れ代わり立ち代わりだと、子どもにとっては他人の世界に住んでいるような感覚になり、悪影響を受けるのです。

もう一つの【あなたなしにはいられない癖】の原因は、繊細で安定して母親はいたかもしれませんが、子どもへの関わり方が不安定だということです。例えば竜也さんの母親はアルコール依存症ですが、とても愛情深く気持ちが通じ合ったと思うと、数時間のうちに全く竜也さんに無関心になったりしていたようです。また時子さんの母親は、時子さんと似て気分の波が激しく、体は時子さんのそばにいても、時子さんには予想できない関わり方をしてきたようでした。

時子：お母さんは私のそばにはいたけど、ただいたって感じかな。嬉しそうにしているときは私にも興味を持ってくれるときもあったけど、すごく落ち込んでいることもあって、一日中ベッドの中で私が何をしても全く答えてくれないの。

この原因は、母子の瞬間瞬間のやり取りに関係していて、このやり取りが不安定な場合、子どもは【あなたなしにはいられない癖】を持つことになる場合もあるのです。

竜也さんの母親は、酔っていないときは彼を虐待せず、無関心でいました。もし親が薬物や気分の浮き沈みの問題があり、愛情あふれる時と虐待する時が交互にあるとしたら、子どもは【あなたなしにはいられない癖】を持つかもしれません。これは、虐待を感情的つながりの喪失と捉えるかどうかによります。例え虐待を受けていて親から得られるものが少なかったとしても、つながりを感じることもあります。つまり、虐待とこの癖とは同じ問題だとは限らないということです。

この他にも【あなたなしにはいられない癖】を促す子ども時代の状況があります。例えば両親の喧嘩が絶えず、家族が不安定で消えてしまうのではと感じた場合、また両親の離婚や、再婚相手が子持ちで、親が新しい家族に関わっていくのを見捨てられたと捉えた場合、また弟や妹が産まれた際に子どもを十分に構えなくなった場合、などです。これらが必ず［性格の癖］を作り上げる訳ではありません。これはつながりが切れたと感じる度合いによるのです。

親から見捨てられたと感じた子は、親に付きまとうことがよくあります。親に付いてまわり、親を見て、そして親のそばにいようとします。第三者的に見ると、絆の強い親子に見えますが、実際はその逆で、子どもは常に親のそばにいてつながりがあることを確かめないといられないのです。子どもにとって、親とのつながりを確かめることが一番大切なことなので、他の人たちを気にする余裕が奪われるのです。

そして最後に前に述べましたが、過保護な環境からも【あなたなしにはいられない癖】は作り出され【依存癖】と重なります。依存心の強い子どもは見捨てられることを恐れます。敬子さんと敬子さんの母親が例として挙げられます。

> 敬子：お父さんが亡くなった後、お母さんは私に何か良くないことが起きるのを怖がっていて、私も失ってしまうんじゃないかって思ってたみたいです。だから私のそばにずっといた記憶があります。私もお母さんにそばにずっといてもらいたくて。学校に行きたくなくて、友だちと遊ぶより家にいた方が好きでした。

お母さんにべったりだったことが敬子さんの自律性を損なわせました。積極的に外に出て自分で物事をするチャンスをなくし、母親に頼って言うことを聞いてきました。でも実は、これがお母さんの望んでいたことだったかもしれません。母親は、もう何も失いたくなかったのですから。

もちろん親を失っても、自立できる子どももいます。そういう子は、自分を世話してくれる人が誰もおらず、自分で物事をこなしていかないといけないのです。

【あなたなしにはいられない癖】と親しい関係

【あなたなしにはいられない癖】を持つ人の恋愛は、滅多に安定して落ち着くことはなく、たいていジェットコースターに乗っているように感じられます。当人にとっては、相手との関係が今にも破局的な結末に終わると常に感じるからです。時子さんがカウンセリングでイメージワークを行っていた時の例を挙げます。彼女は当時付き合っていた男性と口論したことについて話していました。口論は、彼女が彼に泣きつき、彼は冷たくあしらう形でいつものように終わりました。

カウンセラー：目を閉じて、どう感じたかをイメージで教えてくれませんか?
時子：後ろに倒れている私が見える。これからずっと一人っきりで、その暗い地下室に。そこに倒れこんでいる感じ。あの人が私をそこに押し込めようとして、そして扉が閉まろうとしている。ずっとこのまま一人になるような。
カウンセラー：どう感じますか?
時子：すごく怖い。

【あなたなしにはいられない癖】が強ければ、親しい関係の小さなぶつかり合いでこのようなことが起こります。愛する人とのつながりが切れたら、一人ぼっちになってしまうと感じるのです。だから、親しい関係を完全に避けてこの癖をやり過ごしていく人もいます。失ってしまうより、一人でいた方がましだということです。竜也さんは今の妻と結婚する前は、何年間も親しい関係を避けてきたようでした。

カウンセラー：竜也さんはずっと一人でいますよね。
竜也：すごく苦しいので、もうこりごりなんです。僕のためにそばにいてくれる人はもう絶対に見つからないと思いますよ。一人でいた方がマシなんです。だって気持ちは落ち着いていますから。

【あなたなしにはいられない癖】を持ったまま親しい関係を求めるなら、心は落ち着かないままでしょう。相手を失うのではという感覚が常に付きまとい、関係が落ち着かないと感じるからです。

この癖を持つ人は、相手が少しでも身を引くと、耐え難く感じ、小さな変化に関しても心配し、関係が終わる可能性について強く思ってしまいがちです。時子さんは彼が感じるとても小さな不満であっても、自分との関係を終わらせたいと思っている証拠であると捉えます。彼が時子さんを見放すと思える可能性がある（彼が時子さんに対して怒る・気分を害している・時子さんと距離を感じている）と、時子さんは「これで終わりだ」と確信をするのです。だから、嫉妬と所有は良くある問題で、時子さんは常に「別れ話を考えているのではないか」と彼を責めるのです。このようなことで、時子さんの親しい関係は、尽きない別れ話と混乱した和解の繰り返しなのです。

同じように敬子さんは、出張の飛行機が衝突して、夫が死んでしまうのではないかという考えに取りつかれていました。そうかと思うと、自分の母親や子供が病気になって死んでしまうのではないかと心配していました。彼女は死のことについて、また一人では何もできないことについてばかり考えてしまっていたのです。

恋愛が始まったばかりの頃は、【あなたなしにはいられない癖】を持つ人は相手に求めすぎてしまいます。相手に求めすぎると、皮肉なことに相手を失ってしまうという心配を強めます。すると結果的に［性格の癖］を強めることになってしまうのです。こうして実際に見捨てられるかもしれない不安定さをキープするのです。

この癖を持っていると、死に物狂いで相手にしがみつくでしょう。例えば時子さんは、母親との関係と同じように、付き合う男性との関係につながりを感じられませんでした。孤独で満たされなく感じるので、人生の全てを彼との関係にかけてのめり込むのです。彼にひどく執着し、彼以外のことは何も見えなくなります。時子さんにとって関係をつなぎとめておくことはとても重要なので、そこにエネルギーを費やすのです。

危険な恋愛初期のサイン

【あなたなしにはいられない癖】を持つ人は、自分を見捨てる可能性を持つ人に惹かれがちです。いくつかのサインを紹介します。

危険な恋愛相手の特徴

1　結婚している、または他に付き合っている人がいるため、真面目な恋愛を長く続けようとしない。
2　一緒にいる時間があまり取れない（例：よく旅行をする・遠くに住んでいる・仕事をしすぎる）。
3　感情的に不安定（例：飲酒が激しい・薬物を使用する・仕事が続かない）で、安定して感情的なつながりを持つことができない。
4　会いに来るのも去っていくのも自由気ままで、身を固めることを考えず、また複数人の恋愛相手を持ちたいと考えている。
5　とても曖昧な態度を取る（例：好きと言うが感情的に距離を置いている・激しく愛したと思えば次の瞬間には完全に無視をする）。

【あなたなしにはいられない癖】を持つ人は、安定した関係を持てなさそうな人を探しているわけではありませんが、可能性が薄い人、望みと疑いが入り混じった人に惹かれます。つまり、いくらかだけは向き合いつながってくれるが、一緒にずっといてくれるかどうかには疑問が残る相手に一番惹かれる傾向にあります。不安定な恋愛が性に合っており、それしか知らないのです。不安定さがこの癖を働かせ、相性が合うように感じ、愛を情熱的に感じるのです。この手の相手を選び続けると、子どもの頃に見捨てられた体験を再び体験し続けることになるのです。

健康的な関係を害する

健康な相手を選んだとしても癖が強くなる理由

1 失うこと、また親しくなりすぎて傷つくことが怖いので、相手が精神的に健康であっても親しい関係を避ける。
2 相手が亡くなったり、いなくなってしまうことへの可能性、そしてその場合自分は何をすべきなのかを心配しすぎる。
3 相手が言ったりしたりする小さなことに対して、大げさに反応し、自分と別れたいサインだと捉える。
4 嫉妬深く所有欲が強い。
5 相手にしがみつき、自分の生活全てが彼（彼女）と関係を維持することへの執着になる。
6 数日間であっても、相手と離れているのは我慢ならない。
7 相手が自分と一緒にずっといてくれると信じることができない。
8 相手に対して怒りを感じ、騙していたり不倫をしているのではないかと相手を責める。
9 自分を一人ぼっちにしたことで相手に罰を与えるために、相手と距離を置き、離れ、またひきこもることがある。

もし【あなたなしにはいられない癖】を持つ人が健康的な相手を選んだとしても［性格の癖］が強くなることもあります。仮に安定して健康的な恋愛関係だったとしても不安定であると感じる可能性はあります。例えば、敬子さんの夫は結婚生活にとても献身していました。客観的には、彼が敬子さんを見放す根拠はないどころか、彼は敬子さんをとても愛しているように思えました。敬子さんはこれを信じられず、夫は信じられないことに不満を感じていました。

敬子の夫：僕が何をしても、信じてもらえないんですよ。敬子は僕の出張を疑って、根拠もないのに僕が浮気をしていると思っているみたいなんです。するとどうしても思ってしまうんですが、本当は彼女が浮気をしたいのではないか、と。なんで浮気について何度も何度も言うのか理解しがたいです。

【あなたなしにはいられない癖】を持つことで、実際に相手に自分を見放させるように仕向けることもあります。例えば時子さんは、些細な口喧嘩でもとても腹を立てていました。そのために相手は愛想を尽かし、別れ話を持ち出すこともよくあったようです。敬子さんが出張で夫と離れていることの意味を誇張するよう、時子さんは喧嘩の意味を誇張します。

時子さんや敬子さんは「私のことを愛していないいんだね」「別れるつもりなんだよね」「私のことなんてどうでもいいと思っているんだよね」「別れられて嬉しいんでしょ」と繰り返し相手に言います。そして同時に彼女たちはカウンセラーにも同じようなことを言い続けました。彼女たちは、カウンセラーから見放されるのを待っていたのです。彼女たちは「自分を気にかけていない」「離れるつもり」だと非難し、相手を遠ざける一方で、必死に見捨てられないようにしがみ付くのです。

この癖を持つ人は一時的に離れること、嫉妬させるようなこと、口喧嘩、相手の気分の変化など、二人の間の関係が続かないのではと思えるようなことならどんなことでも、とても感情的になります。相手としてみたら、この人は大げさに反応していると感じ、うろたえることかもしれません。どうでも良いことに過激に反応をするというふうにも感じるかもしれません。敬子さんの夫は次のように述べました。

敬子の夫：出張の時敬子と一緒に空港まで行ったんですが、突然でしたよ。敬子は誰かと死に別かれたみたいに泣きじゃくって。ほんと戸惑いましたよ。二日間の出張に行くだけで、結婚生活がもう終わったみたいに振る舞うんです。

同じ［性格の癖］を持っていない恋人・結婚相手にしてみると、相手の反応はとても大げさだと感じられるでしょう。

また【あなたなしにはいられない癖】を持つ人は、一人でいると不安、憂うつ、またはボーっとした感覚に襲われることもあります。だから人とつながっていたいと感じるのですが、相手がちょっとでも自分から離れると、つながりが切れたと感じ癖にとらわれます。気をそらす事はできますが、つながりが切れている感覚はずっとあり、やがてそれに飲み込まれ、気をそらすことの上手い下手によりますが、気をそらすことすらできなくなります。つながりが切れた感覚、そしてつながりを戻したい衝動が、相手が戻ってくるまでずっと続くのです。

敬子：夫がいないことを忘れるためにガーデニングをやって。そうしたら近所の人が来て。少し話したけど、たぶんその人から見たら、私は一人でガーデニングを楽しんでいるように見えたかも。でも本当はそうじゃなくて、どちらかというと夫がいないことを一生懸命忘れようとしているんです。そして疲れて気力がなくなったら嫌な気持ちに襲われていって。

ボーっとするのは【あなたなしにはいられない癖】に《逆らう》[*2]方法です。ボーっとしているときは、つながりが欲しいことを認めません。「あなたなんか必要ないよ」と大胆にも心が叫んでいるのです。ボーっとした感覚にはたいてい怒りが伴い、自分から離れたこと、自分の必要なものを与えてくれない、そんな相手への罰という意味合いも含まれます。こうしてボーっとすることは【あなたなしにはいられない癖】の感覚の対処に役立ちますが、感情を手放し無感情になるというリスクもあります。

離婚や失恋など実際に誰かを失った場合、破壊的な影響を受けるでしょう。絶対に安定した関係を築くことはできないと確信してしまうからです。そういうこともあり次のステップに進むのをためらいがちになります。新しいつながりが欲しいけど、また見捨てられるのではないかと不安を感じます。親しくなりたいと思うけれど、怒りがあるのです。だから関係が始まったばかりなのに、もうすでに相手は離れて行ってしまったと感じることもあるのです。

友だち関係

強い【あなたなしにはいられない癖】は、親友との関係などの親しい関係にも影響を与えるでしょう。恋愛関係程激しくはありませんが、同じような問題が起きるのです。

この癖を持つ人は、友情は不安定だという偏見を持っています。関係が続くとは思えず、自分の前に人は現れては立ち去っていくように感じます。だから、友だちが去っていくことにはとても敏感になります。引っ越し、別れ、折り返し電話をしない、招待への返事がない、意見が違う、自分以外の他人へ興味を持つなどには過敏に反応するでしょう。

時子：ほんとムカつく友だちがいるの。月曜に電話したのに、もう水曜日。あの子なんで電話かけなおさないの？ だから私から電話をかけて、文句言ってやろうと思ってる。私にこんな思いさせるなんて、ひどすぎる！

ここからが本番です。自分の［性格の癖］変えるために、具体的に【あなたなしにはいられない癖】を変える方法を理解して、取り組んでいきましょう！

【あなたなしにはいられない癖】を変えるステップ

【あなたなしにはいられない癖】を変えていくステップを紹介します。

【あなたなしにはいられない癖】を変えるステップ

1　子どもの頃の見捨てられた体験を理解する。
2　【あなたなしにはいられない癖】が働いたときの感情を観察する。親友を失うことに敏感になっていること、一人でいることの恐怖、人にしがみつきたい衝動をしっかりと見取る。
3　過去の男性（女性）関係を振り返り、パターンを見つける。この癖の自分にあてはまる落とし穴（健康な関係でも癖を強める理由）をリストとして書き出す。
4　惹かれたとしても、真剣でなく、不安定で、曖昧な相手であれば避ける。
5　堅実で浮気をしない相手を見つけたら相手は離れずそばにいてくれると信じる。
6　しがみついたり、嫉妬したり、また日常生活上、常識的な範囲の期間離れていることに対して大げさに反応しない。

1　子どもの頃の見捨てられた体験を理解する

まず生物学的に、「性格の癖」を持ちやすいかどうかを考えてみましょう。例えば次のような自問をしてみてください。自分はいつも感情的な人なのか。子どもの頃愛する人から離れたがらなかったか。新学期や新学年が始まったり、友だちの家にお泊りしたときに眠れなかったか。両親が夜に出かけたり、日帰りや一、二日の旅行に行くと大げさに気分を害さなかったか。知らない場所に行くと、他の子たちよりもお母さんのそばから離れたがらなかったか。感情が強いため、気持ちを収めるのに現在でも苦労しているか。もしこの自問に対して「はい」が多いようであれば、薬物療法に効果が期待できるでしょう。もしカウンセリングを受けているようでしたら、カウンセラーと薬物療法[*3]の可能性について話すのも良いでしょう。また病院で医師に判断してもらうのも役立ちます。

生物学的にこの［性格の癖］を作り出しやすいかどうかに関わらず、この癖に関係する子どもの頃の状況を理解することは大切です。落ち着いて比較的穏やかなときに、意識上に子どもの頃のイメージを浮かべてみましょう。イメージが移り変わる方向性を決めず、自然にイメージが出てきて移り変わっていくままにすると良いでしょう。

一番良いスタートは、今の生活の中にある【あなたなしにはいられない癖】を感じることです。これが働くようなことが起きたら、目を閉じて以前にも同じように感じたことがないか思い出してみましょう。

時子：あの人（当時付き合っていた男性）が「別れたいとも考えている」と言うのを聞いて、それ以来イライラが強いです。何も他のことが考えられない。仕事でも、人に冷たくトゲあることを言ったりしているみたい。こんなことになるなんて。だから彼に電話何度も何度もしちゃって。止められなくて。彼は本当に怒ってたけど、でも止められなかったし、今でも止められない。

カウンセラー：では目をつぶってみましょうか。そして彼をイメージしてください。何が見えますか？

時子：彼が見えます。私を見下したような彼の顔。彼にしがみついている哀れな女だと思っていると思います。

カウンセラー：それを見てどう感じますか？

時子：憎たらしい、でも愛おしくもあるような……。

カウンセラー：そうしたら、ずっと昔のこと。同じように感じた昔のイメージを浮かべてくれますか？

時子：浮かんできたのは、病院にいるお母さんのところに行く場面です。私は八歳で、お父さんが連れて行ってくれてる。「お母さんはね、間違ってたくさん薬飲んじゃったんだよ」ってお父さんに言われたけど、でも私はもっと知ってた。病室に入ってお母さんの顔を見たとき、お母さんがすごく憎らしかった。でも一緒に、お母さんに家に帰ってきてもらいたいとすごく感じたの思い出しました。

このように現在と過去のリンクを、イメージを通じて作り上げます。【あなたなしにはいられない癖】が初めて働いた時のことを思い出そうとしてみると良いでしょう。

２【あなたなしにはいられない癖】が働いたときの感情を観察する

今の生活の中で感じる【あなたなしにはいられない癖】を意識し、それがいつ働いているかに気付く力を高めます。今の生活でつながりを失いかけている人間関係は少なからずあるかもしれません。例えば親が病気かもしれませんし、夫（妻）が家を離れているかもしれません。また終わりかけている関係があったり、悩ませ続ける移り気な恋人がいたり。または、失うことがとても怖くて完全に一人でいるかもしれません。

また、この癖は繰り返し働いていることに気づいてみましょう。敬子さん、竜也さん、そして時子さんはこのパターンに気が付きました。

竜也：毎回本当に同じことです。まず、妻が帰ってこないことに気付き、気が狂いそうになります。一分後には、彼女が交通事故にあったのかもしれないだとか、彼女に何かあったんじゃないかって考え怖くなります。それで次の一分後には、ものすごい怒っています。もし彼女が帰ってきたら殺してしまうんじゃないかって思える程です。こういうのを疲れ果てるまで繰り返します。憂鬱になり、横たわって、ただただ寝ようとします。そして彼女が帰ってきた時はたいてい、もうどうでも良くなっているんです。でも彼女の顔を見たら怒りが湧いてくることもあって、そういう時はどうしても手が出てしまうんです。

このパターンの感情を全て意識して感じるようにします。そしてこのパターンに陥ったときに、今そうなっていることに気が付けるように心がけます。

また一人で過ごし始めることも大切なことです。一人で時間を過ごす選択をしてみましょう。カウンセリングを開始して間もない頃、敬子さんは死に物狂いで一人でいる時間を避けていました。いつも自分を慰めてくれる誰かとつながって（会ったり電話で話したり）おり、一人でいることに耐えることを学ぶ必要がありました。カウンセリングを通じて彼女は一人で時間を過ごす大切さを学びました。

敬子：どうやって人をそばに置いておこうと考えるのはすごく疲れることだってやっとわかりました。止めてみるとかえって良い気分だから。自分に「自分のことはできる」「一人でいても大丈夫」そう言い聞かせるようにしてるんです。

少しずつ一人でいる時間を作っていきましょう。一人でいる時間を持つことを大切なことだと思い、何か楽しめることをしましょう。恐怖はやがて流れていきます。十分にこれをすれば、落ち着いた時間を一人で過ごせるようになれるでしょう。

3　過去の男性（女性）関係を振り返り、パターンを見つける・この癖の自分にあてはまる落とし穴（健康な関係でも癖を強める理由）をリストとして書き出す

今までの恋愛を思い出して次のように自問してみます。それぞれの恋愛で何が良くなかったのか。相手は過保護でどんなことがあってもその関係を続けようとしたか。相手は堅実さが足りなかったか。相手が自分から離れるのがとても怖かったので、それぞれの恋愛では自分から別れたか。自分とは別れそうな人を選んでいなかったか。自分の嫉妬や所有欲が酷くて相手は離れていかなかったか。どのようなパターンがあるか。健康な関係でもこの癖を強める理由（94ページ参照）のどれが当てはまるか。

時子さんはリストを書くことで、つぎつぎと堅実ではない相手との関係を続けていることに気が付きました。実際、カウンセラーが彼女にとって初めて、いつも彼女のためにいて、離れていかない人でしたので、その関係が時子さんを落ち着かせたのかもしれません。

4　惹かれたとしても、真剣でなく、不安定で、曖昧な相手であれば避ける

堅実な人と関係を作るように心がけましょう。ドラマのような恋愛を持ち込む相手に惹かれるかもしれませんが、必ず避けましょう。惹かれない相手と付き合わないといけないということではありませんが、度を超えた魅力は、その相手が【あなたなしにはいられない癖】を働らかせる人だというサインなのかもしれません。その場合は問題に満ちた関係になるので、客観的に十分考える必要があります。

カウンセリングを初めて二年半頃、時子さんは職場（高校の美術教師をしていました）で出会った男性とデートをするようになりました。彼は別の高校の教師で、彼との付き合いは時子さんにとっての、初めての安定した男性との関係でした。彼は献身的だったのです。カウンセリングの二年目が終わりに差し掛かるころ、時子さんは彼に結婚を申し出ました。彼は過去にアルコール依存症でしたが、ここ一、二年間は完全にお酒を控えており、穏やかでめったに不安定な気分になる人ではありませんでした。彼の安定した愛情は、時子さんの激しい感情を和らげることに役立ったのです。

付き合い始めたころは、時子さんは彼に惹かれていたという訳ではありませんでしたが、付き合ってからだんだんと惹かれるようになっていきました。時子さんのそれまでの関係とは違って、彼とは初めの数カ月間で友だちになり、その後恋愛へと発展しま

した。このことが落ち着いた関係に役立ち、時子さんは彼との関係では自暴自棄になったり、しがみついたり、相手の浮気を疑って非難したりということがあまりありませんでした。

また竜也さんの場合、いくら頑張っても妻の浮気性は変わらないと彼は悟り、彼女と別れる決断をしました。妻と別れてから、彼は他の女性はもう好きにならないだろうと思っていましたが、その後別の女性と付き合い始めたようです。女性と交際をする中で、彼は自分自身のことを学び、関係を続ける大切さを学びました。今までの関係では、彼は相手につくしすぎ相手から得るものはありませんでした。相手に与えるだけの関係は、破局をもたらす関係です。竜也さんはこのことを悟り、自分をコントロールするようになったのです。

竜也：恋愛で大事なのは、相手をつなぎとめておくことだとずっと思っていました。だから、妻を留めておくために何でもしましたね。でも違っていたんです。今では、相手をつないでおく必要がないとわかったんです。関係が上手く行かず、離れていってしまっても、それはそれで僕は大丈夫だとわかったんです。

5 堅実で浮気をしない相手を見つけたら相手は離れずそばにいてくれると信じる

たくさん見捨てられてきた経験があると、相手を信じるのは難しいことです。しかし、相手を信じることが【あなたなしにはいられない癖】の悪循環から抜け出して、幸せな恋愛を勝ち取るただ一つの方法です。ドラマのような大熱愛を止め、強くて堅実な愛を手に入れましょう。

第４話で紹介してきた三人の相談者は全員相手を信じることを学ぶ必要がありました。例えば敬子さんは夫が物理的にそばにいなくても彼女のことを想っていると学ばなければいけませんでした。

敬子：おかしいけど、オズの魔法使いの最後の場面のように感じるんです。私がいつも探しているものは、実は裏にいつもあって。ずっと欲しかったもの、私のためにいてくれるけど、私が一人で立てるようにしてくれる人。私には夫がいたんですよね。

6　しがみついたり、嫉妬したり、また日常生活上、常識的な範囲の期間離れていることに対して大げさに反応しない

浮気をせず自分のためにいてくれる相手との関係では、感情のコントロールを学ぶ必要があります。一人で楽しめる時間を過せるよう学び、【あなたなしにはいられない癖】が働いたときは、フラッシュカードを使ってこの癖を弱めていきます。

時子さんのフラッシュカード[*4]を紹介します。彼女は高校教師の夫との関係で、しがみつくこと、そして相手を非難することを止めるためにフラッシュカードを使いました。そして彼への信頼を、その都度確かめていきました。

時子さんの【あなたなしにはいられない癖】フラッシュカード

　彼が私と距離を置いているので、落ち着かず、今にも怒ったり求めてしまいそう。けれど、これは私の［性格の癖］だとわかってる。この癖は、彼が距離を置いているかもしれないという小さな妄想がきっかけで働き始めたの。良い関係の中では、距離を置くことは自然なことだということを思い出す必要がある。

　もし私が怒ったりしがみつき始めたら、彼をもっと遠ざけることになる。彼には、距離を置く権利があるから。私がすべきことは、自分の考えに取り組んで、彼との関係をもっと長い目で見ようとすること。今の私の感情は、現実的ではないの。私はこの感情に耐える。改めて考えると彼と私はつながっていて、関係も悪くないじゃない。

　自分を支えるために、私は自分の生活、そして自分の成長に意識を向ける必要がある。自分を支えられるようになればなるほど、彼との関係も良くなると思うから。

もし自分の【あなたなしにはいられない癖】が強く、良い人間関係を作れないと感じるなら、カウンセリングを受けてみることを考えてみましょう。カウンセラーとの関係が、日々の生活の中で良い関係を作る手助けになることでしょう。

［性格の癖］を弱めるためには努力が必要です。第４話で紹介した方法を自分の生活に取り入れて諦めず自分自身に向き合ってみてください。一人で無理だと思ったら専門家に相談し、今までと違う自分を目指しましょう。

注

＊１　［John Bowlby］愛着について研究したイギリスの精神科医。

＊２　［性格の癖］に対して、それと真逆の行動や考えをしたりすること。

＊３　精神科や心療内科で一般的に行われる薬を使った治療法。

＊４　［性格の癖］のままの行動や考え方をしないように冷静に行動したり考えたりするために使うカード。冷静な考えを書き込んでおき、［性格の癖］が働きそうになった時に読み返す。

第5話　「あなたを信じることができません」

【疑い癖】

男なんて
信用できない…
BAR
あんた
うそついてるんじゃない?
じー…

【疑い癖】紹介編

相談者No.1

喜美雄（三二歳）
プライベートでも仕事でも他人を信用しない男性

喜美雄さんは彼の妻とともに、夫婦の問題でカウンセリングに訪れました。

喜美雄：家内が自分を大切にしてくれることはわかっているんですが、どうも信じられないです。全部がドッキリカメラの嘘のみたいに感じてます。そのうち「はい、これで終わり。全部真っ赤なウソでした」と言われそうな気しかしないんです。

妻：そうなんです。例えばこの間なんて、スーパーでたまたまママ友とばったり会って一時間半くらい話してたら、帰るなり「どこにいたんだ！　誰といたんだ！　何をしてたんだ！」って大声で怒鳴りつけられたんです。肩を掴まれて強く揺さぶられたり。あのときは怖かったです。

カウンセリングでは、カウンセラーが喜美雄さんから信用されるのに時間がかかったようでした。数カ月カウンセリングを実施した後でも、彼は強く疑いを持っていました。

喜美雄：昨日会社で上司と話してたのですが「キミはお客さんに強く出すぎだ」と言われましてね。変に思われたくはないけど、前回話したことに似ていると思ってしばらく考えました。どうしてあなた（カウンセラー）が上司のことを知っていて、上司と話したんだろうって。

カウンセラー：僕は喜美雄さんの上司を知りませんよ。そしてご存じのとおり、喜美雄さんのことを他の誰かに話すことはあり得ません。

喜美雄：偶然なんですか？　上司はここでの話し合いを知っているようでしたよ。

カウンセラー：そんなことはしません。僕は喜美雄さんの味方ですよ。忘れましたか？

喜美雄さんと妻には二人の子どもがいました。最初のセッションで子どもに対する怒りのコントロールについて話題になりましたが、喜美雄さんは良い父親のようで、子どもに手を出したりはしないと彼の妻も話していました。

喜美雄：いえ、自分の子ども時代は酷かったですから。父によく殴られましたし。だから、自分の子どもにはもっと良い子ども時代を過ごしてもらいたいって誓っているんです。絶対に子どもたちを傷つけないって。

実際、大人になってからというもの喜美雄さんが怒ったのは一度だけでした。それも酔っ払っている時で四年前のことでした。喜美雄さんはそれ以来一切お酒を飲んでいなかったようです。

それを聞き、カウンセラーは彼に深く同情したようでした。彼は［性格の癖］に飲み込まれながらも良い人間であろうととても努力しているからです。

相談者No.2

まどか（二九歳）
恋愛関係が続かない女性

まどかさんは男性問題でカウンセリングに訪れました。

まどか：まだ若い時は、お酒飲み歩いて、それでまだよく知らない人たちと体の関係を持つこともありました。自分で言うのも変ですけど、尻軽な女。でも二年前にお酒止めて、それから誰とも付き合ってないです。この間合コンがあって、良いなって思える男の人がいて、ちょっと話していたんです。その人結構酔っていて、となりに座って軽くキスをされたんです。すごくムカついて、そのまま飲み屋飛び出しちゃったり。その時、何とかしないとと思いました。普通の恋愛をしたいんです。でもずっとできないかもって心配です。

男性は自分を良いように利用するだけだ、そうまどかさんは常に思っていました。

カウンセラー：男性へのそういった感情はいつから持つようになったのですか？
まどか：九歳の時、お母さんが再婚して、それから結婚生活が終わるまで、三年間。再婚相手がずっと私の体触ったりして……（泣き出す）。
カウンセラー：お母さんは何もしてくれなかったのですか？
まどか：お母さんは安定剤を飲んでて、いつもぼーっとしてたから、何が起きているかなんてたぶん知らなかった。

まどかさんは、結婚をして子どもを持ちたいと願っていましたが、男性が怖く親しくなれないので、その願いは実現していませんでした。

第5話では、人への疑いを持つ［性格の癖］について、この二人の例を交えながら紹介していきます。まずは【疑い癖】を理解し、そしてそれを変える方法を紹介していきます。

【疑い癖】理解編

【疑い癖】の全体像：虐待の経験

・強い感情

虐待は強い感情を生み出します。その感情は痛み、恐怖、怒り、そして悲しみなどが混ざっているでしょう。だから虐待を受けた相談者と会うと、いくら落ち着いているように見えても、この強い感情を感じずにはいられません。それはダムから水が放水されるかのような状態にも感じられます。

虐待を経験したことがある相談者は、とても不安定な気分でいて、突然動揺し、泣いたり見境をなくしたりします。これは当然周囲の人を驚かせることでしょう。喜美雄さんが妻に対してカッとなることや、まどかさんが突然泣き崩れることはこの良い例でしょう。

またぼぉーとし（解離する）自分があたかもどこかに行ってしまい、物事が現実でないように感じる、また感情が麻痺したように感じることもあります。これは虐待を受けた人が、心理的苦痛から逃れるために作り上げる対処方法です。

妻：何か話したくない話題になると、喜美雄さん、スイッチが入ったみたいにすぐにおかしくなるんです。目の前に私がいても全然気づかないみたいに。
喜美雄：そうだね。わかってるけど勝手にそうなってしまうんです。向き合うのが嫌なのか、気持ちが塞いでしまうみたいになります。

・苦痛な人間関係

虐待を受けた人にとって、人と関わるということは苦痛以外のなにものでもありません。人と関わっていて安心できないし、素の自分でいられません。他人を、危険で予測不可能だと感じ、自分を傷つけたり裏切ったりする存在だと感じます。だから自分を守っている必要があるのです。そのため、人を信用することができません。特に自分に近い存在の人を一番信じられないのです。

虐待を受けた人は、他人はひそかに自分に害を与えるつもりでいると憶測を立てます。だから優しくされても、腹の内を探り、自分をだましたり利用したりしているのではないかと考えるのです。

まどか：どんなに素敵な人でもわかっちゃいます。どういうつもりで私に近づくのかって。
カウンセラー：どういうつもりなんですか？
まどか：体に決まってる。

【疑い癖】は過覚醒という状態をもたらします。つまり、危険なことがすぐにでも起きると思うので、常に自分を守ろうと気を張っているということです。人が自分に牙を向く瞬間に警戒して、相手の動きを観察して、その瞬間を待っているのです。

全てにおいて過覚醒になる場合もありますし、ある人にだけなる場合もあります。例えば喜美雄さんは全ての人に対して警戒していたのに対して、まどかさんはどちらかというと男性だけを警戒していたようです。

・トラウマに苛まされる

子どもの頃の虐待をどう思い出すかも重要な点です。何かのきっかけで全てを思い出し、それにとりつかれたかのようになるかもしれません。

まどか：体の関係はイヤ！　あの人のイメージが何度も何度もよぎって。すごく嫌な気持ちになる。

虐待の記憶はあまり思い出せないかもしれませんが、子どもの記憶は断片的にしか思い出せず、曖昧模糊としているように感じられるかもしれません。

まどか：あの頃の記憶ははっきりとしていなくて、わからないことだらけ。虐待がどのくらい続いたのか。ずっと続いていたようにも思えるけど、本当のことはわからなくて。ただずっと続いていたように感じるだけで。

直接思い出すことはできないかもしれませんが、夢や悪夢、暴力的な空想、勝手に出てくるイメージとして、また虐待の記憶に触れると突然怒り出す、などの間接的な形で思い出すかもしれません。頭は思い出せなくても、体ははっきりと覚えているのです。

喜美雄：つい最近ですが、何か関係するかもしれないことが起きました。車庫に行って、電気をつけようとしたら、電球が切れていたみたいで。暗い中立っていたら、突然冷や汗が出てきて、驚いて、固まってました。
カウンセラー：目を閉じてその時のイメージを浮かべられますか？
喜美雄：はい。
カウンセラー：そしたら、以前にそれと同じように感じた時のイメージを浮かべられますか？
喜美雄：子どもの自分です。クロゼットの中で立っていて、怖くて震えています。
カウンセラー：どうして怖がっているのですか？
喜美雄：父が子どもの自分を探している。ああ、そうか。だから怖がっていたんだ。

虐待を今まさに再体験しているかのように思えるほど強く思い出すこともあるかもしれません。これはフラッシュバックと言いますが、これより恐ろしいのが、現在の関係を通して虐待を思い出すことです。つまり、虐待を今の関係で引き起こすことです。

虐待を体験した人は、不安や落ち込みに悩みます。また人生に対して絶望を感じるかもしれませんし、自信が持てず、自分に根本的な欠陥があると感じるかもしれません。

【疑い癖】の原因

子どもの頃に虐待を受ける、言いなりにさせられる、恥をかかされる、裏切られるなどの体験を通じて【疑い癖】は作られていきます。

【疑い癖】の原因

1　子どもの頃、家族から身体的虐待を受けた。
2　子どもの頃、家族から性的虐待を受けた、また繰り返し性的な意味合いで体を触られた。
3　子どもの頃、家族から繰り返し恥ずかしい思いをさせられた、からかわれ、落ち込ませられた（言葉の暴力）。
4　家族で信じられない人がいた（だましたり嘘をつくつもりはないと言いながら、秘密を暴露し、弱みにつけこみ、言いなりにしようとした）。
5　自分が苦しんでいるのを楽しんでいるかのような家族がいた。
6　子どもの頃、酷い罰や報復で脅され言いなりになっていた。
7　両親のうちどちらかに、家族以外の人を信用してはならないと繰り返し教えられた。
8　家族の人たちが味方ではなかった。
9　子どもの頃、両親のうちいずれかが、不適切で不快な形で体に興味を持っていた。
10　傷つくようなあだ名で呼ばれていた。

虐待を受けるということは、身体的に、性的に、好き勝手に扱われることです。自分を守ってくれるはずの家族が、無防備な子どもを傷つけるということです。

まどかさんの場合、それは性的な虐待でした。まどかさんの母親と母親の再婚相手は仲が悪くなり、母親は精神安定剤に依存していました（虐待にはよく薬物やお酒の問題が絡みます）。父親は、母親から得られなくなった愛情を娘に求めるようになったのです。

まどか：頭を撫でたり肩をぽんと叩いたり、普通のことから始まったような気がします。私のことを気にかけてくれていたみたいで、最初はあの人のこと好きだった。だから頭撫でられても肩を叩かれても嫌じゃなかったけど。

両親の仲に問題があったり、片親がいなくなってしまうと、子どもが親のパートナー代わりになってしまう展開はよくあることです。子どもは気にかけてもらえるので喜びますが、後になって罪悪感を持つことにもなります。

再婚相手の愛情は性的虐待にまで発展しましたが、初めは虐待なのかどうかわからなかったようです。

まどか：ソファーで一緒に寝ていたとき、腕で私を抱えてくれたことがよくあったんですね。その時に、偶然を装って私の体に触れたり、撫で回したりし始めたり。それでおかしいと思い始めたと思います。

虐待の程度はいろいろです。酷い性的虐待を受ける人もいれば、触れられたり撫でられたりするだけの人もいます。大事な点は、受けている人がそれをどう感じるかです。触れられることを不快と感じたとすれば、それは性的な虐待になります。子どもが虐待を許し、促し、楽しんだと信じてしまうことも、後になって罪悪感を持つことにもなります。まどかさんは父親が体を触ることに抵抗しませんでした。

まどか：私はただそこに横たわって。固まってました。
カウンセラー：自分を守れるという感覚がなかったのですね。それはとても恐ろしいことです。

この虐待は、まどかさんに性的な感情を掻き立てたので、彼女は困惑し、気分を害し、また恥ずかしくも感じたようです。虐待を受けた子どもには何の責任もありません。たとえ虐待に抵抗せず、また性的に反応してしまったとしても、子どもには一切の責任がないのです。子どもであるという事実自体が、その責任のなさを物語っています。自分より大きくて強い存在が家族にいて、その人（たち）が自分に対して酷いことをしたなら、それに対して子どもは抵抗することはできません。こういう状況では、子どもが自分自身を守るのではなく、家族が子どもを守らねばならないのです。

誰も助けてくれる人がいなかったことも、まどかさんの苦しみを助長させました。

まどか：お母さんも、大変なことが起きているのに気にかけてくれなかったです。あの人もそうだけど、お母さんも、どちらも私のこと気にしてくれなかったんです。

性的虐待は、魂と体を蝕みます。子どもがどう感じようと、子どもに罪はありません。性的虐待は、子どもに罪の意識を植えつけ、そして子どもの信頼を奪い去るのです。

性的虐待が隠しごとにされてしまうことも、罪と恥を生み出します。まどかさんの父親は、虐待のことを二人の間だけの秘密にしようとも持ちかけてきたようでした。

カウンセラー：お母さんには言わなかったんですか?
まどか：言ってません。えっと、あの人がするなって言っていたし。でもそれだけじゃなくて、お母さんにそんなことを言うのすごい恥ずかしかったんだと思います。その、今日初めて、このことを他の人に言ったんです。お母さんにはちょっと無理でした。それと、私がもしお母さんに言ったら、家族がバラバラになるんじゃないかって。お母さんに飲む薬の量を減らしてもらおうとして。お母さんが薬を飲んで眠り込んでしまっている時を狙ってあの人は私に近づいてきていたみたいだから、薬が少なければお母さんが気づいてくれるかと思ったんです。でも薬を減らすことはできなかった。

どのような形の虐待であっても、子どもは守ってもらえていない感覚を得るでしょう。片方の親が虐待をし、もう片方の親がそれを止められずにいるという図式です。虐待をされることも、虐待を止めてもらえないことも、子どもにとっては害となります。

仮に他人が自分の子どもを虐待したとしたら、迎え撃ったり、助けを求めたり、逃げたりするべきことを私たちは知っています。しかし、愛する人に虐待をされる場合、話は少し違っているようです。子どもが虐待に耐えられるのは、心の奥底で、その人とつながっていたいと思う気持ちがあるからです。そのつながりなしには、子どもは一人ぼっちになってしまうので、虐待のあるつながりであっても、子どもにとっては必要なのです。

父親が、いつ怒り狂うか予測できなかったため、喜美雄さんは常に恐怖心を感じていました。

喜美雄：父がいつキレるかって？　わからなかったです。一分前は普通の会話をしていたと思ったら、次の瞬間は怒鳴ったり、手が出ていたりだったんですね。兄に怒鳴ったり、自分に怒鳴ったりで、鬼と一緒に住んでいるみたいだった。安心できる場所はありませんでしたよ。

大人になっても喜美雄さんはなかなか安全だと感じることができませんでした。また常に自分への脅威に注意がいっていたので、他のことに集中することができませんでした。

親しい人に攻撃され傷つけられることが起こる可能性を知ることは、子どもにとって、滅茶苦茶で危険な世界に生きなければいけないことを意味します。多くの人が当たり前だと思う基本的な安全が、そこにはないのです。

虐待者は子どもを責めます。虐待者は子どもを無価値に感じさせ、子どもはそれを受け入れるのです。

喜美雄：初めて虐待があった時、でもあれは自分が完全に悪かったんだろうけど。昔から不器用なところがあったから、だから問題によく巻き込まれていて、父はよく「お前は地獄に落ちるだろうな」と言っていました。だからそう信じてましたよ。自分が最悪の人間だから虐待されていた。

虐待は、存在に対するダメ出しの感覚を子どもに植えつけます。自分は価値がなく、自分らしくいることが恥ずかしいことであり、どんな権利も持たないし、自分の望みを持ってはいけない、そう子どもは感じるのです。人に自分を利用してもらい、踏みにじってもらわなければいけないように感じ、まるで虐待を受ける価値しかないとすら感じるのです。

現実が辛すぎると、子どもにとって心理的な逃げ場のみが自分を守る方法となります。虐待の程度によって違いますが、子ども時代のいくらかを解離[*1]した状態で過ごしたかもしれません。特に虐待が起こっているその時に、心が現実から離れることもありますが、これは子どもにとって状況に応じた反応なのです。

まどか：あの人が嫌なことしてるとき、私は空に宙に浮かんでいくオレンジの風船になったみたいだった。全部夢みたいで、すごく自由だった覚えがあります。

感情を感じなくさせ、その状況をただやり過ごせるように働くのが解離です。また解離は、起きた出来事が普通の体験と離れている感覚を生み出すので、虐待をする人と比較的普通に関わることができるのです。

まどか：その時は何も思わなかったけど、今考えるとすごく変。夜にあの人と体の関係を持って、朝にはお母さんとあの人と一緒に食卓でおしゃべりして。夜の出来事は、別の世界で起きた出来事みたく感じていたようです。

虐待が酷すぎる場合、解離は多重人格につながることもあります。

喜美雄さんが突然怒り出すことは、虐待が起きるのではという不安に《逆らう》形で対処する術です。喜美雄さんは父親のように振る舞うことがあったようですが、虐待を受けた子どもは、虐待者のすることとなすことを真似ることがあります。子どもはこのようにして、自分に力があるように錯覚するのです。

喜美雄：今では悪いことをしたなと思いますが、子どもの頃は弟に手を出していました。父が自分にしたようにです。

【疑い癖】を持つ人は、［性格の癖］に《逆らう》方法として、誰かを虐待することがよくあります。虐待された人が、虐待者になるという連鎖はこのように続くのです。実際、ほとんどの虐待者は子どもの頃に虐待を受けており、喜美雄さんの父親も例外ではありませんでした。

喜美雄：父も子どもの頃に祖父に殴られていたと聞いてたから、それで自分に酷いことをしたと思っています。

しかし、子どもの頃に虐待を受けていると必ず虐待者になるとも限りません。むしろ虐待を受けてきた子どもの多くが、大人になっても、自分の子どもを虐待しないのです。喜美雄さんは突然怒り出すことはありますが、子どもの虐待はしません。彼は虐待の連鎖を止めたのです。

虐待を受けたけれど、自分が大人として虐待者にならなかった人の多くが、虐待をしたり、人を傷つける空想をします。

喜美雄：馬の合わない先生がいましたね。クラスの前で名指しで非難したり。最悪な奴でしたよ。その男を吊し上げてみぞおちパンチを二〇発くらい浴びせて「許してください」って言わせる想像を授業中してましたね。

虐待を受けた人は、人を攻撃することも時にあるだろうし、他人が傷つくのを見て楽しむかもしれませんし、また人を試したり、侮辱しがちかもしれません。これは自分でも不快に感じるようなサディスティックな部分、つまり自分を傷つける人のようになることで【疑い癖】に《逆らう》ことで対処する方法のようです。

喜美雄さんの父親は、言葉でも酷く喜美雄さんを傷つけていました。【疑い癖】を作り出すような切迫して危険な状況は、相手を傷つけたい気持ちがある場合に意図的な言葉の暴力へと変わり、相手を辱め打ちのめします。

喜美雄：父は自分が泣くのを面白がっていたようで、だから泣かないように頑張ってはいました。結局ダメでしたけどね。
カウンセラー：お父さんにどう言われていたのですか?
喜美雄：弱虫、バカ、のろま。弟や友だちの前でも言っていました。自分がイラついて苦しむ姿を楽しんでいたとしか思えない。

喜美雄さんの父親は喜美雄さんを嫌っていたようですが、なぜこのように親が子を嫌えるのか、常識では理解が難しいかもしれません。父親にとって、喜美雄さんの弱さが耐え切れなかったのかもしれません。父親は自分の【疑い癖】に心が乱れることがあったのかもしれません。それで子どもを攻撃をすることが、自分の虐待体験に対処する術となっていたのかもしれません。

親がサディスト的な子どもは、必ず大きな心の傷を負うでしょう。そのような親は、たいてい虐待を五歳にも満たない自分の子どもに始めるようです。そのためか、誰かに虐待のことがばれてしまう心配をさほどしません。

［性格の癖］の度合いが弱かったとしても、子どもは攻撃的で疑い深い人の見本を目の当たりにするので、そういった癖を自然に

学ぶ可能性もあります。例えば人間関係や仕事でモラルがなかったり、人（自分の子どもを含む）を騙したり思い通りに動かそうとしたり裏切ったりする親を見てその癖を学ぶなどです。そうすると、人間なんてそんなものだと冷めた見方をするようになるのです。

危険な恋愛相手の特徴

【疑い癖】を持つ人は、攻撃的な人や信頼の置けない人たちに惹かれがちです。攻撃的であったり信頼に値しない人たちが具体的にどういう人たちかまとめました。

危険な恋愛相手の特徴

1　かんしゃくをよく起こす（キレる）。
2　お酒を飲むと理性を失う。
3　恋愛相手を人前（相手の友だちや家族）で侮辱し恥をかかせる。
4　恋愛相手に要求や非難ばかりして、価値のない存在だと相手に感じさせる。
5　恋愛相手の希望を全く考慮しない。
6　どんな汚い手（嘘をついたりコントロールしたり）を使ってでも我を通そうとする。
7　ビジネスではやや詐欺師的な行為もする。
8　人の苦しみを楽しんでいるように思えるほどの冷酷さとサディスト性がある。
9　思い通りにならないと恋愛相手を殴ったり脅迫したりする。
10　恋愛相手に体の関係を強いる。
11　恋愛相手の弱みにつけこむ。
12　浮気をする（陰で別の恋愛関係を持つ）。
13　信頼できず、恋愛相手の優しさを逆手に取る。

理解することが難しいかもしれませんが、私たちは自滅のパターンを繰り返すところがあります。フロイトはこれを反復強迫と呼びました。子どもの頃に虐待を受けた人が、再び虐待に関与する。理解に苦しみますが、でも事実起こることなのです。

【疑い癖】を持つ人は、身体的・性的に暴力的で、また言葉の暴力もある攻撃的な人に一番惹かれます。子どもの頃に虐待を受けた経験が虐待のある関係へと誘います。そして治療を受けない限りは、虐待から決して抜け出せなくなります。それが子どもの頃の虐待の結末なのです。

二〇代前半の頃のまどかさんの恋愛が典型的な例です。当時彼女は薬物をたくさん使っていて、恋人にも薬物依存者がいました。

> まどか：元カレとはときどき今でも会います。結局一番長く続いてるみたい。彼は覚せい剤を続けていて、それで私からお金を盗んだり、私の体を他の男の売り物にしようとしたりしてた。

薬物依存者ほど、他人を利用する人はいません。しかしまどかさんの場合、薬物に依存していない恋人からも虐待を受けていました。よくあったのが「あの人たちは私の体を目的に近づいてきて、用が済んだら私を捨てて離れて行ったの」という恋愛です。まどかさんは数年間、次から次へとこういった望ましくない関係を繰り返していました。

なぜ止めようとしなかったのかをまどかさんに聞くと「私が好きになったんです。一人でいるよりよっぽどましだったから」と答えました。けれど実際は、一人でいれば少なくとも癒しを得て、自尊感情を高め、そして虐待などしない良い人に出会えるチャンスがあるのです。

次に、【疑い癖】を持つ人が親しい人間関係で感じる問題をリストとして紹介します。項目が沢山ありますが、それだけ虐待は深刻な問題であることを意味しています。

親しい人間関係の【疑い癖】

1 根拠があまりないのに利用されていると感じることが多い。
2 人を恐れていたり自分を無価値に感じるので、虐待をさせたままにする。
3 人から心身を傷つけられると思うので、人をすぐに（やられる前に）攻撃する。
4 無理にさせられていると感じるため、体の関係を楽しめない。
5 個人的な情報は利用されると思うので、人にあまり教えたくない。

6 弱みにつけこまれると思うので、自分の弱みを見せたくない。
7 人が周囲にいると恥をかかされると思うので緊張する。
8 人が怖いので、簡単に他人の意見に折れる。
9 自分の苦しみを他人は楽しんでいるように思える。
10 表に出さなかったとしても、明確なサド的な、または残酷な一面を持っている。
11 「一人でいるよりまし」なので他人に利用されたままでいる。
12 男性／女性は信頼できない。
13 子ども時代のことをあまり覚えていない。
14 誰かのことがとても怖く感じた時、自分の一部がなくなってしまったかのような「スイッチ」が入る。
15 根拠があまりないのに、人は裏の動機や悪意を持っているとよく思う。
16 人に傷つけられて、また人を傷つけて喜びを感じる空想をよくする。
17 男性／女性は信頼できないので近づかない。
18 男性／女性が周囲にいると訳もわからずとても怖くなる。
19 特に自分と親しい人に対して、ときどき悪態をついたり残酷に振る舞う。
20 人間関係でどうしてよいのかわからなくなることがよくある。

例え良好な人間関係でスタートしたとしても、途中から虐待を含む関係（虐待したりされたり）になることもあります。いずれにしても、子どもの頃に体験した虐待を繰り返すことになるのです。

【疑い癖】を持つ人の捉え方によって、健康的な相手があたかも虐待者のように感じられてしまうこともあります。例えば、相手の悪意ない言動を歪んで捉えたり、相手を試したり、確かな根拠なしに相手が自分を傷つけようとしていると責めたり、愛の足りなさを強調したり、また愛情ある言動を軽視するなどです。相手が本当に愛情を持って関わっていたとしても【疑い癖】を持つ人は、まるで虐待でも受けているかのように感じることもあるのです。

喜美雄さんが妻にとっていた態度が良い例でしょう。カウンセリングで話された限りの情報では、喜美雄さんの妻は、信頼できる人物です。

カウンセラー：奥さんに傷つけられそうになった出来事を具体的に聞かせてもらえますか？
喜美雄：結婚する直前のことですが、家内は秘密で別の男とデートをしてたことがありました。
妻：なんで！　何度も言ったでしょ！　お昼ご飯に誘われただけだって。すごく重要な話があるって、あの人が言うから。喜美雄さんに話しても理解してくれないだろうから、言わなかっただけ。
カウンセラー：どんな要件だったんですか？
妻：またやり直せないかって。私にはその気は一切なかったから、そうはっきりと言いました。本当にそれだけで、他に何もしていないの！　ただあの人にあきらめてもらおうとして。喜美雄さんのこと好きだったし、今も変わらないよ。
カウンセラー：このことはお二人で何度も話し合ったことなんですね。
妻：喜美雄さんは、何度も何度もこの話を持ち出してきて。
カウンセラー：奥さんがご主人を傷つけようとした他の出来事を聞かせてもらえませんか？
喜美雄：ないです。彼女は間違っていませんから。でも信じられない。家内に騙されていないとはどうしても思えない。

子どもの頃、期待を持ってもやはりがっかりすることにとても傷ついたのでしょう。大人となり、そのリスクを背負わなければいけないので期待できない、そう喜美雄さんは感じているようです。

【疑い癖】を持つ人は「人は信用できない」という考えが前提で世界を見ているのかもしれません。人は自分を傷つけるチャンスを狙っていて、自分の苦しみを密かに楽しんでいる、これが人に対する基本的な考え方です。【疑い癖】を持つ人が誰かと親密になったときに流れる空気がこれなのです。

また自分には価値がないと示すことで、健康的な相手に虐待をさせることもあるでしょう。例えば、相手の意見や要求に簡単に折れたり、考えや気持ちを押し殺したり、相手に自分を都合よく利用させるなど、自分には価値がないので良い待遇を受けないという暗黙のメッセージを送るということです。

まどか：男の人たちは、体を許してあげると、私のことを大事にしてくれるみたい。誰とでも構わずホテル行っていた時期だったけど、すごく好きになった人がいたんです。

その人にいつも「こんなふしだらな女とは不釣り合いだって思っているでしょ?」って言ってました。
カウンセラー：それでどうなったんですか?
まどか：彼はそれを信じ始めたのかな、結局は捨てられました。

まどかさんは、自分を自然に卑下していたので、自分を自分で守れないとも感じていました。「男の人がサディスト的に振る舞うと、子どもの頃の身動きがとれない感覚が蘇えるから。どんなことされてもNOと言えなくて、思うようにさせてあげるしかなかった」とまどかさんは話してくれました。
この癖を持つ人は、人間関係で相手を攻撃するなど、逆の極端な行動をすることもあるようです。これは［性格の癖］に《逆らう》対処です。こんな時は「攻撃は最大の防御なり」という諺がとてもしっくりくる時です。相手が攻撃をしてくると思っているので、自分が先に攻撃を仕掛けるといった具合です。

妻：喜美雄さんはいつも私を責めるんです。落ち込ませるな、と言うけど。でもそんなことしたら酷いことになるってわかってます。だからあまり刺激しないよういつも気を遣ってるのに。私は何もしていないのに、いつも突っかかってくるんです。
この間の夜なんか、喜美雄さんが氷に滑って転びそうになったことがあって、気遣ったんですけど、いきなり怒鳴られました。笑いものにしているって言い出して、でも私は絶対そんなことしてないのに。ただ転びそうになって大丈夫か確かめようとしただけなのに。
それで喜美雄さんはイライラして、私を敵だと思ってるみたいでした。

【疑い癖】を持つ人が怒って他人を攻撃する時、納得いかない相手は逆に攻撃し返してくるかもしれません。すると、怒りの爆発が一番恐れている過去を再現させてしまうことにもなりかねませんし、相手をゆっくりと遠ざけることにもなりかねません。また人に対してたくさんの怒りを抱えがちで、健康的な関係を持つ人たちに対しても怒りを感じ、それが問題となる場合もあります。例えば、身近な人たちに、暴言を吐いたり冷たく当たったり、破壊的な怒りの出し方をするかもしれません。こうするとお互いに傷つきますので、まずはこれが止めるべきことです。

もし性的な虐待を受けたのなら、その傷は恋愛をむしばみます。性行為の間、怒りを感じたり、または感情的に切り離すことになるでしょう。

> まどか：ときどき、別にずっと体の関係なくてもいいかなって思います。だって楽しくないから。最中は、ただ殻にこもって何も感じないような感じで。嫌なんです、そんなの。

まどかさんは、相手を傷つけたり傷つけられたりすることで喜びを感じる性的な空想があり、そのことも彼女を落ち込ませていました。性に関する全ての問題が、ネガティブな感情を孕んでいたのです。

ここからが本番です。自分の性格を変えるために、具体的に【疑い癖】を弱める方法を理解して、取り組んでいきましょう！

【疑い癖】を変えるステップ

【疑い癖】を変えるためのステップを紹介します。

【疑い癖】を変えるためのステップ

1 虐待（特に身体的・性的な）を受けたことがあるのなら、できるだけカウンセリングを受ける。
2 信頼できる友だち（またはカウンセラー）と一緒にイメージワークを行う・虐待体験の記憶を呼び起こし、詳しく思い出していく。
3 イメージしている間、虐待をした相手に対して怒りをぶつける・イメージの中では無力でいることを止める。
4 自分を責めることを止める。
5 過去の記憶に向き合う間だけは、虐待をした人と会うことを減らすか止める。
6 もし可能であれば虐待をした人と向き合う・手紙を送る。
7 現在の対人関係の中で虐待に耐えることを止める。
8 信頼できる人たちとの友好を深める。

９　自分の権利を考慮してくれ、自分に害を与える意図のない人と恋愛する。
10　自分に近い人たちを虐待しない。

１・虐待（特に身体的・性的な）を受けたことがあるのなら、できるだけカウンセリングを受ける

【疑い癖】が深刻なら、一人で問題に取り組むことは勧められません。それは【疑い癖】が最も強力な人生の罠の一つであり、人間関係で大きな問題を引き起こしかねなく、変えることもとても難しいからです。

恐らく本書のような自己啓発や自分で傷を癒す類の本を通じてこの癖を改善しようとしても、それは不十分でしょう。子どもの時に酷い虐待を受けたことがあるならなおさらです。その場合はカウンセラーからの援助を受ける必要があります。カウンセラーは安全に感じられる場所を提供してくれることでしょう。もし自分の［性格の癖］が軽いようなら、この章を読むだけである程度の改善は期待できるでしょう。

もし可能なら、近親相姦や虐待の体験者が集う自助グループ[*2]に参加することをお勧めします。日本にはこの種のグループがいくつかあります。また虐待を体験した人たちのために書かれた素晴らしい本もいくつか出版されています。例えばエレン・バス（Ellen Bass）とローラ・デーヴィス（Laura Davis）著の『生きる勇気と癒す力』（三一書房）などです。

２・信頼できる友だち（またはカウンセラー）と一緒にイメージワークを行う・虐待体験の記憶を呼び起こし、詳しく思い出していく

カウンセラーや誰か信頼できる人からのサポートが一番必要なのは、思い出すことで、それは思い出すことが一番辛いからです。身体的、性的な虐待、または言葉の暴力を受けた記憶はとても恐ろしいもので、湧き上がる感情は、自分一人の手に負えるものではありません。自分の感情をカウンセラー、または友だちに抑えてもらい、癒しへとつなげる手助けをしてもらいます。

虐待の記憶を思い出したくないことには大きな理由がいくつかあります。例えば、その一つが親に関係することです。

喜美雄：自分の父がそんなに酷い人だったなんて、なかなか受け入れられないですよ。父は理にかなった人だとずっと思っていましたし。父は働きすぎで、母は小言ばかり、自分が問題を起こしてばかり。

カウンセラー：お父さんは良い人だ、そう思いたい喜美雄さんの気持ちは強いようですね。
喜美雄：当たり前ですよ。父は理由なく辛く当たってきたなんて思えなかった。もしそうだったらやりきれない。

喜美雄さんにとって、ダメな父親を持ったと認めることは、とても腹立たしいことでした。父親を良いと捉えることが、父子の関係を続けさせていたし、虐待に耐える力を喜美雄さんに与えていたのでしょう。

それに思い出すと感情的にとても辛いので思い出したくない、ということも理由でした。気がおかしくならないために心を守る方法として、虐待の記憶を押し込んで、自分を麻痺させることに大きな努力が必要だったのかもしれませんが、それほど記憶の蓋を開けるのが怖かったのです。

喜美雄さんの場合、イメージワークを通じて虐待の記憶に直面する気が起きるまで、カウンセリング開始から数カ月かかりましたが、取り組む気が起きてからはイメージがすぐに浮かんできました。

カウンセラー：目を閉じて、子ども時代のイメージを浮かべてもらえますか?
喜美雄：自分と父がいます。父はとても大きく見えます。自分は七歳くらい。震えながら立っているようです。父は自分を怒鳴りつけています。「このガキ、俺がお前に教えてやろうって言ってんだろ!」って声を張り上げて、自分は怖くてチビってます。

喜美雄さんはこの記憶を最初は信じられませんでした。「たぶん僕が勝手に作り上げた記憶でしょう」「ただの空想ですよ」と彼は言い張り、事実を受け入れまいと戦っているようでした。

カウンセリングを受けるとわかることですが、安全に感じられるようになると、イメージは浮かび上がってきます。全てを思い出し、痛みを感じるでしょう。その痛みを感じることで、癒しが始まるのです。

3・イメージしている間、虐待をした相手に対して怒りをぶつける・イメージの中では無力でいることを止める

虐待をした相手にやられっぱなしではなく反撃をするのです。もっと強くて、成長していて、または武装をしている自分をイメージします。そうすることで、怒りを表現します。何もできずにいる自分でいるのを止めます。イメージしている時は、枕や電話帳などに怒りをぶつけると良いでしょう。

カウンセラー：イメージで何が見えますか？
喜美雄：台所にみんないるところです。父が弟を殴りつけています。完全にキレてる。母は台所の隅でただ立っていて叫んでます。
カウンセラー：その場面で止めておいてもらえますか？
喜美雄：わかりました。
カウンセラー：ではその場面で、喜美雄さんがお父さんに面と向かって「そんなことするのは間違っている！」そう言ってもらえませんか？
喜美雄：できません。危なすぎる。
カウンセラー：そうですね。弱く感じるんですね。ではこうしてみましょうか。イメージの中の喜美雄さんを、今と同じくらいの体格になるまで成長させてください。
喜美雄：やってみます。
カウンセラー：ではお父さんに「お父さんは間違っている」と言ってみましょう。言っている間、ソファーを叩いても構いません。
喜美雄：わかりました。弟と父の間に立ち、父の胸を突き飛ばしました。壁に倒れこむ父を見下しています。怯えている(ソファーを殴る)。それからそんな父にこう言ってやりました。「おい、五歳児に暴力を振るう野郎、こんなヤワな蹴りをして手加減しているつもりか。安っぽい優しさだ。この悪魔め。反吐が出る（ソファーを殴る）。もう一度俺の弟に手を出してみろ。ボッコボコにして半殺しにしてやる」。
カウンセラー：どうですか？
喜美雄：スッキリしました（微笑んで）。

このワークをすると、力をもらった気になるでしょう。虐待からの解放に役立ちます。程度はそれぞれですが、【疑い癖】を受けた人は、当時の怯えた子どもの視点で世界が見えています。そういった中で生きているからこそ、大人の力を取り戻してもらいたいのです。大人になってまで、虐待に屈する必要がないのです。

4・自分を責めることを止める

虐待を受けた子には、何の罪もありません。無力で何もできないのが子どもです。実際、その状況で子どもながらに最善のことをしてきたのでしょう。この点ははっきりとさせておく必要があります。つまり、虐待を受けるに値する子どもは、一人もいないのです。

まどか：男の人とすぐ体の関係を持たない方が良いってわかっています。自分が汚らわしく感じるけど、でも私はそもそも汚れてるし。欠陥商品みたく。一夜限りの関係以外には、誰も私と付き合ってくれる人なんていない。
カウンセラー：そんなふうにご自分を責めるのを聞いて、心苦しく感じます。汚れていたのはお母さんが再婚したお父さんです。まどかさんではありませんよ。

虐待をした人たちが子どもにどう吹き込もうとも、子どもに非があって虐待が起こることはあり得ません。「お前が悪い」というのは、虐待をする人にとっての都合の良い言い訳に過ぎないのです。虐待を与える人は必ず、虐待を受ける人の価値を下げます。このための欠陥の感覚から目を覚ますことがまず大事です。そして自分の中に良い子どもを見出し、傷ついた子どもの痛みや苦しみを分かち合う必要があります。

カウンセラー：今のまどかさんをイメージの中に入れて、その子どもを手助けしてあげられますか？
まどか：（ため息）入れました。子どもの私はソファーでお父さんと横になってる。目は死んだ魚みたい。大人の私が、彼女を抱きかかえて部屋から出て、外に出て、遠くまで連れて行きました。私は彼女をきつく抱きかかえて、座っています。

子どもを守ってくれなかった親に対しても怒りを感じましょう。自分に向かう怒りのベクトルをそらすために、食べることに逃げたり、何かへ依存したり、落ち込んだり空っぽになったりなど、自分にとって役に立たない形で怒りを対処するのは止めましょう。自分を強くするために怒りましょう。

5・過去の記憶に向き合う間だけは、虐待をした人と会うことを減らすか止める

カウンセリングの経験上わかっていることですが、虐待を加えてきた人との連絡を絶っている間の方が、概して相談者は癒えていくいようです。一時的に連絡を絶つ相談者もいますが、そのままずっと連絡を絶つ方もいます。虐待をした相手との関係をカウンセリング後どうするかも、なぜ連絡を絶つのかを伝えるのも、相談者自身の意思で決めてもらっています。

一方で、最低でも癒しの初期段階だけは、連絡を絶つのがベストの選択でしょう。虐待をした相手とつながっていると、［性格の癖］が容易に働いてしまいます。つまり「お前は救いようがなく」「虐待を受けても当然だ」「お前には欠陥がある」そして「お前が間違っている」といった誤ったメッセージを吹き込まれ続けてしまいます。

喜美雄：家内と自分の両親と一緒に食事をしたときのことですが、自分ってほんと情けないなって思いました。みんな席に座ってから、いきなり水のグラスを倒してしまって。そのせいで自分のズボンが濡れて。父にはバカ呼ばわりされて笑われた。自分が虫けらか何かのように感じました。
カウンセラー：お父さんがそう言って笑い始めた時、喜美雄さんは何をしましたか？
喜美雄：何も。萎縮して、食べている間ずっとそんな感じでしたよ。

自分にとってマイナスな環境では、なかなか癒されることはありません。

6・もし可能であれば、虐待をした人と向き合う・手紙を送る

このワークも自分に力を与えてくれます。自分を虐待した人に対抗するまでは、程度には差がありますが、悪意ある大人たちの世界から自分の身を守ることのできない無力な子どものままでしょう。怖がる部分があったとしても、もう無力な子どもではありません。大人として、虐待を加えた相手と向き合って対抗することはできるのです。

喜美雄：土曜にやりましたよ。安心できる場所で父に立ち向かう方がやりやすいと思ったので、父を自分のアパートに呼びました。で、来たらすぐに始めました。
まずは、父が自分と弟を虐待したこと、その事実が父を弱い者いじめをする臆病な奴に見せる、そう伝えました。父を憎んで、二度と話をしたくないとも伝えました。父はジコチューで、幼児じみて、そして弱い男だとも言ってやりました。自分は虐待されてもいいなんてことは、茶番だとも言いました。全部言いましたよ。
カウンセラー：やってみてどう感じましたか？
喜美雄：チョー良かったって感じですかね。

相手にやられたことを隠さず伝えてみてください。心が軽くなるでしょう。立ち向かい「こんな酷いことを自分にした」「もうこんなことは許さない」「とても怒っている」そう伝えましょう。

まどかさんは義父とは連絡をとっていませんが、次のような手紙を彼に書きました。

お父さんへ

子どもの頃、あなたは私が欲しかった親からの愛情を利用していましたよね。私の本当のお父さんは亡くなりお母さんは薬漬けだったので、とても寂しく感じていました。誰も私を助けてくれる人はいませんでした。

一番傷ついたのは、私があなたを本当のお父さんのように思っていたということです。あなたは最初、素晴らしい人でした。私は愛情に飢えていて、あなたはそれを与えてくれました。

それら全てが偽物だったということは信じられないけど、そうだったと今は思っています。あなたは私を利用していました。もし本当に私を気遣ってくれるなら、あなたがしたようなことをするはずがありません。

今はあなたを憎んでいます。あなたは私の人を愛する力を傷つけ、そして性的な喜びを奪いました。私にもそういった権利はあったのだけど、あなたがそれらを奪いました。あなたを嫌いにさせたのはあなた自身です。

あなたとは二度と会いたいとは思いません。

まどか

手紙を送ろうと思うか思わないかは別として、手紙を書くこと自体はとても役立つワークです。手紙を書くことで、事実をはっきりと見極めていくプロセスがスタートすることにもなります。真実をはっきりと認識し、自分を肯定し、後に直接思いを伝えるためのリハーサルにもなります。手紙では、相手がした過ち、自分がどのように感じたのか、どのようになることを望んでいたのかを明確に述べましょう。

またまどかさんは、当時まだ薬物に依存していた母親に向き合いました。

まどか：薬を使うのは自己中心的で、私は気にかけてもらえず、すごい傷ついたってお母さんに言いました。それと、私が幼すぎて一人では何もできないときに、お母さんは私を見捨て、そのせいで数年間も性虐待を受けていた、そう言いました。

カウンセラー：そう伝えてみてどう感じましたか？

まどか：ムカついたけど。けどやって良かったなって思ってます。軽くなりました。もちろん、お母さんはいつもの言い訳して。認めようとしなかったけど、それは聞かないで、すぐに部屋を出ました。次いつお母さんに電話できるか、まだわからない。

虐待をしてきた人と向き合う時は、信頼できる人にサポートしてもらいましょう。カウンセリングを通じての経験では、深刻な虐待があるほど、相手は事実を否定しがちです。ですから、相手が否定する可能性に備えておく必要はあります。これをする時は、事実を語ることが大切です。成功か失敗かは、相手がどう反応するかではありません。相手に立ち向かうこと自体が、自分の自信を高め強くしてくれるので、それを持って成功と捉えましょう。

７・現在の対人関係の中で、虐待に耐えることを止める

不幸をもたらす虐待的な相手への恋愛感情と戦いましょう。

まどか：若い頃は、頭おかしい人とか、お世辞ばかりの人、薬依存の人、それに嘘つきばかりと付き合っていました。

現在の恋愛を考えてみましょう。殴られる，利用される，けなされる，恥をかかせられる，レイプされるなどの虐待をなぜ止めないのか，書き出してみましょう。［性格の癖］が強められる以上，癒しはもたらされません。虐待を今すぐ止めさせましょう。もし虐待をする相手が夫（妻）や友だちなら，相手が変わってくれる可能性はあります。相手にチャンスを一度与えましょう。自分の権利を主張し，自分を守り，怒りを抑えず表現し，相手に立ち向かいましょう。ただ興奮しすぎてはいけません。言葉を選びながら，適切に自己主張をするのです。

そして，自分に嘘をつくのは絶対に止めましょう。もし相手が変わらないようなら，関係を終わらせる必要があります。それは難しい選択でしょう。ですから，カウンセリングを受けることを強く勧めます。援助を受けながら，一つ一つ決断していく必要があるからです。

8・信頼できる人たちとの友好を深める

【疑い癖】にとらわれる人は，人をなかなか信じられません。［性格の癖］が続く大きな理由がこれです。できるだけ客観的な視点で，親しい関係を見つめなおしてみましょう。

絶対に虐待をしないとは思えない人について，その人を信頼できる根拠を全て書き出してみましょう。そして次にその人が信頼できない根拠を全て書き出してみましょう。もしひどい仕打ちを受けたといった根拠がないようでしたら，信頼しようと努力してみましょう。徐々に自分を守ることを止め，仲良くなり，信頼に値する人を信じる努力をしましょう。

これをすると，いろいろな人たちが信頼に値しないという思い込みには客観的な根拠がないことに驚くでしょう。喜美雄さんの場合もそうでした。

喜美雄：例の恋人のことしか家内を疑う要素がないことがちゃんとわかって。だから家内の外出先をいちいち確かめることを止めました。それに家内が自分を騙したと責めるのも止めました。責めないと過ちを犯すんじゃないかと怖いけど，でも止めようと思います。
カウンセラー：奥さんとの関係はどう変わってきました？
喜美雄：良いです。家内と終わるんじゃないかって感じることがなくなりました。それほど怒ることはなくなりましたし，幸せそうに見えます。

まだイラつくことはありますよ。家内の同僚から電話があって笑いながらその男と話をしているのを聞いて、嫌になってきました。内線で家内がどんな悪巧みをこの男としているのか聴きたくなって、やりかけた。けど結局止めました。止めると決めたら楽になりましたね。昔だったら確実に喧嘩ですよ。

虐待的な人たちに完全に囲まれていない限り、必ず誰かしら信頼できる人はいます。カウンセリングでのカウンセラーとの関係から始めるのが良いかもしれません。安全な場所で信頼することを学ぶことをできるでしょう。

9・自分の権利を考慮してくれ、自分に害を与える意図のない人と恋愛する

過去の、そして現在の恋人との関係に虐待がなかったか思い返してみましょう。もし今虐待が起きているのなら、手助けをしてもらい虐待を終わらせるか、または関係を終わりにしましょう。虐待をする恋人と一緒に居続けることほど、自分を傷つけることはありません。

また、これから自分の恋人を選ぶ時に、危険なサインを読み取ろうとしましょう。それらの危険なサインを知っておけば、信頼できる恋人を選ぶ自信がつくでしょう。強く惹かれなかったとしても、自分を尊重し、危害を加える意図がない人と関わりましょう。

まどかさんが一番つまずいたのは、避けていた恋愛を再開することでした。彼女の「男性は信頼に値しない」という確信はとても強いものでした。

まどか：変な恋愛をまた繰り返すよりは、一人でいた方が気楽。
カウンセラー：男性との関係は良いものにはならないと思っていらっしゃるんですね。
まどか：そう。男の人ってそんなものだから。人を利用するだけ利用して、必要なくなったら捨てる。欲しいもの手に入れるために優しく振る舞っているだけ。
カウンセラー：怒っているように聞こえます。
まどか：怒ってるし、行き詰ってるし、行き詰っていることに怒ってもいる。

まどかさんには、痛みがつきまとう恋愛しか考えられなかったようです。そう考えるのなら、恋愛を完全に避けることはもっと

もなことです。これが《逃げる》ことで［性格の癖］に対処する例です。

しかし実際のところ、虐待をした家族より優しい人はたくさんいるのです。世界中の人たちはみんな虐待をした家族のような人たちだろうと考えがちですが、それは一般化しすぎた結果で、事実ではありません。

まずはお茶を飲んだり食事だけでもしてみましょう。ゆっくりと恋愛関係を作り上げてみてください。流されずに自分をコントロールしている感覚を感じながらです。そして関係ができてからは、自分の権利を主張しましょう。自分を守り、自分にへつらったり謙遜しすぎたり、またさげすんだりするのを止めると、相手も同じように関わってくれるでしょう。

10・自分に近い人たちを虐待しない

過去に経験した虐待を、自分がパートナーや子どもたち、友だち、または同僚にするのを止めましょう。虐待をして良いという理由は何一つありません。

喜美雄：家内との関係が変わったのは、自分も虐待に近いことをしているのではないかと思ったから。暴力を振るったりはしていないけど、説教をしたり怒りをぶつけるのは虐待と同じだと思ったからです。

もし、自分の愛する人にひどい仕打ちをしているようでしたら、今すぐ止めましょう。もし自分で止められないのなら、今すぐ援助を受けましょう。罪悪感に苛まされながら繰り返さず、虐待を止めましょう。それが自分や周囲の人たちのためです。

そして傷つけてきた人たちに対して償いをしましょう。自分は間違っていることに気がついた、許してもらいたい、と伝えましょう。そして具体的に自分がどう変わっていくのかを知らせましょう。

自分の内には癒えていない子ども時代の自分がいることを思い出し、それを意識しましょう。それが虐待をしないための一番良い方法となるでしょう。

【疑い癖】から抜け出す道は長くて楽なものではありません。だからこそ、得られるものも多いでしょう。その道の先に、ずっと求めていた「愛すること・愛されること」が待っています。手助けをしてもらい【疑い癖】から抜け出しましょう。手助けを必要とすることは全く恥ずかしくないことです。始めから自分に備わっている権利を主張しましょう。助け合いの中にこそ喜びは生まれるのです。

［性格の癖］を弱めるためには努力が必要です。第５話で紹介した方法を自分の生活に取り入れて諦めず自分自身に向き合ってみてください。

一人で無理だと思ったら専門家に相談し、今までと違う自分を目指しましょう。

注

＊１　自分が自分であるという体験が薄れている状態。

＊２　心の病の当事者がお互い支え合い助け合う目的のグループ。

第6話「愛してもらいたいだけの愛はもらえない」

【愛が足りない癖】

俺とつり合う女はいないだろうな…

高嶺の花だとはわかっているんだけどね…

みんなから頼りにされるのはうれしいんだけどネ…

【愛が足りない癖】紹介編

相談者No.1

栄一（三九歳）
必ず女性に愛想が尽きてしまう男性

初めて栄一さんが来室した時、とても印象的なことが二つありました。一つは彼がとても美男子であること、そしてもう一つは彼がとても冷たいことです。彼には超然とした固い壁のようなものがあり、それに穴をあけるのはとても難しそうに感じられました。そのような様子でしたが、彼はカウンセリングに訪れた経緯を話し始めました。

栄一さんは、十代の頃から女性と何度も関係を持ちましたが、どれも半年と持たなかったようで、いつも同じパターンで終結していました。関係が始まると、期待と興奮が「この女性こそがずっと求めていた女性だ」と思わせますが、最後にはがっかりして関係が終わるのです。

栄一：今の女でまた同じことを繰り返してるような気がする。今度こそはと思い、最初は良かったんだが、しばらくするとまた退屈になって不満になり始めたね。なんかもう面倒って感じでイラつきさえする。
カウンセラー：彼女は、栄一さんを怒らせるようなことを何かしました？
栄一：全てだね。折り返しの電話は遅いし、パーティー連れてってやると他の奴と話しすぎるし、友だちと会い過ぎる。それに仕事しすぎだし、誕生日には安物しかくれない。でも一番苛立つのは、彼女といてももう胸が高鳴らないこと。愛されているだろうけど。でも不十分。もっと必要なんで。

栄一さんの恋愛は、初めにとても盛り上がるけれど、次第にバラ色に見えていた相手との関係が色あせ、最後には落胆しか残りません。そうなると、関係はすぐに終わってしまいます。

相談者 No.2

大輔（二八歳）
自分を愛せない女性を愛する男性

大輔さんは自分の苦悩をこう語ります。

大輔：いつも同じことです。ホント、狂ったみたいに人を好きになるけど、絶対何かしらの理由でうまくいかない。例えば相手が結婚していたり彼氏持ちだったり、遠くに住んでたり、前の男と別れたばかりで次の準備ができていなかったり……。

大輔さんが好きになる女性は、たいていある性格を持っていました。彼は冷たくて超然とした態度をとる女性を好きになっていたようでした。「温かみがあって手を差し伸べてくれるような人にはすぐ覚めちゃうみたいです」。大輔さんの興味を引き続け熱中させるのは、自己愛的で、自己中心的で、たくさん求めるがお返しをしないような女性です。彼女らは、大輔さんと一緒にいても気にかけてもらえるので気分は悪くないですが、親しい関係にはなろうとしませんし、大輔さんのために何かするということはありません。

大輔さんの恋愛は、有頂天と苦しみの繰り返しです。大輔さんが不満を感じ怒り出すと、女性たちは彼と一緒にいるのを嫌がり始めていました。そうして関係が終わり、次の女性を見つけるまでは、しばらく落ち込んでいました。

相談者 No.3

絵里（四〇歳）
人に愛情を与えるが自分に愛情を注がない男性と結婚した女性

結婚五年目の絵里さんと夫には女の子がいます。絵里さんは温かく優しいお母さんで、娘を少し甘やかすところがあります。子どもが泣くと心が痛むので、すぐに娘のそばに駆け寄らずにはいられないのです。

絵里：社会福祉士として働いてましたけど、娘が産まれて仕事を辞めました。それからの私の生活はとにかく娘中心で、一緒の時間がすごく幸せでした。けれど、夫には不満があって。彼は冷たい人で。結婚する前からそうだって知ってたけど、変わってくれることを期待していたんでしょうね。彼は変わるどころか、余計にひどくなる一方です。

夫は大きな会社の管理職で、長時間働き世界中に出張します。絵里さんは、赤ん坊と一緒に寂しい夜や週末を過ごしてきたのでした。「夫が家にいたとしても、寂しさは変わらないと思います。仕事のことしか考えていないようで、私と一緒の時間を過ごすことなんて全然興味ないみたいなので」。絵里さんは、夫が出張のたびに浮気をしていると思い、彼に対して怒りを感じていたようです。たまに一緒に過ごすと、絵里さんはどうしても彼を非難してしまっていたようでした。皮肉なことですが、これが彼を遠ざけることになるのは言うまでもありません。

栄一さん、大輔さん、そして絵里さんはみな【愛が足りない癖】を持っていました。この「性格の癖」を持つと、自分が欲しいほどの愛情は期待できないだろうと信じて疑いません。

【愛が足りない癖】の全体像

【愛が足りない癖】を持っている人の体験は、他の「性格の癖」を持っている人の体験ほどはっきりとはしていません。考えとして体験することが多いのですが、これは、そもそも【愛が足りない癖】の原因が、言葉を覚える前に起こることが関係しています。つまり、【愛が足りない癖】の体験は「一生孤独のままだ」「ずっと満たされないままだろう」「真剣に話を聞いてもらえないだろう」「理解してもらえないだろう」といった感覚的なものなのです。

・強い孤独感

【愛が足りない癖】を持つ人は、何かが足りないような「空っぽな」感覚を持っています。一番わかりやすいイメージはネグレクトでしょう。ネグレクトされた子どもは【愛が足りない癖】を持つことになるでしょう。それは周りに誰もいない孤独感であり、悲しく重い「孤独である運命を背負っている」という感覚です。

栄一さんがカウンセリングに訪れた時、本当は何に困っているのかを言い切れないようでした。「孤独」「周りから切り離されているよう」と当初は話していました。それはとても強い孤独と切り離された体験であり、自殺を考えていたと栄一さんは後に語ってくれました。

栄一：僕の気持ちはすでに死んでいるのかもしれない。女とだけ親しくなれないんじゃなくて、誰とも、家族や友だちとも、わかり合っているとは全く思えない。

栄一さんにとって、世界は無味乾燥としたものです。女性と付き合い始めた短い時間だけが孤独感からの解放であるけれどすぐにまた意味を失っていくのです。

・人に求めすぎる

この［性格の癖］を持つ人の傾向として、人に要求しすぎるという点が挙げられます。尽きることのない欲求がこの癖にはあり、どれだけ人からもらっても、十分には感じないのです。

栄一さんの恋人は、努力とお金をかけて栄一さんのためにとても手の込んだ誕生日パーティーを計画しました。それにも関わらず、パーティーでプレゼントを開けた途端、栄一さんはひどくがっかりしました。「彼女にプレゼントしたものはもっと高価なものだった」。十分に気にかけてもらっているにも関わらず、このように飽くなき欲求を感じるのが【愛が足りない癖】です。

・人の欲求を満たそうとする

絵里さんの場合は、他人の欲求を満たす仕事を選んだことが【愛が足りない癖】を体現しています。彼女は社会福祉士を選びましたが、この癖を持つ人は、他人を癒したり手助けする職業につきがちです。他人に自らを提供することで、自分の満たされない感情的な欲求を埋め合わせているのかもしれません。同じように【愛が足りない癖】を持つ人は、友だちの欲求を満たすのに多大な努力をするかもしれません。絵里さんは次のように話してくれました。

絵里：いつも人の話ばかり聞いているみたいです。みんな私に相談を持ちかけてくるから、何とか役に立とうと頑張ってるけど。でも、私の話は誰も聞いてくれません。だからここに来たのかな。人にわかってもらうよりも、私は人をわかっているし、人のことを気にかけていると思います。

・人に失望する

また、他人にがっかりさせられ続けるのも【愛が足りない癖】のサインです。もし、今までの人生の人間関係を考えて、人は自分を温かく迎え入れてくれないと思えるのなら、それはこの癖を持つ証拠でしょう。

【愛が足りない癖】の原因

【愛が足りない癖】の原因は、子どもにとって母親的な存在、つまりその子に感情的な養育を提供する人にあります。その人は男性である場合もありますが、私たちの文化ではたいていが女性です。父親の存在も大切ですが、子どもが生まれてから初めの一年間は、母親が赤ん坊の世界の中心です。生まれてから最初に築く関係（母親との関係）が人間関係の基本となり、それに従って後の人生で人と関わっていきます。特に親しい関係では、この基本が強く影響します。

【愛が足りない癖】を持つ人は、子どもの時に充分な愛情を与えられなかったことが多いようです。子育てという言葉にはいろいろな面がありますが、この癖の原因をまとめた次の表をご覧になれば、それがよくわかるでしょう。母親という言葉も使っていますが、これは母親的存在ということを意味しています。

【愛が足りない癖】の原因

1. 母親が冷たく愛情不足。十分に子どもを抱きしめたり強く抱きかかえたりしなかった。
2. 子どもにとって大切で特別な人に、愛され、大事に思われている感覚がない。
3. 母親が子どもと過ごす時間・子どもを気にかける度合いが不十分。
4. 母親が子どもの欲求を感じ取れない。子どもの世界の中で共感することができず、子どもと本当の意味でつながっていない。
5. 母親が子どもを適切にあやしていない。子どもは自分自身をなだめることや他人からの慰めを受けることを学べない。
6. 両親が子どもに適切に助言を与えたり、物事を教えていない。子どもには頼りどころがない。

栄一さんは深刻なネグレクトを受けてきました。彼の母親は十七歳の時に妊娠し、父親はもっと年上で、後に結婚しますが、栄一さんを自分の子どもだとは認めませんでした。子どもが生まれれば父親は落ち着いてくれるだろうと母親は願っていましたが、それは叶いませんでした。

栄一：僕が生まれてから、父は母のことどうでも良くなったみたいで。それで母は、父を呼び止める道具として僕は役立たないと思ったらしい。僕のことが邪魔になった。あの人（母）は今まで通りの生活に戻って金持ちの年上と付き合いたいと思っていた。子どもなんか産まなければ良かったのに。

「なんで私を産んだの？」「親は子どもを作るべきじゃなかったんだ」。このような証言を【愛が足りない癖】を持つ相談者からよく聞きます。栄一さんは小さい時に周りに誰も世話をしてくれる人がいなかったことを思い出しました。

栄一：あの人はほとんど僕のそばにはいなかった。仮にいたとしても、何にも変わらない。母に何か求めるといつも「うるさい。昼寝でもしなさい」ってな感じで、僕が存在しないかのように自分のことばかりをしていた。

絵里さんの母親は、彼女をネグレクトはしませんでしたが、栄一さんの母親と同じように、自己愛的でした。絵里さんの母親は、子どもを一人の存在と捉えず、自分の延長上の存在と感じていました。だから絵里さんは母親の「物」であり、母親は都合のいいように娘を利用していました。

絵里さんの母親は裕福になりたかったけど、それが叶わなかったので娘を裕福な男性と結婚させたいと考えていました。

絵里：お母さんはどうしたら可愛くて魅力的になれるかを教えてくれましたけど、人のご機嫌取りもしなさいとよく言われました。だからお母さんが誰かと一緒に買い物に行くと、もちろん連れていかれたんですけど、いつもリカちゃん人形のようなキラキラな可愛い服を着せられて。買い物中は私のこと気にしてくれるけど、買い物が終わって、人と別れると、私のことはもうどうでもいいというか。私はもう必要ないって言わんばかりの感じでした。

絵里さんは大人になり、裕福な男性と結婚することで母親の願いを叶えました。今や管理職の妻ですが、夫は絵里さんが人のために可愛くて魅力的であるよう求めています。そして人が周りに誰もいない時は、彼は絵里さんを無視するのでした。

冷たい女性を好きになり続ける大輔さんは、一見とても良い母親の元で育ったようでした。彼女は全て「正しい」ことをしてきました。例えば大輔さんに一番良いおもちゃを買ってあげ、一番良い服を着せ、一番良い学校に入れ、そして最高の夏休み・冬休み・春休みを過ごさせようと努めたようでした。それでも、大輔さんは何か冷たいものを感じていました。母親は成功を収めた弁護士で、女性がこの業界でまだあまり活躍していなかった時にキャリアを積んでいました。必然的に、彼女は仕事のことばかり考えており、家では自分の殻に閉じこもっていたようでした。

大輔さんの母親は認めませんでしたが、彼女は心の底で要求がましく、大事なことを邪魔をする大輔さんを迷惑だと思っていたのでしょう。また彼女は愛情を示すのが下手で、単純に温かみのある人間ではありませんでした。大輔さんのことをあまり可愛がる気になれないことを、心の底では息子のせいにもしていたようでした。

大輔さんは、世話をしてくれる母親がいない悲しみを抱えながら成長しました。その悲しみは怒りという殻で覆われていました。これが第3話で紹介した［性格の癖］に《逆らう》例です。人から見ると、大輔さんはとても甘やかされた怒りっぽい子どもだったようです。

そして大人になってから、冷たい女性と恋愛をすることで【愛が足りない癖】が働き、運命の女性を見つけようと次から次へと恋愛をし、不満を募らせ、さらに要求がましくなり、毎回振られ傷つけられるというパターンを繰り返していました。

> 大輔：カウンセリングを受ける前は、こんなパターンに気がつきもしなかったです。惹かれた人が、たまたま冷たかっただけだと思ってました。

母親は愛のない女性でしたが、大輔さんには幸いなことに温かみのある父親がいました。父親がいなかったら、大輔さんは完全に親しい関係とは縁のない人生を送っていたことでしょう。父親の愛は母親から受けた傷を部分的に癒していたので、大輔さんの［性格の癖］も部分的なものでした。そのため大輔さんは家族以外では健康的な関係を持っていました。

大人となった大輔さんの［性格の癖］には制限があり、恋に落ちる女性にだけ愛情が足りないと感じていたようでした。彼は男性とも女性とも満足のいく友だち関係を持ち、嵐のような恋愛の愚痴を彼らに聞いてもらっているようです。

大輔さんのケースは、幼い子どもにとっての父親の存在の大切さを物語っています。母親に愛情が不足していても父親がそうでなければ、父親が心理的に暗い子どもの心の光にもなるでしょう。父親の愛は、子どもの【愛が足りない癖】の部分的な改善になるのです。運の良い子どもなら、父親が母親の愛情不足を察して子育てに責任を持たなければならないと感じるでしょう。大輔さんが「父さんは希望を与えてくれました」というようにです。同じように、父親には愛情がないが母親はそうではない子どもの場合も、大人になった時に、ある関係だけでこの癖が働くかもしれません。例えば、愛情不足の父親を持つ女の子は、恋愛で【愛が足りない癖】が働きますが、他の人間関係では働かない、といったようにです。

時に、相談者が【愛が足りない癖】を持っているかどうかわかるまで時間がかかることもあります。というのも、他の［性格の癖］は親が積極的に子どもを傷つけることで作れますが、この癖の場合は、母親的な行動が不足しているところが原因となるからです。例えば、親の批判は【仮面癖】や【子分癖】が作られるのに影響し、これらは目に見えてわかります。つまり、子どもの記憶に残るようなことを親がするのです。しかし【愛が足りない癖】はそうではないこともあります。何かが欠けているということを、子どもは知ることができないからです。

ひどいネグレクトなどを受けていない限り、本人にも【愛が足りない癖】を持っているかどうか、簡単には判断できません。子どもの頃に愛情が不足していたのかどうか、少し振り返ってみる必要があります。例えば「お母さんを近くに感じたか？　お母さんは自分を理解してくれていたか？　お母さんの愛を感じたか？　お母さんを好きだったか？　お母さんは温かくて愛情があったか？　自分の気持ちをお母さんに言えたか？　自分が欲しいものをお母さんはくれたか？」などと自問してみないと自分ではわからないこともあるでしょう。

カウンセリングでは、【愛が足りない癖】を持つ多くの相談者が「普通の子ども時代を過ごしてきましたよ。お母さんはいつもそばにいました」と言います。大輔さんもカウンセリングの初期に「母さんは何でもくれました。欲しいものはなんだって」と言っていました。しかし、この［性格の癖］を持つ人たちの過去や現在の人間関係を聞くと、何かおかしなことがあることに気がつきます。そこにはパターンがあり、それは他人と切り離されているという感覚を伴うものです。もしかしたら望むものが与えられないことに過敏になっているのかもしれないし、また慢性的に怒りを感じているのかもしれません。時間をさかのぼって苦労して調べていくことでしかこの癖の原因を見つけることができません。この癖を持つ人は多いのですが、見つけるのに苦労するものでもあります。

【愛が足りない癖】を持つ人の恋愛関係

日本の文化では、恋愛関係が最も親しい関係の一つです。このため、【愛が足りない癖】を持つ人の中には、恋愛[*1]を完全に避けたり、短期間だけ恋愛したりする人もいます。これは［性格の癖］から《逃げる》対処の仕方です。しかし《逃げる》ことをせず、また孤独を感じ続けずに恋愛をする気があるのなら、その関係の中でこそ［性格の癖］がはっきりと見えてくることでしょう。

もし栄一さんのように、相手との距離が近づいてくると別れてしまうような経験があるのなら、相手との関係を終わらす手ごろな理由はたくさん見つかるはずです。また大輔さんのように相手と近くならないように相手を選ぶかもしれませんし、また絵里さんのように、冷たく愛情を与えてくれない相手を選ぶかもしれません。どのような道を通ったとしても、結果は同じです。愛情を受けられないままで終わり、つまり子どもの時の体験を繰り返すのです。

次の表は、恋愛初期に起こる危険なサインです。これらのサインは繰り返し起こり、愛情のない相手と恋愛に流されていくことになります。

恋愛初期の危険なサイン

1 相手は自分の話を聴かない。
2 相手がずっと話している。
3 相手が自分に触れたりキスすることに抵抗がある。
4 相手にたまにしか会えない（電話やメールもたまに）。
5 相手は冷たく超然としている。
6 自分だけが相手と親密になることを望んでいるように感じる。
7 自分が支えを必要とする時に、相手はそばにいない。
8 会えなければ会えないほど、相手に執着してしまう。
9 相手は自分の気持ちを理解しない。
10 相手に与えてばかりいる。

表のサインがいくつかあるなら、今すぐその人とは別れましょう。特に相手に強く惹かれる場合はなおさらです。【愛が足りない癖】が強力に引き起こされるでしょう。

けれど、別れるというアドバイスは受け入れがたく感じるでしょう。この関係だけは絶対に続けていきたい、そう感じるはずですから。大輔さんもそうでした。カウンセリングを続ける中でモデルをやっているきれいな女性と付き合い始めました。大輔さんは彼女を求める男性たちの中の一人でしかなく、関係は上手くいかないだろうとわかっていましたが、彼はそれでも自分を抑えることができませんでした。それは自宅に彼女を招いて土曜の夜を一緒に過ごした絶頂に始まり、最終的に別れを告げられ、電話すら拒否される絶望に終わりました。

仮に愛情ある適切な相手を選んだとしても、気をつけたい落とし穴がいくつかあります。

人間関係における【愛が足りない癖】

1　自分が必要なこと・ものを相手に伝えず、もらえないことにがっかりする。
2　自分の気持ちを相手に伝えず、理解されないことにがっかりする。
3　相手に弱みを見せようとせず、相手から守ってもらったり助言を得たりしない。
4　愛情不足を感じるも、相手に伝えず、激しい怒りを抱える。
5　怒りを感じ要求しすぎる。
6　自分のことを十分気にかけてくれないと相手を常に批判する。
7　相手と距離を置いて関わらなくなる。

また知らないうちに関係を悪化させるようなことをして【愛が足りない癖】を強めているかもしれません。例えば、無視されることに過剰に敏感になったり、心の中を読み取って自分を満足させてくれることを期待するなどです。次の項目で延べますが、中には要求がましくなることでこの癖に《逆らう》人もいます。けれど、ほとんどの人は自分が欲しいものを言いません。言わないことで、感情的に支えが必要な時に、傷つき、引きこもり、そして怒るのです。

人間関係では相手に求めすぎる

前述のように、この［性格の癖］を持つ人の中には、癖に《逆らう》人もいます。つまり、相手に敵意を感じ、要求しすぎることで愛情不足を補うということです。こういう人は自己愛的で、あたかも自分の要求が全て満たされる権利が与えられているかのように振る舞うのです。このタイプの人たちは、恋人となる人にたくさん要求をし、そしてたくさんもらおうとするのです。

栄一さんはこのタイプの男性です。彼は女性からいくら愛情を受けようとも、欲求は十分満たされていないと感じます。そう感じて傷ついたり拒絶したりする代わりに、彼は怒るのです。この点は絵里さんとは違います。絵里さんも同じように愛情不足にとても敏感ですが、彼女は自分の欲求を語りません。この二人の例は【愛が足りない癖】に対する違った対処の仕方を示しています。栄一さんは［性格の癖］に《逆らう》対処の仕方をし怒って要求がましくなるのに対して、絵里さんはこの癖に《従う》対処をするのです。

自己愛的に【愛が足りない癖】に反応する人がいる理由は、この癖と自己愛の強さとの組み合わせにあります。子どもの時に、感情的な欲求が決定的に満たされていなかったとしても、自己愛の強い子はもっと表面的な軽い欲求を強く要求することで、愛情不足の感覚と戦うことを覚えるのです。

例えば、自己愛的で【愛が足りない癖】を持つ人は、食べるもの、着るもの、一緒にいる人、またはこれから行く場所に関してとても要求がましいかもしれません。このタイプの人は物質的なものに対してうるさくなるかもしれませんし、真に飢えているもの（愛情）以外は何でも要求がましくなるかもしれません。しかし残念なことに、これら物質的なものは、愛や理解の十分な代用にはならないので、満足感は得られないのです。手近なご褒美に飢え続け、その根底にある本質的な問題には触れないため満足しないのです。

子どもの頃、このタイプの人は感情的な欲求を求めることを許されませんでした。恐らく母親が与えなかったのでしょう。しかし、母親が愛情以外の何かを与えてくれる時には、少なくとも母親から愛情の代用品を手に入れることができます。愛情じゃない何かしらをもらうしか子どもには手だてがないのです。大輔さんのケースはこれにあたります。大輔さんの母親は冷たく、愛情以外の別の欲求は簡単に満たせました。母親は物質的ものを惜しみなく買い与えたので、大輔さんは強い物質的な欲を感じるようになりました。

一方で、大輔さんのようには物質を与えられず、愛情的にも物質的にも無視をされる子もいます。いずれにしても【愛が足りない癖】を持つことになりますが、後者の子たちはたいてい求めることを止め、何も期待しないことを学ぶのです（［性格の癖］に《従う》）。

自己愛的な人との関係からは、ごまかしの意図が感じられます。たとえ一番親しい関係であっても、関係は表面的で、そこには絶望の感覚が潜んでいることでしょう。それは一番欲しいものを求めようとしないので、嘘の関係のように感じられるからです。

ここからが本番です。自分の性格変えるために、具体的に【愛が足りない癖】を弱める方法を理解して、取り組んでいきましょう！

【愛が足りない癖】を変えるステップ

【愛が足りない癖】を変えるステップを次のリストにまとめました。

【愛が足りない癖】を変えるステップ

1　子どもの頃の愛情不足を理解し、自分の中にいる愛情に飢えた子どもを感じる。
2　現在の恋愛関係で自分の愛情を求める感情を観察する・大事に育てられたい、共感されたい、また助言を与えてもらいたい、という自分の欲求に触れる。
3　過去の恋愛を振り返りパターンを把握する・今後避けたい失敗をリスト化する。
4　強く惹かれる冷たい相手を避ける。
5　愛情ある相手を見つけたら、関係を続けるよう努力する・自分が相手から与えて欲しいものを伝える・自分の弱さを見せる。
6　相手を責めたり要求しすぎることを止める。

1・子どもの頃の愛情不足を理解し、自分の中にいる愛情に飢えた子どもを感じる

子どもの頃に実際に起きたことと向き合い、理解をすることが初めのステップです。しかし前述のように、この癖は他の「性格の癖」に比べると、自分に愛情が足りていなかったかどうかもわからないかもしれないので、理解はしづらい部分もあります。栄一さんは自分で愛情不足であったとわかっていたようです。彼の場合のような露骨な愛情不足は簡単に気がつきます。だからカウンセリングの初期であってもすでに受けたネグレクトのイメージを浮かべることができました。ボーイスカウトのメダル受賞式から高校の卒業、また大学の卒業までの、一人っ子であるけれども母親がそこにいないさまざまな状況のイメージ、また母親が栄一さんのレポートにサインをくれないので、自分で母親のサインを真似て書いているイメージなどです。

彼は愛情不足による怒りには触れることができましたが、痛みについては触れることがなかなかできませんでした（《逆らう》対処ではよく起こることです）。絵里さんは、子どもの頃にどれほど寂しかったかといった痛みには触れることができました（《従

う》対処ではよく起こることです）が、怒りにはなかなか触れられませんでした。愛情が十分にもらえないと怒りと悲しみが生まれますが、それらを二つとも感じることがとても重要なのです。

大輔さんと絵里さんは、過去を表面のみ開拓し、簡単には深く理解することができませんでした。ただし愛情不足には愛情の三つの面における不足があるように考えられ、このように分類することで子どもの頃に自分に起きたことをより正確に理解することができるでしょう。

三種類の愛情不足

1　養育不足
2　共感不足
3　保護不足

養育は、温かさ、注目、そして身体的な愛情を意味します。親に抱きしめられたり腕の中でゆすぶられてあやされたりしましたか？　親に慰められたりなだめられたりしましたか？　一緒に時間を過ごしてもらいましたか？　今でも会うと暖かい微笑みで迎え入れてくれますか？

共感は、相手の世界を理解し、気持ちを認めることを意味します。親に理解されましたか？　気持ちを否定されずに認めてもらえましたか？　何か問題を抱えた時に親を頼れましたか？　親は興味を持って話を聞いてくれましたか？　尋ねると親の気持ちについても話してくれましたか？　親はコミュニケーションをとってくれましたか？

そして保護は元気を与え、道を示し、そして必要なことを教えてくれることを指します。困った時に、優しく包み込んで元気を与えてくれる人はいましたか？　見守ってくれ、安心感を与えてくれる人はいましたか？

栄一さんには上記の三つがとても不足していました。彼はとても傷つけられていたので、養育、共感、そして保護の三つを大人になってても得られていないし、また人に提供することもできませんでした。絵里さんと大輔さんの場合はもう少し状況が複雑です。

大輔さんは、家柄が良く裕福であることが全ての問題を解決してくれるという妄想じみた考えを持つほど、母親から保護されていると感じました。また感情を含まないアドバイスが必要な場合に、母親はとても頼りに感じられました。しかし母親から養育を受けず、また共感も得られませんでした。幸いなことに、父親がその不足を補い、大輔さんの不足を部分的に癒し［性格の癖］を弱めてくれました。

絵里さんは子どもの頃、表面的にはたくさんの愛と愛情を受けていたようでした。彼女はお母さんから抱きしめられ、キスされているイメージをいくつか思い浮かべることもでき、母親の膝の上に座る、パーティーで可愛い洋服を着る、可愛らしくて特別に感じる、というのが典型的なイメージでした。この表面的イメージが意味するのは、母親の愛は偽物であったということです。それは、誰かが見ている場面でのみ起こったことです。深い所では、絵里さんには養育が不足していました。しかし大輔さんのように、彼女も守られているようには感じました。実際、守られ過ぎ（困った時に助けてもらいすぎた）のかもしれません。そして絵里さんは共感の不足をはっきりと感じていました。例えばカウンセリングで次のようなイメージを絵里さんは浮かべたことがありました。

カウンセラー：何が起きていますか？
絵里：（目を閉じて）誕生日会にお母さんと一緒にいます。お母さんは、別の小さい子の所に行ってキスをしなさいって私に言ってる。でもその子のことを嫌いだってお母さんに言うと、たぶんお母さんは私にその子を好きになってもらいたいのか「お馬鹿さんね、絵里ちゃんはあの子のこと好きに決まっているじゃない」って言うんです。
カウンセラー：どう感じますか？
絵里：消えちゃいたいです。

絵里さんの母親は、子どもの本当の気持ちを知らないのか、または気にしていなかったようです。絵里さんの気持ちをわかって言葉にして返してあげることはありませんでした。

子どもの頃の愛情不足を理解するために、イメージを作ることが最初のステップとなります。静かで邪魔をされない場所に行き、子どもの頃の記憶を浮かべるのです。思い出し、深く体験し、当時感じたのと同じくらいに痛みを感じましょう。両親の記憶を蘇らさせて再体験し、そしてそれらを分析します。大輔さんのように、片方の親がもう片方の親が作った痛みを和らげているかもしれません。また両親だけではなく、家族全員や他の親しい人たちを含めて、過去を一面的ではなく大きな視点で見られるようにします。

2・現在の恋愛関係で自分の愛情を求める感情を観察する・大事に育てられたい、共感されたい、また助言を与えてもらいたい、という自分の欲求に触れる

今の生活の中で、愛情不足をいつ感じているのか気づくよう自分に言い聞かせます。侮辱され、孤独であり、空っぽで、自分の気持ちを誰も理解してくれないように感じることに向き合っていくのです。恋人に放っておかれたり、冷たくされたり、自分勝手に振る舞われたりすることを悲しく感じているかもしれません。いつも自分だけ強くいないといけなく、相手の世話をしなければならないことを腹立たしく感じているかもしれません。愛情不足を感じた時の強い感情は【愛が足りない癖】が働いている証拠です。この癖が働いている時に、自分の中で何が起きているかを観察しましょう。大事なことですが、この癖が働いている時の感情を邪魔せず全て感じましょう。

イメージを使うと、さらに深くまで感情とつながることができます。今の生活の中で愛情不足のための感情を強く感じることがあったら、イメージを使い、感情が出てくることを拒まず、養育、共感、そして保護を求める部分に触れましょう。そして子どもの時に同じように感じた時の記憶とイメージでつながりましょう。現在と過去をこのように往復することで、過去の愛情不足経験を現在で繰り返しているという深い認識が得られるようになります。

大輔さんはカウンセリングを通じてこのイメージワークに取り組みました。彼はモデルの彼女との間で起きたことを説明してくれました。別れた後、たまたま仕事で見かけた時のことです。彼女をイメージしてもらいました。

カウンセラー：何が見えますか?
大輔：彼女です。イメージのど真ん中に見えます。真っ白いドレス、そう、雑誌の広告で着ていたようなの。完璧で冷たい女性ですよ。ガラスで覆われている中にいます。
カウンセラー：大輔さんはどこにいるんですか?
大輔：ガラスの外側。何か伝えようとしているけど、ガラスを通してじゃ彼女は何も聞こえない。腕を大きく振って叫んでいるのに。でも僕の声が全然聞こえないみたい。僕を見てくれさえしない。
カウンセラー：どう感じるか教えてくれますか?
大輔：そりゃ、寂しいですよ。

その後、子どもの頃に同じように感じた時のことをイメージしてもらいました。「お母さんがソファーに座って何か読んでる。子どもの僕は、部屋の逆側でおとなしくしてます。本を読んでいる時に邪魔してよく煩わしがられていたから」という母親の記憶が湧き上がりました。

３・過去の恋愛を振り返りパターンを把握する・今後避けたい失敗をリスト化する

まず今までの人生の中で、とても重要であった人間関係のリストを作ります。恋愛に着目してもいいですし、家族、または親しい友だちに着目しても構いません。そしてそれぞれの関係で何がいけなかったのか検討していきます。相手はあなたの欲求を満たすことができなかったし、する気がなかったのでしょうか？　あなたが絶え間なく相手に要求をし、それが満たされようが満たされまいが何もあなたが変わらなかったことで相手が嫌気がさしたのでしょうか？　あなたに健康的に関わる人との関係には飽き飽きしてきたのでしょうか？　実際はその時感じていたより相手からたくさんもらっていたのでしょうか？

このリストを作ることで、大輔さんは自分のパターンをはっきりと認識しました。好きになる女性はみんな、感情面で決定的につながれないサインを初めから出していたことにはっきりと気がついたのです。もちろん、大輔さんはそれらのサインを無視してきました。一番恋い焦がれる関係は初めからうまくいかない定めであると、カウンセリングを通じて知ったことに大輔さんはショックを隠せませんでした。

絵里さんが作ったリストから浮き彫りになったパターンは、彼女は相手にたくさん与えるが、相手からはお返しに少ししかもらっていない、というものです。栄一さんのパターンは、相手の女性が彼に何を与えても彼は絶対に満たされなかったというものです。彼の批判的な性質に言わせると「残念な女のリストだね」のようです。

４・強く惹かれる冷たい相手を避ける

単純なルールですが、とても守るのが難しいものです。別の言い方をすると「愛情の不足している相手とは関わるな」ということです。守るのが難しい理由は、そのような相手に一番惹かれるからです。カウンセリングでは相談者に大まかなルールとして「とても強く惹かれる相手に会ったなら、まずどの位惹かれるかを０～10の尺度で測り、もし９か10なら、その相手と関係を持つかどうか考え直してみましょう」と言います。まれにそのような関係でも、困難さを乗り越え、結果的にうまくいくこともあります。しかし、相手に強く惹かれるのは［性格の癖］が働いているからであり、良い関係を保つために役立つものではありません。

だからといって、このまま一生0～5程度しか惹かれない相手で我慢しなければいけないと言っているわけではありません。私たちの考えでは、関係がうまくいくにはいくらかだけ惹かれればそれで十分です。恋愛感情だけでは、ほぼ確実に関係は長くは続きません。9や10でなかったとしても6や7、または8程度惹かれる人はたくさんいます。その中には、恐らく人生で初めて、深く親しくて愛に満ちた関係をもたらしてくれる人がいることでしょう。

5・愛情ある相手を見つけたら、関係を続けるよう努力する・自分が相手から与えて欲しいものを伝える・自分の弱さを見せる。

健康的な関係を作れたら、それを続けるよう努力しましょう。この［性格の癖］を持つ多くの人は、健康的な関係を退屈に感じ、また不満を感じるので、相手と別れたくなります。ドキドキやワクワクに満ちた関係でなくても、早まって別れるのは止めましょう。感情的な欲求が満たされているおかしな感覚にまだ慣れていないだけで、単にそれに慣れる必要があるだけかもしれません。

モデルの彼女との失敗の後、大輔さんは温かく気遣いのある女性と付き合い始めました。初めはとても惹かれましたが、関係が深まるにつれ、大輔さんは彼女にだんだんと惹かれなくなっていきました。関係に飽きてきて、彼女との関係は間違いだったのではとカウンセリングでは語り始めました。しかし彼らの関係では前向きなことも同時に起こり始めていました。それは大輔さんが、彼女の気遣いを受けるようになったということです。この関係を終わらせたいという気持ちはありましたが、今回は続くのではないかという見解をカウンセラーは持っていました。

このような期待をする背景には、彼らの関係にはたくさんの良いサインがありました。まず、大輔さんは最初に彼女に惹かれたということです。最初の時点である程度惹かれたので、それをまた取り戻すために頑張る価値は十分にあるのです。その努力は単に、相手とつながることを自分に許すこと、または弱みを見せて自分が必要なものを相手に求めるだけかもしれません。

カウンセリングで話し合ったように、大輔さんは彼女と一緒にいる時、実は退屈になっているのではなくイライラしているのです。自分が求めているものをくれないことに怒りを感じていたのです。もちろん、大輔さんは彼女にそれを伝えていませんでした。【愛が足りない癖】では、よくあることです。自分が望むことを隠し、それがもらえないと怒るというパターンです。自分の欲求を隠しているというのは、この癖に《従う》対処の仕方です。相手が温かい人であっても、自分の欲求は満たされないだろうと確信している証拠です。もし愛情ある相手と付き合っているようなら、相手に自分の望むことを伝えましょう。

相手に気遣ってもらい、守ってもらい、そして理解してもらいましょう。

一方で、これは恐ろしいことでもあるかもしれません。自分の弱みを見せることでもあり、自分を失望から守るために、弱みを見せない努力を一生懸命してきたわけですからなおさらです。子どもの頃は弱みを見せられない理由があったのでしょう。しかし自分に問いかけてもらいたいことは「今回は違うのでは？　この相手を信頼しても良いのでは？」ということです。答えが「イエス」なら、このチャンスを掴むべきです。

６・相手を責めたり要求しすぎることを止める

大輔さんは次のように話しました。「怒りはだんだん募ってきて、もう怒りしか感じなくなると彼女には文句の言葉だけしか出てこなくなりました」。怒りを抱えて手放さずにいるのはよしましょう。自分が欲しいと感じることは直接相手に伝え、怒っているとしたらそれをそのまま相手に、落ち着いて非難をせずに伝えましょう。怒りの裏側には傷つきの感情や弱さがあるので、それについても理解を求めましょう。もし怒りや要求がましさといった表面的なことしか見せないと、相手を遠ざけてしまい相手が自分の欲求を満たしてくれる可能性は低くなります。怒って要求がましくなるのは、自分に対する嘘で、役に立たず、気分が良くなるはずがありません。ただ単に事態が悪くなるだけです。

この第６話で紹介している内容は、コミュニケーションを通してのみ役立ちます。満足する関係が欲しいのなら、自分の考え、そして感情を相手に伝える意思が必要です。自分を共有するということで、それは相手とつながるということを意味します。

変化の見通し

変わることは簡単なことではなく、前述したように、自分の努力によります。大まかにいうと、努力をすれば変われます。【愛が足りない癖】をゆっくりと崩していく、つまり、それが働くたびにそれに立ち向かうことが必要で、急には消えてなくなりません。自分を丸ごと、つまり考え、感情、そして行動を［性格の癖］にぶち当てる必要があるのです。

傷つきがひどいほど、熱心に取り組まねばなりません。これは不公平なことですが、とても残念なことです。子どもの頃にひどく傷つけられた場合、専門家の手助けが必要となるでしょう。

栄一さんがカウンセリングを通じて変わるのにはとても時間がかかりました。彼がなかなかできなかったことは、他人やカウンセラーに弱みを見せることでした。彼の態度は常に「リスクを負って何かを得る」ではなく「リスクを負って全て失う」というものでした。子どもの頃に自分を守ってくれていた殻が大人となって邪魔となり、彼自身を殻の中に閉じ込めてしまい、人とのつながりや親密さを奪い去ってしまうのです。

過去の怒りに対しては手が届くものの、栄一さんにとって痛みを感じることはとても難しいことでした。彼は誰かとの関係を作り上げることに責任を感じたことがなく、常に他人はいかに自分をがっかりさせたり落ち込ませたりするかということに着目していました。

カウンセリングの初期はこのことがテーマでした。このカウンセリングがいかに彼を落ち込ませ、手助けにならず、他にもっと良い援助があるのではないかといったことについて話し合いましたが、何かが彼をカウンセリングに留まらせていました。恐らく彼はどこかで、ここでカウンセリングを止めてしまっても、またすぐ終わる恋愛に戻るだけだとわかっていたのでしょう。栄一さんは次第に孤独から来る痛みについて話すようになりました。

栄一：ちょうどテラスつきのカフェでコーヒーを飲んでいた時かな。僕のそばをあるカップルが通り過ぎて。この男性は腕を彼女に回して、彼女を見ていた。説明しがたいけど、母が私を抱き上げハグしてくれたことを思い出して。泣きそうになったよ。

栄一さんは自分の弱さと痛みを他人に話し始めました。そして恋愛関係が初めて半年続き、やがて婚約、結婚をするに至りました。絵里さんは、カウンセリングの継続中に夫と別れました。カウンセラーは彼女のこの決断を覆そうとせず支持をしました。希望がない不満な関係からは離れるべきだと考えられるからです。絵里さんは夫との関係を改善しようと一生懸命に努力をしましたが、報われる結果を得られませんでした。もし彼女が関係を続けていたとしたら、この後一生満足のできない関係を続けていたことでしょう。夫は変わる努力をできるほど、絵里さんのことを愛していませんでした。

離婚後、絵里さんは愛情のない男性と二度付き合いました。「自分のパターンに気がつくために同じことを繰り返さないといけないような感じでした」と絵里さんは話してくれました。彼女はそれでも自己愛的な男性に惹かれますが、その衝動に抵抗することも覚えました。そしてある男性と付き合い始め、人生で初めて愛を提供するだけでなく、お返しの愛をもらう感じを得られたようでした。「彼に気遣かってもらっています。受け取ることを学ぶなんてちょっと変かもしれないけど、でもそれが今私たちがしていることです」。

大輔さんはモデルの彼女との破局後に出会った温かみのある女性との関係を続け、結婚をし、子どもを作りました。カウンセリングの中で一度、彼は彼自身の人生を次のように話したことがありました。

大輔：まだ彼女に不満なことはあります。不十分だってね。でも彼女とはつながっていると感じることの方が多いみたいです。顔を上げれば妻と赤ん坊がそこにいる。すると、僕は一人ではないって気づかされます。

［性格の癖］を弱めるためには努力が必要です。第６話で紹介した方法を自分の生活に取り入れて諦めず自分自身に向き合ってみてください。

一人で無理だと思ったら専門家に相談し、今までと違う自分を目指しましょう。

注

＊1　［性格の癖］に対して、癖が現れてしまうような状況を離れたり近づかないようにすること。

第7話「なじめない……」

【一人ぼっちになる癖】

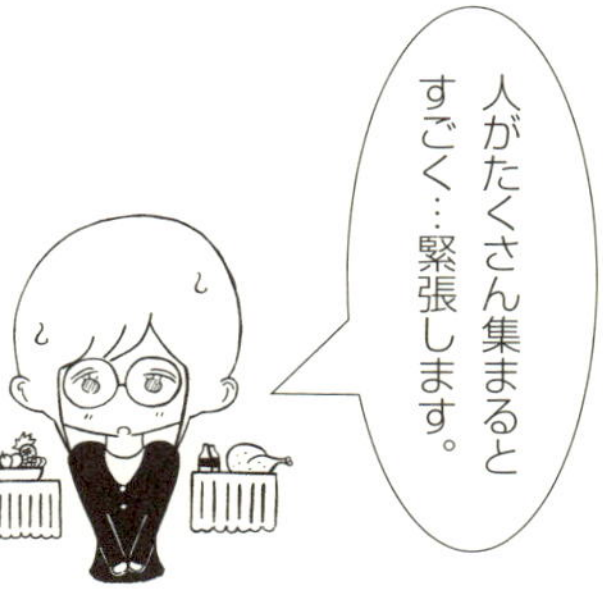
人がたくさん集まると
すごく…緊張します。

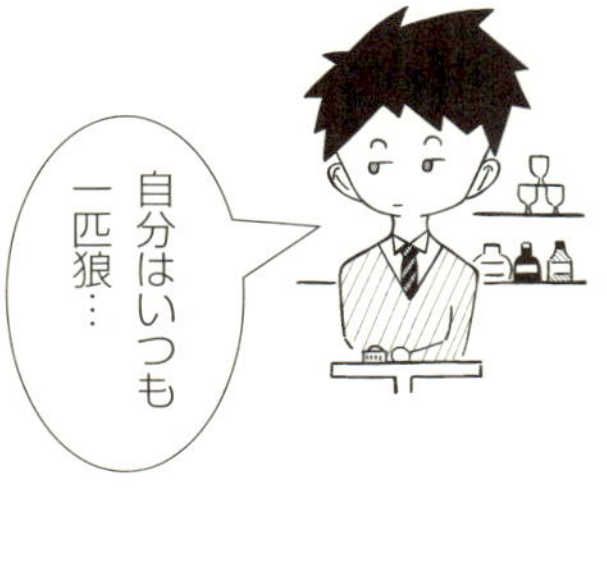
自分はいつも
一匹狼…

【一人ぼっちになる癖】問題編

相談者No.1

優里（二五歳）
人の集まる場で不安と劣等感を感じる女性

一回目のカウンセリングで、優里さんは大学を卒業してから人と会うのが苦痛に感じられ始め、人の中にいる自分のあり方に不満を感じると話しました。

> 優里：半年以上男の人と遊びに出かけてません。私とどっか行きたいなんて、そんな物好きな人いないかも……。
> カウンセラー：男性と会うきっかけがあまりなかった?
> 優里：苦手というか……たくさん人が集まるところに出るのが嫌で。緊張しやすいというか……うまく会話ができないんです。好かれるとも思わないし。

優里さんはとても感じの良い女性だったので、彼女が自分のことをそう思っていることにカウンセラーはやや驚きを感じたようでした。彼女は人前ではもっと恥ずかしがり屋でぎこちなくなるようです。

カウンセラーが話を聞いていくと、優里さんはほとんどの人の集まりを避けていることがわかりました。優里さんは「人が怖い」と言い、とても不安な時は「馬鹿みたいだけど、何を言っていいのかわからなくなる」と言いました。優里さんは自分に魅力がないと感じ、男性は彼女を女性としてみないだろうと考えていました（優里さんはきれいな女性でもあるので、これにもカウンセラーは驚きを感じたようです）。

目に涙を溜めながら、優里さんは自分を「大人の社会に出て行けないダメなやつ」だと思うと話してくれました。

相談者No.2

圭介（三〇歳）
孤独に悩まされる男性

カウンセラーは一目見て、圭介さんには何か超然としているところを感じたようです。彼は自分の殻に閉じこもり、人とは距離を置いているように感じられたのです。優里さんに比べると彼の問題は想像がつきましたが、悩みは優里さんと同じく孤独感だと話しました。

圭介さんは、他人とは違うと感じているようでした。「自分はどこにも馴染めないヤツ」。圭介さんはそう語ります。彼には数人だけたまに会う友だちがいるようですが、ここ数年間はあまり会っていないようでした。

圭介：自分は死ぬまでずっと独りでいるかも、って考えることがあります。仕事でも人とは馴染めないし、プライベートでは、どんどん人と会わなくなってきてるし。自分は何にも所属してないように感じて。いつものけもの。外から見ているだけの男みたいな。

過去に恋人や親友もいて、圭介さんには深い関係を築けるしつながりを持つこともできるようです。しかし彼は人と会うことを止め、そして仕事以外にはどんな団体にも属しませんでした。圭介さんは優里さんと同じように、人の集まりをほぼ完全に避けていたのでした。

【一人ぼっちになる癖】の全体像

【一人ぼっちになる癖】を持つと、孤独感を強く感じます。【一人ぼっちになる癖】には二種類あり、混ざっていたり、両方あったりすることもよくあります。一つ目が自分は「他人に好かれない」と感じるタイプ、もう一つが「また他人と違っていると感じるので周りから離れている」ように感じるタイプです。

優里さんは「他人に好かれない」と感じるタイプです。人前では劣っていると感じるので、社交面で強い不安[*1]を感じます。

優里：昨日の夜なんですけど、前から友だちに飲み会に誘われてて。この一週間それがずっと怖かったです。私、おかしいんですか？　他の人たちは飲み会を楽しみにしているのに、私は頭からそのことがずっと離れないほど怖くて。落ち着かないし、すぐにでも泣き出しそう。

カウンセラー：飲み会に出るとどうなると思っていました？

優里：えっと、まずひきつった顔でその場に現れ、いきなり何を話していいのかわからなくなって。トロいし鈍感。みんな自分より上っ、みたいな。私よりきれいで、頭良くて、仕事うまくいっていて。私には何もない。……それが本当に起きたことなんです。悪い夢みたい。早く帰りたくて仕方がなくて、家に着いてすぐわんわんと泣いちゃいました。

優里さんは、何か表面的なこと（例えば外見が悪いと感じる）が理由で人と馴染めないと思っていて、【仮面癖】（第10話）はありません。そういう場合は、何か一つ吹っ切れてしまえば、人と会えるし、人を近くにも感じられるので彼女の問題は解決するのです。優里さんは人と深い仲になることには抵抗がなく、今こそ付き合っている男性はいませんが、仲の良い友だちに囲まれています。この友情が、劣っている感覚とさみしさの慰めになっているようです。【一人ぼっちになる癖】では、目に見える表面上のことが問題になりますが、【仮面癖】（239頁参照）は目に見えない内面的なことが問題となります。

もし、【一人ぼっちになる癖】と【仮面癖】の両方を持ち【仮面癖】の方が強いと、問題はもっと難しくなります。人とのつながりを感じられず完全に一人ぼっちだと感じることもあるからです。

優里さんが「自分は劣っている」と感じる一番の理由は、彼女は人前で不安を感じやすい、ということです。

優里：例えば飲み会とか、その場に入ると、もう不安です。不安を感じている自分に嫌な気持ちになって、周りの人を嫌な気持ちにさせてる。なんかすぐに変なことを言うかもしれないし、おかしなことしちゃったりするかも。そう思って、逃げ出したい気持ちになります。

優里さんが一番不安を感じるのは会話を続けられないことです。自然に話して、微笑んで、笑って、質問をして。優里さんは普通に会話をしたいと思っているのですが、恥じらいを感じてうまくできません。

優里：知り合っちゃえばすぐに普通に話せるんです。でも知らない人と会うと、固まってしまって。それがイラってくる……。

カウンセラー：怖く感じているのかもしれないですね。

【一人ぼっちになる癖】が強い人は、このようなパフォーマンス不安[*2]を日常的に感じています。追及されたり、評価されたり、ネガティブに決めつけられたりするのを恐れ、他人が自分をどう思っているのかが頭から離れません。例えば見た目、仕事、社会的な立場、頭の良さ、または会話能力など……人によって気にする部分は違いますが、そういった気にすることが不十分だと周りにバレてしまうのを怖く感じるのです。

リラックスしている時は自然ですが、不安のせいで優里さんは人前ではかたくなります。人前ならどんな場面でも不安を感じるので、落ち着きを失くし、内気で引っ込み思案になり、ぎこちなくなるのです。優里さんは人前にいる自分は無能だと感じていました。

圭介さんの問題は違いました。人前での振る舞いではなく、圭介さんは自分が根本的に周りの人と違っていると感じているということが彼の問題でした。彼は疎外感を感じ、不安を感じているというより超然としていると言えました。彼は誰にも触れられたくないオーラを放っていたのです。

圭介：人ごみの中にいても孤独に感じます。そう、その時が一番孤独。
カウンセラー：さみしさが際立って感じられるんでしょうね。

知らない人たちの中を歩いていて、居場所がない、圭介さんは自分の人生をそのように感じているようでした。人と違うと感じることは、たいてい苦しいことです。中には、人より優れていたり、人と違っていることを喜んだりする人もいます。しかし多くの人は、それを不幸の原因だと感じます。周りと溶け込みたいと感じているのに、それができないと痛みを感じ、傷つき、そして孤独を感じるのです。

人前で受け入れられていないように感じたのが優里さんの問題である一方で、人前では自分がその場にいないかのように感じたのが圭介さんの問題です。圭介さんにとって、人の集まりの場は【一人ぼっちになる癖】が働く場でした。

カウンセラー：飲み会で人とあまり話さないなら、その代わりにどんなことをしているんですか？
圭介：ただ自分の世界に引きこもるだけですよ。

圭介さんは、自分が受け入れられないことに苛立っていた訳ではありません。彼は単によそ者のようで、人とは違っていて、その場に溶け込めない、そう感じていたのです。

【一人ぼっちになる癖】にはいろいろな種類があります。この［性格の癖］がある人は、みんなからからかわれたり苛められたりするかもしれませんし、部外者であると感じるかもしれませんし、どこにも完全には所属しないかもしれません。また、［性格の癖］を持っていることにも気づかないかもしれません。人とは関わるけど、心の中は孤独で満ちているかもしれません。どんな種類の癖であっても【一人ぼっちになる癖】を持っている人に共通するのは、体の悩みも持ちがちだということです。孤独は特に心臓や胃腸の問題、睡眠の問題、そして頭痛やうつと関係があるのです。

子どもの時に、人と違うと感じたり、人に好かれなかったと感じたりすることには、いくつか理由が考えられます。その理由を次の表にまとめました。

【一人ぼっちになる癖】の原因
1　目に見えることで、他の子どもたちより劣っていると感じた（見た目、背の高さ、どもり等）。また他の子どもたちに、からかわれたり、仲間外れにされたり、恥ずかしい思いをさせられた。
2　自分の家族が周りの家族と違っていた。
3　他の子どもたちとは違っていると感じていた。家族内でも同じように感じていた。
4　子どもの頃にとても受け身だった。やらなければいけないことはしたが、興味や好みがなかった。大人になり、人と話しても何も話すことがないと感じている。

【一人ぼっちになる癖】を持つ一つの理由に、人と違った家族で育つことが挙げられます。そんな家族はいろいろな面で、他人の家とは違っていたのかもしれません。例えば人種、国籍、宗教、社会的地位、教育レベル、所有物などが違っていたかもしれませんし、習慣や倫理観、それに言語的な壁もあったのかもしれません。別の例としては、アルコール依存症*3や統合失調症などの精神障害を持つ人が家族にいた、親の仕事の理由などで引っ越しが多く、一つの場所に根を下ろさなかったなどの違いがあったのかもしれません。

別の理由として、自分が姉妹・兄弟とも違っていると感じていたということが挙げられます。いわゆる天才（特別な才能が生まれつき備わっている）は、このように感じることもあるようです。そういった子どもの興味は、同じ世代の子どもとは違っていて、他の子どもと遊ぶより読書や音楽を聴くことを楽しみます。それだけではなく、男の子が人形遊びに、女の子が男の子がするような活発な遊びに興味を持つなど、性別に期待される遊びとは違った遊びに興味を持っていることは違いを感じる一つの理由にもなります。また同性愛の男性や女性であるといった、性同一性が他人や姉妹・兄弟と違うという感覚を作り出すこともあります。内気で、感情的であり、知的、引っ込み思案など、姉妹・兄弟と性格が違ったのかもしれませんし、身体的、性的な成長、自立性や知性、社交スキル[*4]などの成長が、他の子どもたちと違ったのかもしれません。

自分のことで根深い劣等感が生まれることもあります。からかわれたり恥をかかされたり、他の子どもたちの攻撃の対象になる理由はたくさんあります。その中のいくつかを次の表で紹介します。

攻撃のターゲットとなる原因
体の特徴：太っている・痩せている・背が高い・体が弱い・容姿が悪い・ニキビが多い・身体的障害・小さすぎたり大きすぎる胸（女性）・遅い体の成長・運動が苦手・動きがスムーズでない・性的に魅力がない
心の特徴：成績が悪い・学習障害・本ばかりを読んでいる・どもり・感情障害
人前での特徴：ぎこちない・空気を読めない・未成熟・会話が下手・奇妙な印象を与える・退屈・流行に後れている

人と違っている、また好きじゃないという理由で、他の子どもたちはグループからその子をのけ者にします。一緒に遊ばないままでか、からかったり、恥をかかせたりするので、その子はいじられるのを避けるために目立たないようにひきこもります。だから【一人ぼっちになる癖】が強い人は、人前では自意識過剰になりますし、のけものにされるのを恐れるので友だちを作ろうとしません。子どもの頃、自分と同じような子との交流はあったかもしれませんが、でも大きなグループの中に入りたいと思っていたかもしれません。だんだんと孤独感や孤立感を感じ、自分だけでも楽しめること、例えば読書やゲームに興味を持ったかもしれません。劣っていると感じる自分を補うために、人との関わり以外の分野で、とても詳しくなったかもしれません。

子どもの頃の優里さんには、他の子たちから攻撃される理由がたくさんあったようです。

優里：今でも太ってるけど、高校の頃までは本当にデブでした。自分でも「気持ち悪いヤツ」と思ってた。校庭で馬鹿にされて、追いかけられて転ばせられたりして。だから男の子たちが気になり始めても、私に告白してくれる男の子なんていなかったし。高三の時に痩せて、それで初めて彼氏できたけど。

優里さんの【一人ぼっちになる癖】には、恥じらいがとても関係しています。それは、優里さんは自分の体型を恥ずかしく感じ、恥じている体型のせいで他の子どもたちと仲良くなれなかったと感じているからです。だから別の恥ずかしい所がバレてしまっても、他の子どもたちから仲間外れにされるだろうと感じていたのです。

周りの子たちとうまくいかなかったので、優里さんは勉強だけでも得意になろうと頑張り、良い成績をとっていました。そのため、優里さんは勉強に関しては高い理想を持っていました。周りの子たちとうまくやっていけない子の傾向として、高い理想を作り上げることは稀なことではありません。高い理想、例えば落ち着いていて、知的で、魅力あるように振る舞うことが人の集まりの場では裏目に出ているのです。つまり、この種の理想を満たせないと、人には認められないし受け入れられないと優里さんは感じていて、だから人からダメ出しを受けるだろうと思っているのです。これが、優里さんが人前で不安を感じる一つの理由です。

先述したように【一人ぼっちになる癖】は、問題としてはより深い【仮面癖】の一部である可能性もあります。家族の中で愛されないと感じると、別の人たち（社会の人たち全般）にも愛されないだろうと子どもは感じてしまいます。子どもの頃は、それでも心地悪く感じるだけで済みましたが、大人となると「受け入れられないのではないか」ということが心配になります。すると、人前で不安を感じ続けるか、それとも人前を避けるか、という二択の選択を強いられるのです。その場合【一人ぼっちになる癖】は表面的な問題でしかなく、「自分には救いようのない欠陥」があると感じ、愛してもらったり自分の価値をわかってもらおうとは思わないことが深い問題となります。

圭介さんは両親がアルコール依存症の家庭で育ち、長男であるため十二歳になる頃には、家事全般をこなしていました。四人の弟や妹の父親・母親代わりとならなければいけない家庭で育ちました。

圭介：家のことが大変で、学校のことは二の次でした。学校のヤツらは、流行ってたゲームとか、女子にコクろうかだとか、そういうことに関心あったけど、自分は、毎月の支払いとか、家賃滞納でアパート追い出されんじゃないかってことばかり気になってましたね。

学校では普通に過ごしていましたが、心の中では「別の生き物のよう」と感じていたようです。家に友だちを連れてくることなんてことは絶対したがらず、友だちが親と話しているのを見るたびにとても不安を感じていたようです。圭介さんにとって、自分の家族は友だちからは隠しておきたい秘密でした。だから学校での生活と家での生活を分けたかったのです。

子ども時代を通じて、家の家計はだんだん苦くなっていき、安いアパートに引っ越して住まざるを得ませんでした。これは圭介さんにとって状況をさらに悪化させました。

> 圭介：親の考えはおかしいんですが、自分たち家族は周りの家よりも格が上だと考えていたみたいです。自分たちは違うんだ、そうは言いませんでしたが、良い家に住んで、すばらしいご近所さんに囲まれている生活を装ってたところはありました。だから「低俗な近所の子たちと遊ぶな、彼らと同じようなことはするな」ってさんざん言われた覚えがあります。

また、とても批判的な両親の下で育つと【一人ぼっちになる癖】が身に付くこともあります。人前でのあり方、例えば身なり、話し方、態度などのことで何度も叱られたため、人前に出る自信がなくなって相談に来た方もいます。その方は、批判されることを恐れて、人の集まりから遠ざかるようになり、他の人たちとつながることを避けていたのです。

【一人ぼっちになる癖】の別の理由は【依存癖】（第８話）と【子分癖】（第12話）に関連します。人との関わり方を学ぶ上での重要なことは、自分を持つことです。親から自分らしさ（興味や好みなど）や人とは違った性格を育ててもらうことで、人との会話を続けるエネルギーとアイデアをもたらす自分らしさが育くまれます。

しかし中には受身の子どももいます。生まれつきそうかもしれませんし、親が自立してもらいたくないと密かに受身になるよう仕向けたのかもしれません。自分らしさがある、という感覚を奪われると、他人が期待することだけするようになります。人に引っ張ってもらうだけなので、自分の考えや興味、好みを見いだせなくなっていくのです。だから会話となると、何も話すことがなくなります。そして会話を続けることが重荷となるのです。聞くのは楽ですが、会話を始められず、自分の意見も言えなくなり、何をするか、どこに行くかなども自分の考えがなくなります。そして、人に話すことがないので、人と会うことを避け始めるかもしれません。すでにお伝えした【一人ぼっちになる癖】の理由と同じく、このパターンにはまりこむと、人前での不安が高まるしさみしさも強くなります。

意外かもしれませんが、ほとんどの人が【一人ぼっちになる癖】をいくぶん持っています。自分が受け入れられるかどうかは誰しも不安に感じることです。きっと仲間外れになったことのない人はいないでしょう。つまり、その頻度や程度、そして時期が問題となるのです。さみしさを感じ始めた時期が早ければ早いほど、［性格の癖］は強力なものとなるのです。

【一人ぼっちになる癖】が付き始めるのは十代が多いでしょう。十代は同級生や同年代の人たちの影響がとても強い時期です。十代の子の多くが、自分は他の子たちとは違っており、さみしく、他の子たちと距離があると感じています。そして私たちの多くが、十代後半になり、大学など、より大きな社会に出るようになると、恋愛をして、気の合う友だちを作ったりしてさみしさを克服するのです。

しかし中にはこのさみしさをずっと感じる人もいます。それらの人はたいてい、子どもの頃に起きたことが原因で【一人ぼっちになる癖】が強い人たちです。その人たちの過去には、友だちから受け入れられなかったという感覚が必ずあるようです。

仕事と恋愛関係での【一人ぼっちになる癖】

次の表にまとめたように、仕事や恋愛で知らずに【一人ぼっちになる癖】をしていませんか?

1 周りの人たちとの違いを強く感じ似ている点を無視し、自分は違っている、または劣っていると感じている。人と一緒にいてもさみしさを感じる。

2 仕事ではなじめず、そのため昇格したりプロジェクトに抜擢されたりしない。

3 人の中では緊張気味で自意識過剰になる。リラックスできず、ありのままの自分でもいられない。間違ったことをしたり言ったりしないか心配している。次に言おうとすることを頭の中で計画立てる。知らない人と話をすることに苦痛を感じる。自分らしいことを何も話せないと感じる。

4 集団に参加することやコミュニティーの一員となることを避ける。自分の家族、あるいは数人の仲の良い友だちとのみ時間を過ごす。

5 人が自分の家族と会う、または家族のことをたくさん知ってしまうことを恥ずかしく感じる。自分の家族のことを他人に知られないように努力する。

6 うまく溶け込んでいるような振りをする。型にはまっていない部分をほとんどの人には見せない。恥をかかされたり受け入れられないと感じるプライベートな生活や感情を隠し持っている。

7　自分の家族に足りない部分を補うことを大切に感じる。例えば地位を高めること、物質的な豊かさを手に入れること、高い教育を受けることなど。
8　人に馬鹿にされると思う受け入れたくない部分が自分にはある。例えば内気なこと、頭でっかちなこと、感情的なこと、くよくよすること、弱いこと、依存しがちなところがあることなど。
9　自分の見た目を気にしすぎる。人が言うほどには自分は魅力的だと思えない。見た目を良くするためにとても努力をして、見た目の欠点には特別過敏になる。例えば体重、体型、外見、背の高さ、肌、顔だちなど。
10　自分が無能でのろまでぎこちなく感じられる状況を避ける。例えば大学に行く、大勢の前で話をするなど。
11　自分に足りないと感じているものを持つ人と自分を比べる。例えば外見、お金、運動能力、成功、服装など。
12　社会的におかしいと感じる自分の特性を直すことに執着する。例えば自分がどれだけ人気があるか、社交スキルがあるかを証明しようとする、人に勝とうとする、良いとされる社会的なグループに属する、仕事で成功をする、子どもを有名にしようと育てるなど。

【一人ぼっちになる癖】が強い人は、色々なタイプの異性に惹かれます。自分とは逆の、人なつっこい人に惹かれるかもしれません。その人の具体的な問題によりますが、外見が良い人や地位のある人、人気のある人や仲間内の人、人との関わりに慣れている人、または普通で一般的な人にも惹かれるかもしれません。いずれにしても【一人ぼっちになる癖】が強い人は特に所属感を感じたいのです。

この［性格の癖］が強い人は、社交的な人を恋人にしたり結婚相手として選ぶかもしれませんが、それには利点と欠点があります。利点としては、人との関わりを持つようになり、人前での不安を乗り越えるきっかけになります。欠点は、人前で安心したいがために恋人や結婚相手に頼りすぎ、前よりもっと内気になり、そして会話など、人との関わりをするのに恋人や結婚相手なしにはできなくなる、という点です。こうなると、社交的な恋人や結婚相手を選ぶことによって、人前での自信がもっとなくなることにもなります。

また【一人ぼっちになる癖】が強い人は、自分と同じように集団の外にいる人に惹かれるかもしれません。そういう人たちには何かしらの特別な絆を感じ、お互いに慰めあう傾向にあるようです。

圭介：彼女がいるんですけど、彼女もどちらかというと社交が下手です。いつも黒い服を着て、芸術家気取りなのか、意味わからない絵を描くんですよ。彼女と一緒にいる時は、お互いにからかいあってます。かなり残念なカップルですよね。こんなつまらない男と変な女で、みんなになんか申し訳なく感じます。

このタイプの恋人や結婚相手は、人と違うように感じるのを慰めてくれ、自分が人と違うということに価値を感じさせてくれます。一人だけが周りと違う訳ではないと感じ、二人とも普通の人より優れていると感じられるのです。

人と違うと感じる人たちは芸術愛好家、オタク、非行少年、暴力団など、その人たち同士で集団を作り、その絆に力を感じます。社会からのけ者にされた人たちは、自分たちの地位を高め、そして優越感と価値感に浸ります。カルト集団はこの現象を物語ります。カルトのメンバーは彼らだけが知っている秘密を握っていると感じます。彼らだけが仲間であり、世界の他の人たちがのけ者であると捉えるトリックです。

しかし【一人ぼっちになる癖】が強い人の中には、このサブカルチャーにすら属せないと感じる人もいます。つまり全てのグループから疎外されていると感じる人もいます。

圭介：自分はどこにも属しません。運動は好きですが、スポーツ選手じゃないし、けれども知的でもありません。自由人でもないしエリートサラリーマンでもない。その間にいて、自分に合った場所がないんですよね。

この［性格の癖］を克服した後でも、まだ社会的に望ましくなく、また違っていると感じることもあるかもしれません。違いを強調するという癖は抜け切れず、この違いが他人との間に壁を作ってしまいます。だから誰か人と仲良くなったと思うと、すぐに違いに関して敏感になることもあります。

この［性格の癖］は、職業の選択にも影響します。この［性格の癖］を持つ人は、社会との関わりをあまり持たない活動に惹かれやすいので、一人でできる活動が上達するようになりがちで、それが職業になる傾向があります。例えば芸術家になったり、科学者やライター、リポーターになるかもしれませんし、コンピュータと向き合う職種を選ぶかもしれません。また【一人ぼっちになる癖】が強い人は、出張が多かったり、家でできる仕事を選びがちです。自営業を始めることもあるかもしれません。自分が作ったルールで人と関わるので、人から受け入れられるかどうか心配する必要はそれほどありません。しかし最終的にどこまで成功するかは、人と連絡をとり合いつながりを持てるかによります。

もしどこかに勤めているとしたら、この［性格の癖］にとらわれる人は、劣っていると感じたりなじめなく感じるでしょう。仕事ではとても有能かもしれませんが、［性格の癖］がそれを邪魔することでしょう。

圭介：自分の主な仕事は顧客を接待することです。食事や飲みに連れて行き、話をして楽しませるような仕事です。……でも避けてしまっているんですよね。そのせいで、顧客をすぐ逃してしまっていて……。

この［性格の癖］に対処する主な方法は《逃げる》ことになりがちです。その対処法の積み重ねが、実は【一人ぼっちになる癖】をより強力な悪癖にします。人前という苦手な状況から《逃げる》と、その時だけは楽になるかもしれませんが、それ以外は何の役にも立ちません。人との関わり方は身に付きませんし、この［性格の癖］に関係した思い込みも消えません。だからこの癖を克服するためには、《逃げる》ことをやめて苦手な状況に向き合い、そしてそこから学ぶことが絶対に必要となるのです。

【一人ぼっちになる癖】を変えるステップ

【一人ぼっちになる癖】を克服するための手順を紹介していきましょう。

【一人ぼっちになる癖】を変えるステップ

1　子どもの頃のさみしさを認め、自分の中に潜んでいる、のけ者にされたり劣っていると感じている「子ども」を感じる。
2　日常生活の中の人と関わることで、不安や不快を感じる状況をリストアップする。
3　自分が避けている人との関わりをリストアップする。
4　人とは違っている、人より劣っているという感覚に《逆らう》対処の具体的方法をリストアップする。
5　1～4を踏まえて、自分を人から遠ざけ、弱くし、そして劣っていると感じさせる自分の欠点をリストアップする。
6　もし5で書き出したものが現実であれば、それを乗り越えるためのステップを書き出し、その計画に沿って取り組む。

7　変えられない欠点について改めて見直す。
8　それぞれの欠点についてフラッシュカードを作る。
9　避けている人の集まりを（プライベート・仕事ともに）嫌な順でリスト化する。
10　人の集まりでは会話を自分から始める努力をする。
11　人前ではできるだけありのままの自分でいる。
12　自分の嫌なところに《逆らう》ことで対処するのを止める。

1・子どもの頃のさみしさを認め、自分の中に潜んでいる、のけ者にされたり劣っていると感じている「子ども」を感じる

最初にすることは思い出すことです。周りの子たちと自分は違うと感じた、他の子たちから仲間外れにされた記憶を浮かべます。誰にも邪魔されない時に、部屋を暗くして体が楽になるように座ります。そして記憶を無理やり思い出すのではなく、頭に浮かべるようにしてみてください。ただ目を閉じて、人と違っていたり、劣ってることを感じた記憶が自然に湧き上がるのを待ちます。今の生活の中で【一人ぼっちになる癖】が働く状況を浮かべることからスタートしてもいいでしょう。

たいていの場合、出てくる記憶といえば、笑いものにされた、恥をかかされた、からかわれた、いじめられた、または周りの子たちから離れてポツンと一人でいてなじめていない記憶です。あるカウンセリングのセッションで、優里さんは他の飲み会での出来事を話してくれました。その時の様子を紹介しましょう。

優里：男性に何か話しかけられていますけど、私はその人の隣に座っています。ただ一人ぽつんと座っていなくて済んでほっとしてるけど、緊張しすぎてこの人とうまく話ができないです。早口になるし、表情から緊張していること、バレてると思います。でも何か話さないと、っていう感じで。その人は嫌だったみたいで、話を切り上げて向かいの人と話し始めました。……その後すぐ理由をつけてそのお店を出ました。それからは一切飲み会には行っていません。

カウンセラー：ではその時の気持ちから離れず、子どものころ同じように感じた記憶を浮かべてみてください。

優里：やってみます。友だちの家にいて、他の子たちもたくさん見えます。庭かな、キックボールをしようとしてて、

誰を自分たちのチームに入れるか、一人ずつ選んでる……。ああ、誰も私を選んでくれなくて、そして最後に残った私を選んだ時、そのチームの子たちがみんな嫌な顔してたな……。

圭介さんの記憶は優里さんとは違って、集団の外にいるというものが多くあったようです。あるカウンセリングのセッションで、圭介さんは子どもの頃にキャンプに行ったことを話してくれました。滝壺でみんな泳いで楽しんでいた時のことです。

圭介：滝の近くで五人くらい……泳いでいました。自分はいくつかある滝のうちの一つに飛び込んで、そこに立ちました。お坊さんが修行するみたいにです。水をかぶってますから、ほかの子たちはぼやけてしか見えませんし、水が落ちる音で、声もあまり聞こえなかったと思います。そうしている時に、すごくさみしく感じました。いつもこんな感じだな、いつもとても遠くから人が来ては離れて行き……。ガラス越しに見ている感覚でしたね。みんなすぐそこで普通に遊んでいるけど、自分は遠くからそれを見ているだけ。

さみしい記憶を思い出すことは苦しいことです。ですがその苦しみに向き合い、その苦しみを味わう自分の中の子どもに優しく接してみましょう。苦しみを味わっている子どもの記憶の中に、今の大人の自分を入れ、その子をなだめるのです。人から受け入れられず離れている感覚は、冷たくさみしいのです。心の中の子どもをそういった冷たい感覚を感じたままにしてはいけません。記憶から離れる前に、大人の自分をその中に置いてきて、さみしく感じるその子ども支えてあげるようにしてください。

圭介：大人の自分を記憶の中に入れました。子どものいるその滝に大人の自分も飛び込みました。そして彼に「もう一人じゃないよ。俺がここにいて、友だちと仲良く遊べるように手伝ってヤルよ」と言いました。

2・日常生活の中の人と関わることで、不安や不快を感じる状況をリストアップする

不快な気持ちになっても回避しない・できない状況をリストアップします。このリストには、飲み会やミーティング、会食、人前で話す、異性とデートする、偉い人たちと話す、自己主張をする、または会話をするなどが含まれるでしょう。優里さんのリストを紹介します。

不安になるけど逃げない・逃げられない状況

1　マンションの管理人さんに挨拶をする。
2　見込み客に電話をかける。
3　カフェで仕事上の昼食をとる。
4　通っているジムの休憩時間。
5　同僚と会う。
6　よく知らない人と会う。
7　同じマンションの人と仲良くなる。

このリストに二つ書きこめる欄を作ります。一つ目の空欄には、それぞれの状況で、自分は場違いであり、人と違っていて、または劣っていると思う理由を書き出します。例えば、飲み会では、「見た目が良くない」「会話が下手」「不安げに見える」、仕事の会議では「困った時に馬鹿げたことを言う」「リラックスできず前後のおしゃべりができない」「ビジネスパーソンとして不十分」などです。そして二つ目の空欄に、その状況で起こると思う最悪のシナリオを書き出します。笑われること、仲間外れにされること、劣っていると言われることなどです。

3・自分が避けている人との関わりをリストアップする

避けている状況をリストアップします。どちらかというとやりたくないこと、またはほとんどの場合避けてしまっていることがリストに挙がることでしょう。優里さんのリストを紹介します。

避けている社交の場面

1　飲み会。
2　顧客と会食する。

３　デート。
４　上司にお願いごとをする。
５　よく知らない人と会う。
６　同僚と仕事後に遊びに行く。
７　仕事でプレゼンをする。

リストを書けたら、ステップ2で取り組んだのと同じように空欄を作ります。それぞれのリスト項目に対して人とは違っている、劣っていると感じる理由を、また最悪のシナリオを書き出します。

4・人とは違っている、人より劣っているという感覚に《逆らう》対処の具体的方法をリストアップする

《逆らう》ことで癖に対処するというのは、［性格の癖］とは逆のことを指します。つまり［性格の癖］を否定して対処する方法です。人とは違わないということを示すためならどんなことをしてでも［性格の癖］を否定しようとします。圭介さんのリストを紹介しましょう。

【一人ぼっちになる癖】に対処するための《逆らう》方法

１　一緒にいる人とあえて同じように振る舞い、仲間に入れてもらえるようにする。
２　自分の中のおかしな面を人に見せないようにしている（アジア映画が好きなこと・自分が書いた小説・自分の家族）
３　彼女ができた時は、友だちや家族と会わせない。自分の世界を隠そうとしている。
４　本当はもっと派手な服装をしたい。
５　人気があるところを人に見せつけようとする。
６　人気のある人と友だちになろうとする。

同じように、劣っていると感じることに対しても《逆らう》ことで【一人ぼっちになる癖】に対処しているかもしれません。例えば、見た目に執着したり、仕事で成功を収めたり、また集団の中にいようと努力したり、自分の欠点を隠そうとしたりといったことです。

このような《逆らう》ことで［性格の癖］に対処しようとする試みは脆く、あまりうまくいきません。そのため、やり過ごすのではなく、揺るぎない基盤を作っていくことが必要となります。人前での経験を新しい気持ちで見てみましょう。子どもの頃のトラウマ的な経験とは全く違うこともあることに気がつきます。大人は、概して子どもや思春期の子より、それぞれの違いを受け入れてくれます。恥をかかせたり、受け入れなかったりすることも、子どもよりは少ないでしょう。

5・1〜4を踏まえて、自分を人から遠ざけ、弱くし、そして劣っていると感じさせる自分の欠点をリストアップする

自分のそれぞれの欠点に一枚ずつ紙を準備し、それぞれにタイトルをつけましょう（例えば「太った子ども」「バカな子ども」等）。そして次のことをそれぞれ行っていきます。

1　それぞれの欠点を具体的に定義する（例えば、太っている＝90kg以上）。
2　それぞれの欠点が本物の欠点だと思える根拠を今の生活から見つけ出してリストアップする。
3　それらが本物の欠点だと思う考えに反論できる根拠をリストアップする。
4　それぞれの欠点について友だちや家族の意見を聞く。
5　客観的な根拠をまとめて文章を書き、自己非難は本当にすべきことなのか調べる。

優里さんがリストアップした欠点は「見た目が良くない」「飲み会で面白い話ができない」「仕事で十分成功していない」「人前では不安を感じる」「へつらって馬鹿なことを言う」「第一印象が悪い」で、その中から「第一印象が悪い」について先の1〜5を書き出したものを例として紹介します。

「第一印象が悪い」

1　**定義**
初めて会う人に気に入られない。

2　**大人になってからの自分で、これが実際の欠点だと思う証拠**
飲み会で男の人から連絡先交換をお願いされたことがない。飲み会で、私をよく知らない人は私と話すのがすぐにつまらなくなるよう。仕事の面接がうまくいかない。私の第一印象について、同僚が馬鹿にしていた。知らない人に会うのが苦手。同じマンションの人は私のことを良くは思っていないよう。他の人たちに対してはもっとフレンドリーに関わっている。

3　**それを実際の欠点だと思う考えに反論できる根拠**
大人になってから数人と友だちになった。実際たくさん良い友だちがいる。大学生の時、付き合っていた男の人たちのお母さんたちは私のことを気に入ってくれていた。

4　**友だちや家族に聞く**
姉と母と二人の友だちに意見を聞いた。母以外は、第一印象が悪いことを認めた。姉は、緊張しすぎていると言い、友だちも同意見だった。

5　**客観的な根拠のまとめ**
良い第一印象を与えることもあるが、多くの根拠によると、これは実際の欠点だ。

このような作業を別の欠点にも行うと、見た目は良いし十分仕事で成功している、けれども別の欠点は事実であるだろうと優里さんは考えを改めました。次に圭介さんがリストアップした欠点は次の通りです。

多くの人と自分が違っている理由

1　他の人たちの話題についていけない。変だ。
2　自分ことを知りたいと思う人はいない。
3　いつも真に受けすぎで気楽になれない。
4　他の人たちと服装が違う。
5　他の人たちが興味を持たないようなことに興味を持っている。
6　超然としているように振る舞うのを人は嫌がる。

これに取り組んだ後、「他の人たちの話題についていけない」「いつも真に受けすぎて、気楽になれない」「超然としているように振る舞うのを人は嫌がる」は実際の欠点だと圭介さんは気づきました。

圭介さんが挙げた欠点が事実か、たんに圭介さんの思い込みかを調べる過程で、一つはっきりしたことがありました。それは、圭介さんが他人と自分の違いを大袈裟にとらえていたということです。違いを大袈裟にし、似ている所を軽視する傾向のために、彼の［性格の癖］は日常的に強まっていたことがわかったのです。

カウンセラー：新しい上司と話ができない理由は何だと思いますか？
圭介：共通することがないことなんじゃないかって思います。
カウンセラー：同じ分野の人たちでしょ？
圭介：そうかもしれないけど、違いが多すぎるようです。
カウンセラー：どういったところが違っているように感じます？
圭介：服装とか、乗っている車とか……。
カウンセラー：彼もアジア映画好きなんですよね？
圭介：はい。でもあの車……。物質的な富を求めている人だと思うんですが、自分にはそういった趣味はないんです。

6・もし5で書き出したものが現実であれば、それを乗り越えるためのステップを書き出し、その計画に沿って取り組む

自分を高めていく方法を書き出していきます。例えば、人間関係の力を高める、人に対して温かくフレンドリーに接する、体重を減らす（増やす）、人前で話す講座を受ける、大学で勉強する、自分をもっと魅力的に見てもらう方法を学ぶなどです。そして書き出したものに段階的に取り組んでいきます。

欠点を克服することは簡単なことではないので、嫌になってしまうこともあるかもしれません。また恥ずかしく思い、克服することすら考えられないこともありますが、この癖に振り回されないように頑張って向き合ってみましょう。

優里さんは「第一印象が悪い」に対して計画を立てました。まず、彼女の行動のどんな所が問題であるのか直接的なフィードバックを得る努力をしました。人と一緒にいる時の自分を客観視し、また友だちや家族に意見を聞き、カウンセリングのセッションでロールプレーをしたりしました。

カウンセラー：今ロールプレーをしてみましたがどうでした？
優里：印象を良くしようとすることがうまくいかない理由がなんとなくわかりました。一つは私が不安すぎて、相手が理解できないジョークを言ってしまうこと。あと相手が私のことを質問してきた時、何を言って良いかわからなくなるということ。

自分の軽はずみな傾向に気づくと、優里さんはそれを簡単に止められるようになりました。彼女は、最低でも相手のことを少しでもわかるまでは、冗談を言うのを止めました。そして二つ目の理由に対しては、質問された時に何を言えば良いか知るために、さまざまなジャンルで、例えば仕事、家族、興味など、優里さんが自分のことを語れるようカウンセリングのセッションで練習をしました。ほとんどの社交スキルは、準備をすれば身に付けることができますし、準備をすることは不安を和らげることにも役立ちます。

準備をする際に、イメージもとても役立ちます。その時が来るまで最悪の結果をイメージして不安を高めるより、上手に振る舞っている自分の姿をイメージしましょう。理想的に振る舞っている自分をイメージし、成功の準備をしましょう。

優里：会社のクリスマス会に行く前に、寝っ転がってリラックスして、うまくいっている所をイメージしました。部屋に入って、部屋を見渡して、笑顔で、それで話す人を一人選んでいる自分がイメージできたし、その人に近寄って「こんにちは」って落ち着いて言っているイメージもできました。会話を始めて話している所もイメージしましたよ。

7・変えられない欠点について改めて見直す

アルコホーリックス・アノニマス（アルコール依存の自助グループ）では「神よ、変えることのできるものについて、それを変えるだけの勇気をわれらに与えたまえ。変えることのできないものについては、それを受けいれるだけの冷静さを与えたまえ。そして、変えることのできるものと、変えることのできないものとを、識別する知恵を与えたまえ」という詩を取り入れています。自分について変えられることはありますが、変えられないこともあります。自分を高めていく先には、自分を受け入れるということが待っているのです。

背が低すぎる、高すぎる、太りすぎている、十分成功しない、また話が下手など、変えられない、あるいは十分には変えられない欠点があるかもしれません。しかし、この［性格の癖］を持つ人は、欠点が重大であると誇張する傾向があります。だから、自分の良い点と比較して、欠点はどれほど重要なのかと検討することは役に立つことです。まず自分の良い点と欠点をリストアップし、同じように自分の知り合いについてもそれぞれ書き出します。そして比較して、総合的に自分はそれほどダメで、人と違っているのかどうか広い視野で確認しましょう。

人の集まりの場ではぎこちないかもしれませんが、優里さんは知的で、思いやりがあり、素敵な女性です。圭介さんはユーモアがあり、面白みがあり、カリスマ的でもあります。【一人ぼっちになる癖】を持つ人のカウンセリング経験から、この［性格の癖］を持っている人は、欠点がその人全体を見劣りさせてしまっているかのように感じている、と思えます。

【一人ぼっちになる癖】が強い人は、子どもの頃に周りの子どもが自分をからかった視点で、大人も自分の欠点を捉えるだろうと考えます。でもそれは間違いです。大人は子どもと比べて違いに耐えることができ、また違いを尊重します。子どもや未成熟な大人だけが、からかったりするのです。

> 優里：飲み会に参加していた時、校庭で一人ぽつんといるのと同じ感覚がありました。学校の休み時間を思い出し、みんな私を馬鹿にするんじゃないかって思っちゃって。そう感じると、周りの人たちが、デブデブと歌にしてはやし立て始めるような気がしました。

最後に、この［性格の癖］を持つ人の中には、変えたくない欠点を持っている人もいるかもしれません。いわゆる欠点にも、価値を持てる部分もあるかもしれないからです。圭介さんはアパレル品を買い、見た目を飾ることを楽しんでおり、服装のセンスを手放したくありませんでした。彼の外見は特徴的ですが、風変わりではありませんでした。優里さんは化粧に関して、圭介さんと同じような問題を持っていました。彼女は男性の気を引けるような状況でも、化粧をしようとはしませんでした。

どのくらい変わるかは、最終的に自分が決めることですが、自分の行動の結末に気がつく必要はあります。人の中になじみたいのなら、個性を見せびらかすようなことは役には立ちません。人生において最も大変なことは、人に溶け込み普通でいることと、個性的でいることのバランスを見つけることです。人と一緒でいることに傾きすぎると、自分が本当は誰なのかという感覚をなくしますし、個性を出しすぎると周囲に溶け込むことはできません。

8・それぞれの欠点についてフラッシュカードを作る

フラッシュカードを作って持ち歩き、［性格の癖］が働くごとにそれを読み返します。こうすることで［性格の癖］を少しずつ弱めていきます。

フラッシュカードを作る際、自分の欠点を誇張しがちなことを意識しましょう。また自分の良い点にも触れてそれを高める方法についても含めましょう。

優里さんが「人前では不安を感じる」という欠点について書き出したフラッシュカードを紹介します。

【一人ぼっちになる癖】フラッシュカード　#1

今みんなが私のことを見ているかのように感じて不安。誰にも話をできないと思う。でもこれは単に私の**【一人ぼっちになる癖】**が働いているだけ！　今周りを見渡せば、誰も私のことを見ていないことはすぐにわかるし、もし誰か見ていたとしても、やさしく見てくれているんじゃないかな。誰かと話し始めれば不安が減っていくのは知ってるよ。私が不安を感じているなんてわからないよ。それに他の人たちだって不安を感じてるんじゃないの。誰だって人前では少なからず不安を感じるから。体をリラックスさせ、部屋を見渡し、誰か話をする人を見つけよう。

そして「超然としているように振る舞うのを人は嫌がる」という欠点に対して圭介さんが書いたフラッシュカードです。

【一人ぼっちになる癖】フラッシュカード　#2

今一緒にいる人と自分は違う人間だと感じ始めた。仲間外れで周りに人がいるのに孤独を感じてる。俺は自分を隠し始めて超然としている。でもこれ自分の［性格の癖］が働いているだけだ。本当は、違いについて大袈裟にしているだけで、もし自分がもう少しフレンドリーになれば、共通点も見つかるはず。今すべきことは、自分に人とつながるチャンスを与えることなんだ。

フラッシュカードは［性格の癖］の効力を弱め、正しい方向へと自分を戻すことに役立ちます。

9・避けている人の集まりを（プライベート・仕事ともに）嫌な順でリスト化する

逃げることを止める、これが最も大事なステップです。逃げることが、［性格の癖］を維持してしまう一番の理由です。だから逃げ続ける限り、［性格の癖］は変わることはありません。

大人になる頃には、人から受け入れられないことは子どもの頃と比べて小さくなります。多くの人は年を重ねることで、忍耐が増し、物事を受け入れられるようになりますが。しかし人前に出ることを避けていると、受け入れられることも避けているので、心の中はまだ子どものまま凍りついて周りが変わっていることに気がつかないのです。

このステップは簡単なものではありません。その一つ目の理由は、この［性格の癖］を持つ人は、人前ではとても強い不安を感じ、これから逃れたいからです。また、人前に出なくても生きていけることを知っていることが二つ目の理由です。

ステップ3で作ったリストを活用しましょう。避けている人前の状況のリストをみて、それぞれを克服する難易度を数値化しましょう。数字の基準は次の通りです。

難易度の基準
0~1　簡単
2~3　少し難しい
4~5　まずまず難しい
5~6　とても難しい

７〜８　無理

例えば、優里さんは自分のリストを次のように数値化しました

避けている場面	難易度
１　飲み会	８
２　顧客と会食する	５
３　デート	６
４　上司にお願いごとをする	４
５　よく知らない人と会う	７
６　同僚と仕事後に遊びに行く	３
７　仕事でプレゼンをする	８

一番難しくない状況から始めましょう（難しいものばかりでなく、比較的簡単なものも含めておきましょう）。平気になるまで何度も繰り返し取り組みます。優里さんにとっては、「同僚と仕事後に遊びに行く」が一番易しいものだったので、月に一度、五カ月間それを続けてから次の状況に進みました。

その後、優里さんにとっての難易度３となる別の状況を練習として作り出しました。マンションの管理人やスーパーの店員など、知り合いと会ったらおしゃべりをする、魅力的に思える男性に話しかけるなど、それらにも同じように取り組んでいくと、難易度４の状況にも取り組めるようになっていました。このように、それぞれの難易度と同じものを作り、それらをこなしていくように進めていきましょう。それぞれをこなせるようしっかり計画を立て、前もって準備をしておきましょう。万一の場合を考えての解決法も考えましょう。そしてポジティブなイメージを使って、上手にこなしている練習をしましょう。

このようにだんだんとハードルを上げていき、成功体験を増やしていきましょう。一番難しいところは、始めるところです。チャンスを自分に与え、社会的に成長していく過程は、楽しくさえ感じられるでしょう。

10・人の集まりでは会話を自分から始める努力をする

何かイベントに参加する時は、会話を始める回数を決めて目標とし、話し相手となる人に会うように努めます。外の世界に出ていけるよう、自分を励ましましょう。この［性格の癖］を持つ人は、周りの人たちとつながらず、自分の頭の中だけで時間を過ごしがちです。また人の集まりに出たとしても、自分の頭の中で時間を過ごすので、実際はそこにいないのと同じかもしれません。この心の中の逃げも克服する必要があるのです。

優里さんと圭介さんが苦手な状況のステップに取り組んでいた時は、話す相手の人数を決めていました。例えば飲み会に参加するとしたら「知らない人と最低二人は話す」などと決めていました。驚くかもしれませんが、目標を設定した方が不安は少なく感じます。事前の不安が去った後は、人に近づいて行って話しかけることで不安が減ることに気づくでしょう。《逃げる》ことで［性格の癖］に対処していた人は、実際よりもっともっと緊張すると考えてしまいます。だから実際はそこまで緊張しないことがわかるのです。

優里：そんなに悪くなかったです。休憩時間に二人の人と話したけど、そんなに悪くなかった。次はもっと簡単だって感じます。話す相手がいることわかってるから。

まずは一人の人と話せる関係になるように努めましょう。初めから全員と仲良くなろうとすると、みんなの目を気にして圧倒されます。まずは一人と仲良くなり、そして徐々に他のメンバーとも仲良くなっていきましょう。

11・人前ではできるだけありのままの自分でいる

微妙な《逃げる》方法もあります。それは自分の一部を隠すというものです。人には話しますが、巧みに特定の話題を避けて、自分の欠点や人との違いがあらわにならないようにするというものです。隠す内容は成功していないこと、育った家庭のこと、または体の特徴、学歴や収入などの自分のステータスなどかもしれません。

これらを秘密にしておくことにはリスクがあります。人に会うと時に、隠している緊張と理解されないさみしさを感じるからです。「秘密を持つことは孤独になることだ」とある患者さんは言っていました。できるだけ自分の欠点や違いを隠さないよう努めてみましょう。ありのままの自分でいることが大事で、自分が失業中であることや、後ろめたい家族の中で育ったことなどをオープンにしてみましょう。人と仲良くなったら、少しずつ自分の弱いところを見せていきましょう。それが自分は受け入れられると思えるようになる唯一の方法です。

12・自分の嫌なところに《逆らう》ことで対処するのを止める

人は自分を受け入れてくれるという視点を持ちましょう。それは自分の成功や所有物を見せびらかすことではありません。見せびらかしたい衝動を手放す努力をしましょう。この衝動を手放すことで、気持ちが楽になることがわかるでしょう。

圭介：自分は「人気がある男だ」ってみんなにわかってもらおうとするのは、正直重いです。自分を偽っていましたから。もうやめたいんです、本当は。

仕事で大きな成功をしていないので、優里さんも同じ問題を抱えていました。これを恥じていたので、彼女は自分が賢いことを頻繁に人に見せようとしていました。仕事関係の話が出るや否や、優里さんは緊張し、話すこともわざとらしくなっていました。

優里：ほとんど自慢しているみたいで。どんなことを話していても、例えば大学で奨学金をもらっただとか、何かしら割り込んじゃって。難しい理論なんか話し出したりして。と思ったら急に謙虚になって。私の動揺なんか絶対みんなわかってるし。

［性格の癖］に《逆らう》ことは重荷になるだけでなく、そういった言動はあからさまなのです。自分を恥じているということは、自分にも相手にもはっきりとわかっています。ありのままの自分に変えていきましょう。そうすることで、人はもっと好意を持つし、自分が自分を好きになれるはずです。

最後に……

【一人ぼっちになる癖】を乗り越えるためには、さみしさと人とのつながりに向き合う必要があります。ポジティブに考えてみましょう。ここで紹介している方法を試せば、きっとたくさんの良いことが起きることでしょう。優里さんはその後男性と付き合い始めましたし、飲み会も、夜の外食も週に何度か楽しんでいます。圭介さんはありのままの自分を見せられる数人の親友を作りました。このように生活の満足度が高まることでしょう。つながりを感じることは人生の中でとても重要なことなのです。

［性格の癖］を弱めるためには努力が必要です。第7話で紹介した方法を自分の生活に取り入れて諦めず自分自身に向き合ってみてください。

一人で無理だと思ったら専門家に相談し、今までと違う自分を目指しましょう。

注

＊1　人の集まりで話したり振る舞ったりすることに対して緊張を強く感じる状態。

＊2　自分の行為に対して上手くできるかどうかが気になり緊張が高まる状態。

＊3　お酒の摂取にコントロールが効かなくなることが続く状態。

＊4　人の集まりの場で何を言いどう振る舞うかに関する能力。

第8話 「自分で決められない」【依存癖】

カチーン
色々恐くて誰かがそばにいないと私、生きていけない…
一人じゃ決断ができない…
人に助けてもらうなんてありえないね。自分のことぐらい自分でしなきゃ。

【依存癖】紹介編

相談者No.1

共子（二八歳）
暴力的な夫との結婚生活から抜け出せない女性

共子さんが最初にカウンセリングに訪れた時、彼女は怯えているような目をしていました。その目は、カウンセラーの心に「守ってあげたい」という衝動を生み出し、カウンセラーは共子さんを守るように接し始めました。怯えているように見えるという印象をカウンセラーが伝えると、抱えている問題について考えたくもないと言いました。

共子さんは独りでいることをとても恐れるあまり、言葉の暴力が絶えない夫から離れられずにいたようでした。夫は二年間無職で、その責任を共子さんに擦り付けていたようでした。しかし実際は、そのことだけではなく彼の問題全てについて共子さんのせいだと考えているようでした。

共子さんは広場恐怖症[*1]で、電車、レストラン、スーパー、モール、人ごみ、映画館など、パニック発作が怖いので避けていて、家から出られない時もあるようでした。彼女は結婚生活を続けていくのと怖さに疲れ果ててカウンセリングを受けようと思ったようでした。

広場恐怖症が、共子さんの毎日の生活を苦痛なものにする以外に、楽しみの時間を著しく奪ってしまうことは想像できるでしょう。他の人たちが楽しめる時間が、彼女にとっては重荷だったのです。

共子：主人が私のこと怒ってるみたいなんです。外食しようって言うけど、家に帰って私を迎えに来たくないって言うの。でも一人じゃ私電車に乗れないし。
カウンセラー：何を怖く感じるのでしょうか？
共子：もし何かあったら、誰も助けてくれる人がいないことが恐いです。
カウンセラー：もしそうなったら何が起こるのですか？
共子：何がって。パニックが酷くなってそのまま道に倒れこんじゃいそうです。

夫が家を出ないといけないという状況になると、共子さんは急いで支度をして一緒に家を出るか、または電話をかけ始めます。「電話がないともうダメで」と言います。彼女のおもりをしなくてはいけないことに夫は文句を言いますが、逆に共子さんが勇気を出して一人で出ようとすると、それを止めようともします。おかしなことですが、夫は共子さんに依存していてもらいたいと思っている、そう共子さんは感じているようです。

相談者No.2

将生（三四歳）
未だ親に依存する男性

共子さんと同じように、将生さんも最初カウンセリングに来られた時は、怯えていたようでした。シャイで静かな男性に思えましたが、臆病であるような空気も醸し出していました。将生さんも、カウンセラーに「守ってあげたい・優しく接したい」そう感じさせたようでした。

将生さんは両親と一緒に暮らしていたようで、大学に行っていた時以外は長く親元を離れたことがなかったようです。といっても一年で、実家から通える大学へと転校し、実家から通っていたようでした。将生さんは父親と同じく会計士になり、父親の事務所で働いていました。仕事のことでたくさん心配ごとがあると話してくれました。また、長く付き合っていた彼女がいたようですが、その女性が結婚すべき女性なのかどうか判断できず、本気になれなかったようです。

将生：「間違いをしたらどうしよう、本当に僕の求めている人なのかな、もし彼女がそうじゃなかったら……。もし他にもっと良い人がいたらどうしよう。どうやったら、彼女が僕の求めている人なのかどうかわかるんだ？　それとも、もっと良くない人で落ちついちゃうんじゃないか？」なんていっつも考えます。うまくいってるけど、ときめきがないんですよ。もし僕が彼女を支えられなかったら……。彼女は子どもたくさんほしいと言ってます。どうしたらこの僕が妻と子どもたちを支えられるとわかるんでしょうか。自分でさえ支えられないのに。彼女とはもう別れてやめちゃえばいいのに、なんて思うこともあるんです。

将生さんは二年間、結婚しようと考えてきましたが、ついに彼女の方から「結婚するか別れるか」という選択を迫られたようでした。どうしていいのかわからなくなり、将生さんはカウンセリングを受けてみようと思ったようでした。

相談者No.3

若菜（二四歳）

自立しすぎていて誰からの手助けをも受けつけない女性

カウンセリングで初めて会った時、若菜さんは怯えているようには見えませんでした。それとは逆に自分を大切にしており自信に溢れているように感じられました。

若菜さんは自分が自立的であることに誇りを感じていました。彼女は自分を頼れる人間でした。「私は誰も必要じゃないです」そう彼女は話してくれました。大学に入ってからずっとアルバイトをして生活費を稼ぎ、自分の力で生活を成り立たせてきました。卒業してからは社会福祉士として総合病院で働き、夜でも一人歩きを平気でする女性でした。

カウンセリングに訪れる八カ月前、若菜さんはスキーで足を骨折し、松葉杖を使わなければいけなくなりました。骨折の直後、実家に帰る用がありましたが、両親と妹たちは配膳、入浴、着替えを手伝うなど、彼女の世話をしなければいけませんでした。若菜さんにとって家族に世話をされるということがとてもストレスになり、それが理由でカウンセリングに訪れたのでした。

> 若菜：私って人にやってもらうの嫌いなんです。もう無理。へこむしムカつくし。でも、そんなに腹を立てる必要はないのかもってちょっとは思うんですよ。今は友だちに手伝ってもらいたいんだけど、なかなか頼めなくて。私が頼まれたら何も考えずにすぐに手伝ってあげると思うけど。どうして人にやってもらいたいって思えないんですか？

第8話では、依存する［性格の癖］についてこの三人の例を交えながら紹介していきます。まずは【依存癖】を理解し、そしてそれを変える方法を紹介していきます。

【依存癖】理解編

【依存癖】の全体像

【依存癖】を持つ人は、生きること自体で手いっぱいになり、物事に対処しきれないと感じるでしょう。この世界では自分一人で物事をこなしていけないので、誰か人に助けてもらうしかないと感じます。この「性格の癖」を持つ人にとっては、日常生活の中で大人としての当り前の義務をこなすことが、とても苦しいことでしょう。単純に必要なものを持ち合わせていない、または欠けているという感覚です。自分ではどうしようもなくお母さんを求めて泣き叫んでいる小さな子どもの感覚といえば、【依存癖】をイメージしやすいかもしれません。大人の世界にいる子どもの感覚です。だから、【依存癖】を持っていると、大人の手助けがないと戸惑いを常に感じるのです。

自信のなさがうかがえる典型的な考えは「もう無理」「できない」「倒れちゃう（死んじゃう）」「自分のこと何もできない」です。他の典型的な考えは、一番依存している相手に見捨てられる恐怖に関する考えです。「この人がいなかったらどう生活していけばいいの？」など、この種の考えは強い焦りとパニック状態を伴います。「できないことばかりだから、助けてくれる人が絶対必要」と共子さんは言いますが、このような考えに入り込み、心のエネルギーを消耗させます。一人置き去りにされると、全てのことが重くのしかかってくるように感じます。だから自分を助けてくれる人を手放さないようにあらゆる手を使おうとするのです。

人に頼るので、自分の判断を全く信じられないことも少なくないでしょう。自分の判断を信じられず「決められない」点が【依存癖】の根本的な問題です。

> 将生：彼女とのこと、決められればいいんですが……。どうしてこんなに揺れるのか自分でもわからないんです。自分一人では納得のいく決断ができないのかな。

【依存癖】を持つ人は、決断を迫られた時に人の意見を求めます。もしかしたら、次から次へと意見を求め、混乱と消耗を繰り返しながら何度も自分の決意を変えるはめになっているかもしれません。もし最終的に決断をしたとしても、その決断が正しいことを確かめなければ気が済まないことでしょう。

また、とても頼れると感じる一人の人に頼り切って意見を求めるかもしれません。その相手はたいていカウンセラーや医師になるのですが、依存的な人は特に治療の初期に、自分の決断をしてもらおうとするのです。患者さんがいつまでも迷っているのを見るのは苦痛なので、カウンセラーや医師は決断をしてあげたい気持ちにもなります。しかし代わりに決めてあげることは、治療の目的が患者の自立である一方で、依存を深めてしまうため、この種の患者さんには役立ちません。

依存の傾向がある人は、変化を好みません。全てが同じであることが心地よいのです。

共子：大学で主人と会った時、いつまでも大学にいられたらいいのにね、と話してました。彼は早く卒業したかったみたいだけど、私はずっと続けばいいのになって思ってました。

カウンセラー：大学を卒業して失ったものはどんなものでしょうか？

共子：大学は安心でした。何が起こるかだいたいわかってたから。

変化を恐れるのは、新しい状況では自分の判断が必要となり、その決断に自信が持てないからです。親しみのある状況なら、すでに他人の判断を得ているので、どう振る舞えばよいのかいくらかの想像がつきます。しかし新しい状況になると、誰かを頼らない限りは自分の判断が求められ、その判断を信用できないのです。

その自信のなさは現実の能力に由来しているというより想像の産物だと言いたいですが、そうではないこともよくあります。依存的な人はたいてい大人としての責務をうまくかわして他人にやってもらっているので、実際の能力が育っていないことも多くあるのです。しかし、ほとんどの依存的な人は、自分たちの能力を過度に低く見積もっています。状況が必要とするものよりも、依存的な人は自分を低く見ているのです。

このように常に人に物事をやってもらっている時は《従う》ことで【依存癖】に対処している時です。人に物事をやってもらうと、自分でできるという思いが薄れ、自信を回復することができません。しかし【依存癖】がある人が一人暮らしをしてみると、日常生活をこなしていくことを学ぶことはできます。つまり人に頼ることは、自分はできないという仮定の結果であって、一人でできることをまだ知り得ていない結果なのです。

《逃げる》ことで［性格の癖］に対処することも【依存癖】を強めることになります。難しすぎると思うこと、特に運転、お金の管理、決断をすること、新しい責任を負うこと、初めての分野で専門知識を学ぶことなどを、この癖を持つ人は避けがちです。両親や恋人から離れること、一人で生活することや旅行をすること、一人で映画や食事に行くことなどをやらずにいることで、自分でできないという思いを強めることになります。「夫はお金関係のことを全てやってくれました。私がやるといつもお金の計算が合わないんです」と共子さんは言いますし、将生さんは「別の会社では絶対に雇ってもらえません。僕は使えない男なんですよね。上司たちはきっと僕のお父さんのように寛大ではないと思います」と言います。

依存と怒り

【依存癖】を持つ人にとって、変化は怖いことなので、それに抵抗します。一方で、安定していて安全だと、今度は縛られているように感じがちです。依存的な人は依存関係を維持するために、虐待を受け、従い、ひどく扱われることを拒みません。依存を続けるためならほぼどんなことでもするのです。

【依存癖】を持つ人は、家族、恋人、または友だち関係で受け身の役割をすることが多いでしょう。だから、自分では気づかないかもしれませんが、怒り（不満）を抱きがちです。安定した関係は好きですが、その安定を提供する相手にひそかに怒りを感じます。しかし、これを表現することはあまりありません。怒りを出してしまうと、自分にとって必要な関係が崩れると思えるからです。

カウンセラー：目を閉じて、旦那さんとの生活を思い浮かべてください。
共子：暗い所です。出られなくて、空気がなくて、息が吸えない。怖いです。あの人は私に何か怒鳴っているけど、聞こえません。それを何度も何度も聞いて、彼のことが嫌になってます。自分が爆発してはじけてしまいそう。
カウンセラー：共子さんは何をしていますか?
共子：二度としないって約束して主人に謝ってる。

共子さんがパニック発作を起こす時、夫に感じた怒りを飲み込もうとしている時が多かったようです。依存は自由と自己表現を犠牲にすると言えるでしょう。

依存的な人の中には、怒りや不満をもっとオープンにする人もいます。そういった人たちは依存をすることが権利であると感じているのです。将生さんの彼女は将生さんについて一度次のように話しました（将生さんの希望で、彼女が将生さんと一緒に何度かカウンセリングに訪れました)。

将生の彼女：昨日はひどかったです。料理をしていた時、私の周りをうろつき始めて間違いを指摘し始めたんです。私が何もできないと思っているみたいに。
カウンセラー：将生さん、その時はどうしてたんですか?
将生：実は診察が終わって家に着いた時からなんですが、彼女が病院に一緒に来てくれないことに腹が立っていたんです。一人で行けと。
将生の彼女：だって、T資格の試験が近くて勉強しなきゃだったから。
将生：後でもできたんじゃないかな……。

もし依存が権利だと感じるようなら、自分の望みがかなわない時にも怒りを感じるでしょう。望みを叶えてくれない相手に対して、すねたりイライラしてみたり、または強く怒ることで相手に罰を与えることもあるでしょう。

依存と不安

【依存癖】を持つ人の多くが、パニック発作と広場恐怖症を体験します。広場恐怖症は、いろいろな意味で、簡単に依存を成立させてしまう状態です。自立性は世界に出ていき、そこで独立して動ける能力ですが、広場恐怖症はその真逆です。共子さんの場合、外に出て物事を扱える自信がなかったので、外に出ることを避けていました。

共子さんは、家以外では子どものようで、というよりもこれ以上一人では生きていくことすらできないかのように感じていました。彼女の唯一の望みは、誰か自分の世話をしてくれる人を掴まえて離さないことでした。彼女の恐れは、死ぬこと、気が狂うこと、貧しくなること、そして家を失うことでした。パニック発作を起こすたびに、自分は心臓発作を起こしていて気がおかしくなるだろうと強く信じていました。広場恐怖症を持つ多くの患者と同じように、共子さんは【心配癖】も持っていました。

仮にパニック発作を体験していなかったとしても、不安が強いことには変わりありません。自然に起こる人生の変化が重くのしかかります。例えば会社の昇給、子どもの出産、卒業、結婚など、新たに責任が問われるようなことならポジティブな変化でも同じように不安を感じるのです。

また不安以外にも、慢性的に気分の落ち込みを感じるかもしれませんし、他人への依存を軽く見ているかもしれません。将生さんが「僕は自立した人間だよ」と言うようにです。【依存癖】を持つ人は自信がなく、それは苦しいことでもあります。

反依存

足を骨折した社会福祉士の若菜さんは、《逆らう》ことで【依存癖】に対処する典型的な例です。全てのエネルギーを、物事を達成することに使って完全に自立し、根本的な自信のなさと常に戦うことで【依存癖】に対処しています。そうすることで自他ともに自立した人間であることを常に証明しています。でも実際は、内に秘めた依存的傾向に苦しんでいるのです。

若菜さんは有能ですが、心の底には巨大な不安を抱えています。彼女は常に自分の仕事が十分でないかどうか不安を感じるのです。昇給するたびに、仕事を十分にこなせるか心配します。リーダー的な役割を任せられると、大きな恐怖を抱えながら、役割を完璧にこなそうとします。この恐怖が高い水準をこなさなければいけないプレッシャーを与えます。また彼女は自分を信用せず、自分の失敗や欠点を強調するので、人をいつも騙しているように感じさえするのです。

若菜さんは【依存癖】の感情に対して、手助けを全く必要としないように振る舞います。どんなに不安を感じようとも、彼女は一人でそれに向き合います。こういった極端な傾向を反依存と言い【依存癖】を持つ証拠として考えられます。この傾向がある人は、他人の手助けを求めてもいい時ですら、他人からのアドバス、協力、指導を受けつけません。それらをしてしまうと、自分がとても弱くなってしまうからです。

> 若菜：もし誰かに頼ったら、依存してしまいそう。骨折した後、家で生活したけど、また両親に依存しちゃうんじゃないかってすごく怖かったです。

もし反依存の傾向があるようなら【依存癖】を持っているという感覚がなかったとしても、深いところでは依存的な人と同じように感じていることでしょう。問題なく日常を過ごしているかもしれませんが、しかし大きな不安を抱えていることでしょう。

【依存癖】の原因

両親が過保護であったり、また放任しすぎると、それが【依存癖】の一つの原因となります。過保護な親は、依存を強めるような行動をし、逆に自立するような行動をしないように促します。それによって子どもの自由が奪われ、また一人で物事をこなす機会を奪われます。極端な放任主義の親は、子どもの世話をしません。こういった親に育てられると、子どもはとても幼い時から周囲の子たちと比べて自立しているように見えますが、強い依存の欲求も抱えています。

子どもは親に完全に依存しながら育ちます。親が物理的な欲求、例えば食べものや着るもの、または暖かさを満たしてくれて初めて安心の基地ができます。この基地を中心に、子どもたちは世界へと乗り出していきます。つまり、本当の自立には二つのステップを乗り越える必要があるのです。

自立への二つのステップ

1　安心の基地を作り上げる。
2　この基盤の上で動き回り自立していく。

この二つの一つでも欠けていると【依存癖】を持つことになります。もし安心の基地がなかったとしたら、依存したい状態の時に安心して休める場所がありません。すると、自立的に動き回ることはできず、常に依存をしたいと感じます。「私は大人のように振る舞っている子どもだと思うんです」と若菜さんが言っていたように、自信も自立性も見せかけのようにしか感じられません。

安全な基地を提供すること以外に、親は子どもが自立の方向に歩むよう、徐々に促していかなければなりません。手助けは多すぎるのも少なすぎるのもいけません。ほとんどの親は適度な手助けを自然に与え、子どもは通常レベルの自立性を育みますが、極端な親が子どもに【依存癖】を植えつけるのです。親は子どもに世界を見出していくだけの自由と、必要な時の手助けを与え、子どもが一人で物事をこなしていく能力を信頼するのがベストでしょう。

【依存癖】は早い時期に作られます。過保護だったり逆に保護が不足する親は、子どもが産まれてから早い時期に、そうした関わりを始めます。たいていは子どもが歩き始めたころからです。子どもが学校に行き始める頃には【依存癖】は強固なものになっており、その後の人生はすでに作られた【依存癖】の繰り返しになります。

過保護が【依存癖】の原因の場合

【依存癖】を持つことになる一番の原因は、共子さんと将生さんのように、過保護な親に育てられることです。

過保護による【依存癖】の具体的な原因

1　親が過保護であり、子どもを実際の年齢より幼く扱う。
2　親が全ての決断をする。
3　親が子どもの人生に入り込んで、細かなところまでいろいろとやるので、子どもはそれらを自分でどうすれば良いのか学べない。
4　親が子どもの学校の宿題や課題をやる。
5　家事などの仕事を子どもにあまり与えない。
6　子どもは親から離れたことがあまりないので、親とは違う自分らしさを持っていない。
7　日常のことで親は子どもの意見ややり方を非難する。
8　子どもが何か新しいことを始めようとすると、親はいらぬ助言や指示を出して邪魔をする。
9　親が子どもを守っていたので、子どもは家を出るまで大きな失敗や人からの拒絶を体験したことがない。
10　親は心配性で、子どもに何か危険なことが起こるのではないかといつも忠告する。

過保護にはたいてい「入り込む」という面、そして「子どもが自分でやろうとしている努力を認めない」という面の、二つの面があります。

「入り込む」面は、子どもが自分で挑戦する間もなく、親がすぐにやってあげてしまうということです。親は、子どもにできるだけ楽に苦痛がないように、良かれと思ってそうするのかもしれません。しかし親が全てやってあげると、子どもは自分一人ですることを学ぶ機会を失います。失敗と挑戦を繰り返しながら私たちは物事を学んでいくのですが、逆に言うと、この試行錯誤がないと学べることは多くありません。学べることと言えば、親が身近にいないと生きていけない、ということです。

将生さんの子ども時代は典型的な過保護の例です。彼の父親は子どもに干渉しすぎだったようです。

将生：お父さんにとって、僕が学校で良い成績をとることが大事だったようです。宿題ができずに悩んでいると、お父さんが僕のためにやってくれていました。レポートを書いたり、理科の研究課題をしてくれたり。学校の宿題を自分一人でやった記憶はないです。お父さんがいつも代わりにやってくれたり手伝ってくれたりしてくれましたから。

父親が協力的であったにも関わらず、中学校に入るころには将生さんは平均的な成績の生徒になっていました。家での宿題は良くできていたのですが、テスト恐怖症のため学校でのテストで良い点をとれなかったようです。テストは唯一彼が一人でやらなければいけないことだったからでしょう。テストの前日にはお父さんが遅くまで勉強を指導し、そして将生さんは頭の良い子でしたが、不安のためでしょう、テストでは良い点をとれませんでした。彼の成績はだんだんと下がってきて、自分は父親なしにはできないダメな生徒だと思い始めるようになりました。

将生：僕は怠け者だと思っていましたよ。お父さんにあんなにたくさん宿題を手伝ってもらってたし。

学校の宿題以外にも、友だち関係、スポーツ、趣味、そして日々の生活など、将生さんの父親は、彼の人生のあらゆる面で干渉していました。父親は将生さんの代わりに決断をし、またいろいろ教えてあげたり方向性を示したので、将生さんが自分自身でこなせる能力は育ちませんでした。

過保護であることのもう一つの面「子どもが自分でやろうとしている努力を認めない」は、親が子どもの判断に対して批判的で、子どもの判断をけなすような面です。

将生：お父さんがよく言っていたのが「お父さんの言うことを聞いてればいいんだ」とか「言っただろ?」とか。だから今でもお父さんの意見を聞かないと、何もうまくできないと思います。

父親に歴史のレポートを自分だけで書いてみたいと言った時のことを将生さんはよく覚えており話してくれました。その旨伝えると、父親は怒ったように突然椅子を机から引き離し「いいだろう。その代りできないからといってお父さんに泣きつくなよ」と言ったそうです。これは将生さんにとって心が痛むことで、このこともあり、特に権威者からの批判や批判のサインにとても敏感に感じるようになりました。

依存を促す親は、一般的にはもっと柔らかな形で依存を促します。例えば共子さんの母親は、彼女をめったに批判することはありませんでした。逆に、母親は支持的で愛情を持って接していました。しかし、母親自身が心配性であり、共子さんがそばから離れるといつでも不安を感じていたようでした。共子さんは母親の不安を感じとり、自分も不安になり、母親のように世界を恐れるようになりました。

依存的な相談者の多くが、人生には危険がたくさんあると感じますが、それは親が危険なことに対してとても敏感だったからです。娘に【依存癖】を植えつけただけでなく、母親は自分の【心配癖】をも共子さんに受け渡していたようです。「寒すぎるから外に出ない方がいいよ。風邪引いちゃうから」「暗いから外に出ない方がいいよ、危ないから」。そう母親はよく言っていたそうです。

共子さんの母親の例でわかるように、依存を促す親は、愛情が足りないということはたいていありません。依存を促す親の問題は愛情不足ではなく、たいていは心配性で、神経質で、不安を感じやすく、また広場恐怖症であることです。依存を促す親は、見捨てられる不安から、子どもを身近に置き、子どもの自立性を犠牲にして自分を守ろうとしているのです。この種の親は自分自身が安心していられないので子どもに安心感を与えることができず、また自立するために子どもが必要な援助や自由を与えません。

過保護が原因となって【依存癖】を持っている場合、他の［性格の癖］とは違う点があります。それは、過去に痛みを伴う記憶がなく、彼らのイメージは安全で安心できる家庭環境のことが多いのです。過保護に育てられた子は、社会に出て逆境や拒絶、または孤独に直面するまでは何も問題がないのです。

特に【心配癖】が伴う場合は、過去の記憶が出てこない場合もあります。

共子：昔、海岸がある町に行って泳いだことがあるんです。海に潜って泳いでいたら突然怯えた顔でお母さんが来て「そこは深いから戻ってきて」って。楽しかったからもっと泳ぎたかったけど、お母さんが「深すぎる」とか「溺れる」とか言うから、なんだか怖くなってきて戻りました。その後暗い気持ちになったのを覚えてます。

この記憶は、共子さんが子ども心にどう感じていたかを物語っています。母親が娘を守ろうとすることに、共子さんはいつも縛られていました。「自分だけでやりたいと思うことは何度もありました。けど、お母さんが許してくれなくて。だから諦めて落ち込んで」。

過保護に育てられた相談者にイメージをしてもらうと、大人の社会の中にいる小さな子どものイメージがよく現れます。共子さんは「成長した大きな人たちに囲まれた小さな自分」をイメージしました。将生さんは「小さな椅子に座っている子どもで、お父さんがその周りをうろうろしている」イメージを浮かべました。

過保護に育てられた相談者のイメージには、受け身的なテーマが含まれることが多くあります。将生さんのイメージは、小さな子どもが父親の言うことをノートに書きとっているというものです。また新しいことに挑戦する不安もイメージに現れがちです。何か新しいことを始めようとするたびに依存心や自分のふがいなさを感じさせるこの種のイメージはもっと痛みを伴います。

よくあることですが【依存癖】と【子分癖】（第12話）は組み合わされます。【子分癖】を持つことが依存を助長するのです。将生さんの父親は子どもを従わせたように、過保護な親はとても支配的でもあります。

将生：会計士なんかにならなければ良かったなぁって思うこともあります。お父さんがなってもらいたかっただけで、僕はそうは思わなかった。お父さんが自分のようになってもらいたかっただけなんです。

将生さんの父親は、自分のイメージを息子に押しつけました。将生さんの意志は重要だと思わなかったので、将生さんはだんだんと自分を失っていきました。これを「自分の中に空虚な穴がある」と将生さんは説明してくれたことがあります。自分を持っていなかったとしたら、誰か自分をしっかり持っている他人に依存するより他にありません。

わかりにくいかもしれませんが、過保護な親と子の関係では、子どもと過保護な親や家族が結びつきすぎて一つの存在であるかのように思えることがよくあります。将生さんと共子さんは二人とも家族との結びつきが強すぎたのですが、将生さんの例は劇的です。将生さんは、一人ではやっていけないと信じ切っていて、たとえ短時間であっても家族と離れることができません。成長して家を出ると言うことができず、家族と自分が強く絡み合っているのです。

特に二〇代が多いのですが、家から出るべきなのに出られないでいる依存的な人はたくさんいます。その人たちは、父親や母親との結びつきが強すぎていて依存しているのです。友だちはみな独り立ちしているのに、一人だけ親元を離れられず、親は依存を促しがちです。親は年齢的に大人である子に、何かにつけアドバイスをし、子の決断に口を挟み、また子の判断をけなすのです。

保護不足が【依存癖】の原因の場合

保護不足は【依存癖】のもう一つの原因ですが、この場合は特に反依存の原因となります。保護不足となる親は自分の問題に悩んでいたり、また単純に子どもへの関心が薄いので、親らしくなく子どもに必要な教育や保護ができません。こういった親のもとで育った相談者は【依存癖】の他に【愛が足りない癖】（第６話）も持っていることが多いようです。小さな時から守られている感覚がなく、常に身構えているので、依存を常に求めてしまいます。

放任による【依存癖】の具体的な原因

1　親が子どもに日常生活の中の説明や指示を十分与えない。
2　子どもは年齢に合わない難しい決断を一人でしないといけない。
3　内面は子どものように感じるが、家族の中で大人のように振る舞わなければいけない。
4　子どもは年齢には見合わない難しいことをしたり知っていたりすることを期待される。

若菜さんは自分の【依存癖】の原因について次のように話していました。

若菜：お母さんはお酒と精神科の薬に依存していて。だからお母さん自身が自分のことできなくて、私は放っておかれてました。お父さんは自分の友だちとか行きつけの飲み屋があって、いつもいないし。

若菜さんには、日常の中の説明や指示を与えてくれる人がいませんでした。母親は不安でいることが多くて自信がなく、依存的な人だったので、自分自身の子どもを自分の親代わりにしてしまいました。親の役割を課せられた若菜さんは、自分のことだけでなく母親の世話もしました。子どもにはまだ早いような決断もしました。でも内面は怖くて普通の子どものように誰かに頼りたいと感じていました。

若菜：いつも自分の足が届かないところを泳いでいるような感じ。私が決めることは良い決断だとは思えなくて、誰かに聞ければいいなといつも思ってた。

このような子どもは、責任の重みから解放してくれる誰か頼れる人がいてくれたら、と強く感じます。自分の決断に疑問を持ち、自分の能力に不安を感じ、けれども決断をし続けるしか選択の余地を持ちません。しかし、特に重荷を抱えて慢性的な不安、プレッシャー、または疲れを感じると、頼れる人を望む気持ちに気づけないこともあります。

【依存癖】と親しい関係

【依存癖】を持つ人は、親、兄弟、姉妹、友だち、恋人、夫（妻）、指導者、上司、カウンセラーや医師等に依存をします。子どもにさえも依存することもあり、自分の子どもに親の役割をさせるかもしれません。共子さんは五歳の娘に親の役割を求めています。

共子：変に聞こえると思うけど、娘は私を守ってくれるように感じます。一人じゃできないことも、娘となら一緒にできて。例えば、スーパーに行くとか。何か起きた時に娘は何もできないけど、ただ娘といると安心できるんです。

共子さんがカウンセリングを始めようと思ったきっかけの一つが、娘さんの幼稚園が始まるということだったのです。

恋愛初期の危険なサイン

【依存癖】は恋愛にとても関連があり、癖を強めるような相手を求めさせます。そうすることで、子どもの頃の環境が再現されるのです。次の表に、この癖を働かせてしまう相手の特徴をまとめました。

危険な恋愛相手の特徴
1　相手は強くて守ってくれそうで、父親／母親のように感じられる。
2　相手は自分の世話をするのを楽しんでいるようで子ども扱いする。

3　相手の判断を信頼し、自分の代わりに多くの決断をしてもらう。
4　相手の前では自分という感覚がなくなるような気がする。また相手がいないと人生が止まってしまったようにも感じる。
5　相手はほとんど全て支払いをしてくれ、金銭面の管理をしてくれる。
6　相手は自分の意見、趣味、または日常生活をこなす力を批判する。
7　何か新しいことを始める時、相手が専門知識を持っていなかったとしても必ず意見を求める。
8　相手は自分の代わりにほぼ全てのことをしてくれ、自分は何もしなくていい。
9　相手は何かを怖がったり不安になることは絶対にない、また弱みがないように思える。

もし恋愛（結婚）関係が上記のリストのようならば、子ども時代の依存状態がまだ続いていると考えられます。リストの特徴は恋愛相手（配偶者）との関係の特徴ですが、自分の親との関係の特徴であることに気を留めましょう。この依存状態は心地良いかもしれませんが、その代償として自分の意思や自由、そしてプライドを犠牲にしています。あなた自身を犠牲にしていることを考え直してみましょう。

【依存癖】に《従う》こと

自分の自立性を尊重してくれる恋愛相手を見つけたとしても、落とし穴はあります。それは、自分が健康的な関係をゆがめ、相手を依存関係に陥れてしまうということです。

実際、恋愛のみではなく、全ての人間関係を依存関係になるように仕向けています。程度の差はあれ、恋愛相手だけではなく友だちにも依存しているでしょう。

カウンセラー：スーパーで起きたことを話してくれますか？
共子：まず最初に、何か起きた時に助けてもらえそうな人を探しました。私の前にいた女性が気の良さそうな人に見えて。何かひどいことが起きたら、私を助けてくれるって思いました。
カウンセラー：たいていそういったことをするんですか？
共子：そうです。助けてくれそうな人をまず見つけます。

カウンセラー：実際に助けてもらったことはあるのですか？
共子：一度もないけど、いつ悪いことが起きるかわからないじゃないですか。

【依存癖】は仕事に対する態度にも影響を与え、責任を負うことを回避させ、率先して仕事に臨む態度を奪います。次の表に、恋愛と仕事においてどう【依存癖】が維持されるかをまとめました。

【依存癖】の維持のされ方

1 常に賢い人や力のある人にアドバイスや指示を求める。
2 自分の成功を軽視し、欠点を強調して考える。
3 自分で新しいことに挑戦しない。
4 自分で決めない。
5 自分で金銭管理をしない。
6 親や恋人（配偶者）のおかげで生きていられる。
7 同年代の人たちより明らかに親に依存している。
8 一人になったり一人で旅行したりするのを避ける。
9 向き合えない不安や恐怖症を持っている。
10 日常的な生活をしていく方法に関してはあまり知識や経験を持ち合わせていない。
11 長い間一人で生活したことがない。

若菜さんのように反依存であるなら、これとは違った形で【依存癖】を維持します。

反依存のサイン

1 誰にもアドバイスや指示を仰げない気がする。何もかも自分でやらなければならない。

2　新しいことに常に挑戦し恐怖に向き合うが、その間は大きなプレッシャーを感じ続ける。
3　恋愛相手（配偶者）は依存的であり、相手のために全てやり決断をしてあげている。

反依存の傾向がある人は、健康的な依存を無視します。若菜さんのイメージワークでは、彼女が健康的な依存をどれほど望んでいるかがうかがえます。

カウンセラー：どんなイメージが見えますか？
若菜：子どもの自分です。お母さんがソファーに座ってる。お母さんのところまで歩み寄って、ソファーに座って、お母さんに膝枕してもらえたらいいのに、そう感じます。

ここからが本番です。自分の性格を変えるために、具体的に【依存癖】を弱める方法を理解して、取り組んでいきましょう。

【依存癖】を変えるステップ

【依存癖】を弱めていく手順を紹介します。

【依存癖】を変えるステップ

1　子どもの頃の依存を理解する・心の中にいる能力不足だったり依存的な子どもを感じる。
2　人に頼っている日常生活の状況、すべきこと、また本来自分の責任であることをリスト化する。
3　恐れているので避けている挑戦すべきこと、変化、または恐怖症をリスト化する。
4　あらかじめ決めた形で日常を過ごし決断を人に頼らず頑張る・避けている挑戦や変化に取り組む・初めに簡単なことから取り組む。

5 自分一人ですべきことをこなしたら、自分を褒める・失敗してもあきらめずうまくこなせるようになるまで頑張る。
6 過去の恋愛関係を振り返り、依存のパターンを知る・今後避けるべき［性格の癖］の落とし穴のリストを作る。
7 頼れて過保護であることが理由で強く惹かれる恋愛相手を避ける。
8 自分を大人として扱ってくれる相手が見つかったら、関係がうまくいくように、自分の責任を果たし決断を自分でするよう心掛ける。
9 恋愛相手（配偶者）や上司が十分な手助けをしてくれなくても責めない・助言や確認を繰り返しその人（たち）に求めない。
10 仕事で徐々に新しい挑戦をしたり責任を持つようにする。
11 もし反依存なら、自分が人からの指示を必要とすることを認める・不安の大きさで推し量り、手に負えないほど新しい挑戦に取り組まない。

1・子どもの頃の依存を理解する・心の中にいる能力不足だったり依存的な子どもを感じる

まずどうしてこうなってしまったのかを理解する必要があります。誰が依存を促したのか、母親が一人で物事をさせるのを恐れていたのか、父親が子どもの決めたことにケチをつけていたのか、または末っ子であったので家族全員から赤ん坊扱いされていたのか。自分の過去に何が起きたのかを理解するのが最初のステップです。

イメージを通じて過去を探りましょう。まずは今の生活で【依存癖】が働く時の気持ちを手がかりとするのが良いでしょう。静かな場所でイメージに浸り、その気持ちを呼び寄せましょう。

共子：パニックを克服する練習で、主人とモールに行きました。頑張って一人でモールを歩き回ろうと思っていたんです。ちょうどベンチに座っていた時だったので、そこで待ってくれるよう主人に頼んで、ドラッグストアまで行って戻ってきたんです。そしたらいなくて、すぐにパニックになって。走り回って彼を探し始めたんですけど、やっと見つけた時、私を見て笑ってました。隠れて様子をずっとみて笑っていたみたいなんです。冗談のつもりだったと言ってますが「あいつなんて死ねばいいのに」って思いました。

カウンセラー：では目を閉じて、その時の様子を頭に浮かべてください。

共子：はい。主人が隠れて私を見て笑っているのが見えます。

カウンセラー：どう感じますか？
共子：憎たらしい、けど見つかって安心もしています。
カウンセラー：そしたら、子どもの頃に同じように感じた時のことを浮かべてみてください。
共子：はい。家のドアの前に立っている。お父さんとお母さんが夜に外出するところで、私は手伝いに来てた叔母さんとお留守番だったと思います。出ていくのを見ていて、行かないでって泣いてる。叔母さんは私を家に入れようとして。私はお父さんとお母さんが家から出ていくのを見ていて。お母さんが振り返って、とても心配そうな顔で私を見ています。

このイメージは【依存癖】と【あなたなしにはいられない癖】（第４話参照）が一緒に働いている様子を示しています。夢もイメージを浮かべるのに良いきっかけとなります。将生さんは【依存癖】に関係する夢を見たと話してくれたことがあります。付き合っている女性と別れるのがとても怖いという話をしていた時に、この夢を思い出して話してくれました。

将生：両側にお父さんとお母さんが僕の手を握ってくれて、一緒に階段を上っています。僕は子どもでした。でも突然、お父さんとお母さんが手を放し、先に行ってしまいました。そして階段が急にどんどん急になり、階段を一人では上がれなくなってしまって……。

イメージをする時、子どもの頃に感じた気持ちを思い出すように心がけてください。その時の恐れを感じた子どもはまだ心の中にいます。その子をなだめ、励まし、一人で物事をこなせるよう手助けをしましょう。その子は、大人になった自分からの手助けが必要なのです。

２・人に頼っている日常生活の状況、すべきこと、また本来自分の責任であることをリスト化する

自分の【依存癖】を客観視できるよう、依存の範囲を明確にしましょう。例として将生さんが生活面で父親に依存していることを紹介します。

父親に依存していること

1 住まい。
2 仕事。
3 車の修理。
4 食事。
5 資金の提供。
6 休みの日の計画。
7 長期休暇の計画。

このリストの項目を自分で出来るよう取り組みましょう。

3・恐れているので避けている挑戦すべきこと、変化、または恐怖症をリスト化する

避けていることをリスト化します。乗り越えるのが比較的簡単なものもあるし難しいものもあるでしょう。共子さんのリストを紹介します。

私が避けていること

1 夫に自己主張をする。
2 地下鉄に乗る。
3 一人で買い物に行く。
4 家に一人でいる。
5 車で高速道路を走る。
6 夫と映画に行く。
7 夫と飲みに行く。

8　女友だちとランチする。
9　離婚に関して弁護士に相談する。
10　夫を夫婦カウンセリングに連れて行く。

仕事もプライベートも、生活のあらゆる面の事柄を含めましょう。例えば、カウンセリング内で指摘した点ですが、将生さんは仕事上で少しでも疑問を持つと、父親に相談しに行くパターンがありました（彼の父親は会計事務所の代表で将生さんの上司でした）。将生さんは不安に耐え、自分で問題を解決していけるようになる必要がありました。一年間のカウンセリングの末、彼は父親の事務所を辞め、別のところで働き始めたのです。

4・あらかじめ決めた形で日常を過ごし決断を人に頼らず頑張る・避けている挑戦や変化に取り組む・初めに簡単なことから取り組む

ステップ2と3で作り上げた二つのリストを使い、それぞれがどの程度難しいか点数をつけていきます。点数をつける際は次の尺度を参考にしましょう。

難しさの点数	
0	とても簡単
2	やや難しい
4	まあまあ難しい
6	とても難しい
8	ほとんど不可能に思えるほど難しい

例として共子さんの点数を紹介します。

私が避けていること	難しさの度合い
1 夫に自己主張をする	6
2 地下鉄に乗る	5
3 一人で買い物に行く	3
4 家に一人でいる	6
5 車で高速道路を走る	4
6 夫と映画に行く	5
7 夫と飲みに行く	7
8 女友だちとランチする	3
9 離婚に関して弁護士に相談する	7
10 夫を夫婦カウンセリングに連れて行く	8

リストの中に比較的簡単な項目も含まれるようにし、簡単なものから取り組みましょう。また比較的簡単に思えるものでも、実際に始める前に十分に計画を立てましょう。

共子さんが最初に選んだのは、一人で買い物に行くことでした。実際に行う前に、カウンセリングで考えられるいろいろな状況についてどうするかを話し合いました。パニックが起きたらという想定で呼吸法を練習したり、最悪のケースを考えてしまってどうしようもなくなったとしたらという想定でそれらの考えに気がついて正すことを練習し、また逃げ出したくなったという想定で、逃げ出さずに状況に対処できると自分を励ますことを練習しました。想定できる可能性全てにおいて計画を立てることが大事です。

もし必要なら難しさのハードルを上げる前に、同じ難易度の項目をつけ足していくつか取り組むことも役立ちます。共子さんは難しさ3点の項目を三つ（混んでないデパートに一人で行く・運動をする・家計簿の計算を合わせる）付け加えてこなしてから4点のものに取り組みました。このように順序立てて、一つを十分こなしてから次の段階へ行くことがとても役に立つことです。

5・自分一人ですべきことをこなしたら、自分を褒める・失敗してもあきらめずうまくこなせるようになるまで頑張る

自分が達成した、と思えるようになることが大切です。【依存癖】を持つ人は、これらのことをできて当然だと思うので、自分を褒めことを忘れているかもしれません。スーパーに一人で行けた後の共子さんの感想を紹介しましょう。

共子：でも、あまり「やった」っていう感じないです。だってみんなスーパーには普通に行けますよね。当たり前のことをしただけじゃないですか？

カウンセラー：そう感じるんですね。例えばパニック障害の方はスーパーに行くことはとても大変なことのように、その人にとって難しいことをしたかどうかが大事なんですよ。

できたこと、できなかったことを冷静に見直しましょう。良くなっている面を認め、失敗からは学べるようにしましょう。ただ、もし批判的な両親の元に育ったようでしたら、自分に批判的になるかもしれません。自分を軽蔑し始めていることに気がついたらそれを止めましょう。そして切り替え、自分を支えるよう努力してみましょう。これが前に進み自信をつける方法です。

6・過去の恋愛関係を振り返り、依存のパターンを知る・今後避けるべき［性格の癖］の落とし穴のリストを作る

自分の人生の中でとても大切だった人、例えば家族、友だち、恋人、先生、上司、同僚などのリストを作ります。そして順にそれらの関係で依存がなかったか振り返ってみましょう。相手の、または自分の何が依存を促していたのか、【依存癖】が働くとどうなるのかを思い出してみましょう。共子さんの例を紹介します。

【依存癖】が働くと……

1　大人ではなく子どものように振る舞う。
2　どう扱われようが、相手と別れようとしない。
3　相手にしがみつく。
4　私の生き方を指示してくれ世話をしてくれるような人を選んでいる。
5　今までの生き方を捨てて、相手と一緒にいるよう、その人の人生を生きる。

6　自分自身の決断をしない。
7　自分のお金を稼がない。
8　自分で成し遂げられるかどうか試していない。

このリストは、相手との関係が悪くなった時の典型です。自分の中に【依存癖】が働くのに気がつき、それらを直していきましょう。

共子さんはカウンセラーとの関係で一つ一つを直していきました。カウンセラーの援助で、カウンセリング内では自己主張をできるようになりました。カウンセラーとの関係でできるようになったことが彼女を癒し、夫にも自己主張できるようになりました。「彼がいなくても大丈夫で気分がいいです」と言うように、共子さんは相手との関係で能動的にふるまうことに自分の力を感じ、それに喜びを感じました。

7・頼れて過保護であることが理由で強く惹かれる恋愛相手を避ける

すごく惹かれる相手を避けるというのは意味がわからないかもしれません。でも思い出してもらいたいのが、一番魅力的に見える人が一番［性格の癖］を働かせる人だということです。【依存癖】を持っていると、ほとんどの場合依存させてくれ守ってくれる人に一番惹かれます。

共子さんと夫の間にはとても強い恋愛感情がありました。夫は共子さんの［性格の癖］を働かせるのにベストマッチだったのです。カウンセリングを通じて、共子さんは自己主張を学び、夫に頼らず一人で物事をこなすことを覚えたので、彼を失うことを恐れなくなりました。

共子：主人が変わらなかったら、もう一緒にいる理由はないです。もう我慢をしないの。ひどい扱いを受け続けるより、一人でいたほうがよっぽど良いから。

共子さんが離れていくかもしれないとわかると、夫はカウンセリングを受ける決意をしました。自己愛的な人に典型的なように、見捨てられるかもしれないという恐怖が彼を駆り立てたのでした。現在、夫と共子さんはお互いが満足できる新しい関係を築けるよう取り組んでいます。夫婦としてはまだうまくいっていないところが多いですが、共子さんはそれであっても慣れ親しんだ依存の関係を捨てたのでした。

８・自分を大人として扱ってくれる相手が見つかったら、関係がうまくいくように、自分の責任を果たし決断を自分でするよう心がける

自立を促す相手にはあまり惹かれないかもしれませんし、あったとしてもトキメキも次第に薄れていくでしょう。例えば将生さんは付き合っていた女性がいましたが、彼女にはあまり惹かれませんでした。それは彼女が将生さんの依存をさせなかったからです。そういった関係が【依存癖】を克服するために必要な関係なので、トキメキが少ない、薄れていったからといってすぐに別れるのは止めましょう。

はじめはその彼女に魅力を感じていたようでしたが、次第に依存し、自分は子どもで彼女に親代わりになってもらおうとしました。けれど彼女は大人であり仲間のような存在を将生さんに求めていました。当然将生さんの依存は嫌がられました。そのように時間が過ぎていくと、将生さんの彼女に対する熱は冷め、カウンセリングでは「今は他の女性の方が気になる」と話し始めました。カウンセリングでの励ましもあり、将生さんは彼女との関係を続けました。彼は自分のことは自分でし始めました。親元から離れ一人暮らしをし、別の会社で働き始め、お金の管理、自活、また時間管理などを行い始め、これらを無理なくこなせるようになると、依存をしていた彼女に魅力を感じるようになってきました。失っていたトキメキが戻ってきたのです。

９・恋愛相手（配偶者）や上司が十分な手助けをしてくれなくても責めない・助言や確認を繰り返しその人（たち）に求めない

これは自己中心的に振る舞う傾向にある【依存癖】を持つ方へのアドバイスですが、誰も好んで「世話をさせてください」とお願いする人はいません。社会では自分のことは自分ですることが期待されています。この種の人たちは、例えば仕事で何か問題にぶちあたると、すぐに助けを求めたい衝動にかられ、もしかしたら自分で取り組んでみようとも思わないかもしれません。まず初めに自分で最大限の努力をし、それから人に助けを求めましょう。

将生：会社の口座を管理するパソコンのシステムを学んでいた時ですが、わからないことがあったらいつもお父さんに相談しに行っていました。お父さんは怒っていたけど、でも教えてくれはしたんですね。だから僕は一回もマニュアルを使ってないんです。
でも自分で頑張ろうと思ってからは、マニュアルを理解しようと努力しました。意外にできるってわかりました。それからはお父さんに相談しに行かなくなりましたが、どうしてもわからないところは相談しましたね。でも面白いことですが、お父さんもちゃんとわかっていないんですね、そういうことに限って。

自分一人で物事をこなそうとする時、自分のしようとしていることが正しいのかどうか確かめたい衝動にかられることでしょう。それは一人でこなそうとする時の精神安定剤のようなものです。この薬は減薬し、断薬した方が良いものです。不安は過ぎ去りますので、すぐに反応しないで少し耐えてみましょう。「いずれ一人で物事をこなしても不安はそこまで襲ってこないだろう」と自分に言い聞かせながらです。

10・仕事で徐々に新しい挑戦をしたり責任を持つようにする

一気にたくさんやりすぎるのではなく、成長への計画を立てて失敗しないように心がけましょう。

将生さんが恐怖を克服した時に使った方法が役立つでしょう。まず避けている仕事上の責任をリスト化します。自分一人でするものも、他人とするものも、簡単なものも、難しいものも含めます。そして、それぞれをイメージして0から8までの数字（0がとても簡単・8がほとんど不可能に思えるほど難しい）をつけ、一番数字の低いものから始めます。同じレベルのものをいくつかつけ加えて繰り返し、十分できるようになってからリストの次の項目へ進みましょう。

もし一番低い数字のものも難しすぎてできないようなら、もう少し簡単なものをつけ加えましょう。カウンセリングを通じてわかっていることですが、とても依存的な方でもできると感じる簡単なものを思いつくことができます。

11・もし反依存なら、自分が人からの指示を必要とすることを認める・不安の大きさで推し量り、手に負えないほど新しい挑戦に取り組まない

心理学では「関係性が癒しをもたらす」という表現がよく言われます。若菜さんの場合にこれが当てはまると思えるのは、カウンセリングの初期では彼女を受け入れることに専念し、その結果若菜さんは自分の弱い部分をさらけ出し始めたからです。弱く不確かで、傷つき負荷を課せられた子どもの部分をさらけ出し、初めはとても不安を感じていたようですが、カウンセラーを信用できるとわかると、依存をする抵抗を取り払いました。カウンセリングでは、彼女の健康的な、または依存的な部分を育み、サポートしました。やがて若菜さんはイメージワークを通じて、自分でそれらの部分を育てることを学びました。

カウンセラー：どんなイメージが見えますか？
若菜：八歳くらい。子どもの私が見えます。部屋にいて、お母さんは半分酔っぱらって昼ドラを見ながらソファーに横になってます。私は服にアイロンがけをしようとしてるけど、疲れ切っていて。学校で服にしわが入っていることを馬鹿にされて。
カウンセラー：では大人の若菜さんをそのイメージの中に入れて、その疲れ切った若菜ちゃんを手助けしてくれませんか？
若菜：難しい。何て言ってあげれば良いのかわからないから。「ほら、アイロンはこうやるんだよ。難しくないから。自分でやらなきゃいけないのは大変だよね。本当に。だから大変な時は、いつも私がそばにいるから」なんて言うので良いんですか。

若菜さんは次第に他人の手助けを求められるようになりました。彼女のように、人に手助けを求められるようになったら、その相手が信頼に値するかどうかを確かめましょう。確かめる前に、恋人を選んだり深く関わる人を選んだりするのは止めましょう。若菜さんの場合は、今まで弱く脆い男性たち（たいていがお酒の問題がある人たち）に惹かれていたので、関係を持つ男性の種類を変える必要がありました。このように【依存癖】から抜け出すためには、恋愛での大きな変化が必要となる場合も少なくありません。

【依存癖】を弱めていく別の考え方として、仕事で、家で、地域で、友だち関係で人から物事を引き受ける量を制限することがあります。自分が感じる不安を秤として、不安が普段より高くなった時はやりすぎなので、いくつか責任を手放す必要があります。例えば若菜さんは友だちや同僚に対して不安を過度に感じていたのですが、それはその人たちに手助けやアドバイスをしようとするなど、関わりすぎているサインでした。これに気がついた彼女は、少し身を引き、自分の生活に焦点を当てることにしました。

若菜さんはカウンセリングから得たものを次のように話しています。

若菜：結局、人生のバランスを取ることが大事だったんですよね。バランスよく他人を手助けすれば、他人からの手助けも受け入れられる。前はそんな考えなかったです。前は、一人でもがいていた感じだけど、今はもっと落ち着いています。

最後に……

【依存癖】を乗り越える過程は、いわば子どもから大人への成長の旅で、恐怖と回避を一人で物事をやれるという自信と交換するようなものです。それは、他人に世話をさせるのをやめ、自分自身で自分を扱うことを学ぶことで、物事をうまくこなしていける力を信じることを学ぶことなのです。

［性格の癖］を弱めるためには努力が必要です。第8話で紹介した方法を自分の生活に取り入れて諦めず自分自身に向き合ってみてください。

一人で無理だと思ったら専門家に相談し、今までと違う自分を目指しましょう。

注

＊1　（たいてい）パニック発作が起きるのではないかという思いで、特定の場所（や全般的な場所）を過度に恐れることが続く状態。

第9話「最悪のことが起こりそう」【心配癖】

家の外は危険だから家にいるのが一番よ!

ああなんか心臓気になる…あれが起きたらどうしよう…

【心配癖】紹介編

相談者No.1

龍（三一歳）
パニック発作に苦しむ男性

龍さんはカウンセリング初回、終始落ち着きがなく、じっと座っていられませんでした。

龍：ここに来るように言われて来ました。いくつか病院に行ったんですけど、どの先生も何がおかしいのかがわからなかったみたいで、不安なら精神科行きなさいって。

カウンセラー：龍さんはどう思うのですか？

龍：やっぱり体のどこかがおかしいんじゃないかって思ってます。診てくれた先生たちには悪い気もするけど、ただ見つけられなかっただけじゃないかって……。いつも急にこの嫌な感覚が……。もう死ぬ……って感じで。めまいとふらつき、それと息が吸えないような感じです。心臓がバクバクして。現実じゃないような感じもあって。

カウンセラー：それが襲ってくることに対してはどう思います？　つまり、何が起きているのでしょうか？

龍：神経が弱ってるんじゃないかって。その場で発狂するみたいな。それが起って救急外来に駆け込んで。そんなのが続きました。心臓発作か脳の動脈瘤とか起きているんだと思うんです。本当に死ぬって感じなんです。

カウンセラー：今はそうは思わない？

龍：そう思う時もありますが、時々頭に変な圧力がかかることがあるんです。それは動脈瘤じゃないかとも思います。でも大丈夫、死にはしない、ということはいい加減わかったんですけど。でも今はおかしくなるって不安はあります。

カウンセラー：おかしくなるというのは、どういう意味ですか？

龍：突然叫びだしたり、わっとなったり、声が聞こえたり、そういうのが止まらなくなったり。

龍さんに、実際そうなったことがあるか聞くと、当然それは起きておらず、彼はそれらが起きてしまうのではないかと心配をしているのでした。

相談者 No.2

美羽（四二歳）
結婚生活に問題が起きることを怖がる女性

美羽さんは恐怖症に苦しむため、夫と一緒にカウンセリングに訪れました。

夫：美羽は何もしようとしない。エレベーターに乗れないし、水にも入れない、それに飛行機にも乗れないから旅行にも行けない……週末の夜に繁華街に出るのも危険すぎると言って出られない。そもそも、貯金しないといけないというので、金を使えないいんですよね。牢屋の中で暮らしているようで、変になりそうです。

生活に制限が出ていることは美羽さん自身も認めていますが、彼の好みを強要されることに対して怒りを感じているようです。

美羽：家の周りで過ごすほうが私は好きなの。夫がしたいこと、私の好みじゃなくて。飛行機で帰ることを気にしていたり、エレベーターで上っていくことを心配している旅行とか、強盗に合わないか心配しながら夜の街に出るなんてどうなの？　それなら行かないほうがよっぽどましよ。

美羽さんの恐怖は増すばかりで、それが結婚生活のぶつかり合いの元になっていたようでした。

第９話で心配になりすぎる「性格の癖」について、この二人の例を交えながら紹介していきます。まずは【心配癖】を理解し、そしてそれを変える方法を紹介していきます。

【心配癖】理解編

【心配癖】の全体像

【心配癖】の人が主に感じるのは、何かひどいことが起こりそうで、それを乗り切る準備ができていないという不安です。【心配癖】を持つと、危険のリスクを誇張し、困難を乗り切る自分の力を軽視します。

・四つの【心配癖】

【心配癖】には四つの種類があり、それによって怖がる対象が違います。また一つ以上の対象を怖がることもあります。

四つの心配癖

1 健康と病気。
2 危険。
3 貧困。
4 自己コントロール感。

・健康と病気

もし健康と病気に関する【心配癖】を持っているとしたら、自分を病気だと思い込み、健康のことが心配で仕方がないのかもしれません。医師が何と言おうと関係なくエイズやがん、多発性硬化症、または他の重篤な病気だと疑わずにはいられないのかもしれません。

パニック発作を起こす多くの人が、このタイプです。体に敏感で、体が悪くないかを頻繁にチェックし、自然に起こる体の感覚だとしてもおかしいと感じると、それが発作の引き金にもなるのです。暑さ寒さ、運動、怒り、興奮、カフェイン、アルコール、薬、セックス、高所、揺れなどはパニック発作の引き金となることがあるようです。

龍：電車の中にいて、雑誌をただ読んでいただけだったんですが、突然ひどい発作が起きてきて……。
カウンセラー：何を読んでいたんですか？
龍：よく覚えていません。
カウンセラー：発作が起こり始めた時、何を考えていましたか？
龍：雑誌を持っている時に手が震えていて。だからパーキンソン病のことが頭をよぎっていました。「パーキンソン病だったらどうしよう？」そう考えてたと思います。

パニック発作を起こす人は、「もし○○だったらどうしよう？」という表現をよく使います。健康と病気に関して【心配癖】を持つ人は、病気になってしまう可能性がある身近なこと全てに過敏です。そのことについて調べ上げ、病院に頻繁に駆けつけたり、またそのことをタブー視し、何か悪いところが見つかってしまうのではと考え完全に病院を避けたりします。いずれにしても病気の考えにとりつかれているのです。

過敏なので、パニック発作を引き起こすかもしれない行動を全部避けているかもしれません。龍さんはセックスを含む運動を全て避けていました。運動をした時の感覚がパニック発作に似ているので不安を強く感じ、趣味のテニスも止めました。こうして龍さんは【心配癖】から逃れることで［性格の癖］にはまりこんでしまったのでした。

また実際に体に特別な執着がある場合、この癖を持つこともあるでしょう。子どもの頃に病弱だったとか、両親が病気がちだったとかです。いずれにしても今の恐怖が強すぎて現実離れしている場合、【心配癖】を持っていると考えられるでしょう。

・**危　険**

危険に関して【心配癖】を持つ人は、自分と自分の大切な人たちの危険を大げさに心配します。世界はどこを向いても危険を孕んでいると感じるのでしょう。

夫：美羽は夜に新聞の犯罪記事を全部読む変な癖があって、車庫から道路までの道でさえも、夜は出ようとしない。
美羽：だって暗いじゃない。夜に外出するのは嫌いなの。
夫：あんな高かった泥棒除けアラームつけてるじゃないか。それも俺は必要ないと思ったけど。それでも誰かに押し入られるんじゃないかって心配してる始末だ。
美羽：よく知ってる泥棒なら、そんなアラーム役に立たないの。この人に、階段の窓に防犯用の枠をつけてって何度も頼んでいるんですけど、聞いてくれなくて。
夫：いやいや、そんな必要ないでしょ。治安のよい地域に住んでるじゃないか。そんなもの必要ない。

危険に関して【心配癖】を持っていると、現実離れした危険性を感じます。疑いが感じられたり危険に思える人を警戒し、誰かがいつ危害を加えてきてもおかしくないと感じます。

同じように、交通事故や飛行機墜落などの事故も怖がります。これらは自分ではどうすることもできないので、美羽さんのように、遠出を控えるのです。また洪水や地震などの自然災害にも恐れを感じるかもしれません。この癖があると自分にそういったことが起こると信じて疑わなくなるのです。

夫：東日本大震災が起きてから数カ月、地震が怖くて高い建物や地下には行こうとしませんでしたよ。
美羽：だって、いつあんな大きな地震が来るかもしれないって噂があったから。
夫：俺たちがそういった場所にいる時にちょうどタイミング悪く地震が起きるなんて考えは馬鹿げてないか？

この癖を持つと、常に緊張してそわそわしているので、とても疲れてしまいます。気を抜いてしまったら、何か悪いことが起きるのではないかと信じているのです。

・貧　困

貧困に関して【心配癖】を持つ人は、常にお金のことを気にしています。破産したり路上生活に行きついてしまうのではないかと、現実離れした恐怖感を感じます。

美羽：お金のことを心配しすぎているのはわかってます。ただ、年をとって全てを失っている私たちの姿しか想像できないんです。ホームレスになってしまうんじゃないかとも時々心配します。

この癖を持つと、どんなに家計が安定していてもそれは簡単に崩れてしまうように感じます。だから金銭的な保証という見方で物事を考えがちです。つまり、いくらかのお金を貯蓄しておくと、それ以下にはならないので安心であり、このある一定の金額を下回ることを心配するということです。だから出費を控え、数百円単位の倹約にも及ぶことがあります。

美羽：バカなことをしちゃって。あるショップの千円引きの割引券をもらったから、ジーンズのパンツを買おうと思って新宿行ったの。電車を乗り継いて、それだけでも片道四百円かかっているんだけど、私に合うサイズはもう売り切れで。ただ八百円無駄にしただけでホント私バカ。

余分なお金を払ってしまうことを心配し、また好景気であっても不景気になるのではと心配し、新聞やニュースを確認するのも、この［性格の癖］を持つ人がしがちなことです。不景気のサインを見つけると、自分の心配が正しいのだと確信します。また根拠がないにも関わらず、家族が仕事を辞めさせられるのではと心配しますし、そのために失業保険や他の保険を購入しがちです。

上記のように、お金を管理するということがお金に関しての【心配癖】がある人にとっての大きな問題です。もし気が緩んでしまったら、この管理力を失って全てお金を使ってしまうだろうと信じてやみません。だからお金の使い方はとても保守的で、クレジットカードでの買い物は好みませんし、お金を損してしまう不安のため、お金に関してリスクを伴うことは一切しません。何か起きた時にお金が必要であり、何か破局的なことがお金を全部奪ってしまうだろうと考えるので、それらに対して準備しているのです。

・自己コントロール感

この種の【心配癖】を持つ人は、心理的なノイローゼになってしまうのでは、という心配をします。またパニック発作が起こるのでは、と心配します。

龍：自分の意識がどっかに飛んでいくんじゃないかって、戻ってこられなくなって、独り言ぶつぶつ言ったり、おかしな声を聴いたりするような人になるんじゃないかって。そりゃ、怖かったです。理性も完全に飛んでて、あの時は何をしでかしてもおかしくなかったです。走り出したり、叫びだしたり、とか。

気を失ったり病気になったりなど、体のコントロールを失ってしまうことも恐れているかもしれません。いずれにしても、自分の中の感覚を破局的に捉えるという仕組みは、どんなパニック発作でも共通なことです。

【心配癖】を持つ人にとって共通することは、破局的な考えをするということです。最悪の可能性が起きると思い、乗り切れないとすぐに感じるのです。パニック障害に悩む方は、パニック発作から破局的な考えが生まれます。本来発作自体は一、二分しか続かないのですが、破局的な考えが発作を長引かせます。例えば「死にそうになったら、頭おかしくなったら、自分のこと自分ではどうしようもなくなったらどうしよう」という考えです。逆に言うと、上記のような考えが今まさに起こると信じる人なら、誰でもパニック発作を起こす可能性があるのです。

《逃げる》ことがこの癖を強めます。【心配癖】がある人ほぼ全員が多くの状況を避けています。そしてこれが人生の楽しみを感じられるようなことを奪っていくのです。

【心配癖】の原因

【心配癖】の原因

1. 親が【心配癖】を持っており、何かに強い恐怖を感じていた（例　自分を自分でどうしようもできなくなる・病気になる・お金を失うなど）
2. 危険や病気に関しては特に親が過保護だった。何かが危険だと親から刷り込まれ、脆かったり十分ではないので、それらを自分で対処する自信が育たなかった（たいてい【依存癖】も伴う）。
3. 親が放任だった。幼い頃の家庭環境が身体的・感情的に安全ではなく、また経済的に不安定だった（たいてい【愛が足りない癖】【疑い癖】を伴う）。
4. 子どもの頃、大病を患ったり深刻なトラウマ的体験をした（交通事故など）。
5. 両親のうち一人が深刻なトラウマ的体験に巻き込まれた（そして死亡した）。そのため世界は危険であると感じるようになった。

・親が癖を持っている

一番よくある原因が、親が同じ［性格の癖］を持っていることです。

龍：お母さんは心気症[*1]でした。いつもあれこれと医者に世話になっていました。たぶんパニック発作もあったんだと思います。そう、突然今いる場所を離れたがったり、ある場所に行こうとしないこともたくさんあったから。人混みは嫌いだったみたいです。
お母さんはいつもお節介というか。寒いからセーター着てとか、外出ちゃダメよ、とか死んじゃうよ、とか。僕の様子をいつも確認して、具合だとか、喉だとか。それで病院に無理やり連れて行ったり。

カウンセラー：頭がおかしくなることについてはどうですか？　それはお母さんから学んだことなのでしょうか？

龍：たぶんそうです。母は迷信を簡単に信じる人で。ばちだとか、そういった類のことをよく話していましたね。そうですね、僕が中一か二の頃、プラネタリウムに行こうとしたことがあるんですが、その光で星を照らし出すあれですが、母は最初僕に行くなと言ったんです。あの光で催眠にかかってそのまま元に戻らなくなった女の子の話を聞いたからと言うんです。結局それで行かなかったんです。

・親が過保護

このように親から子へ直接【心配癖】が伝えられます。これと似ている【心配癖】の原因が、親の過保護です。【心配癖】を持つ親は過保護になりがちです。こういった親は危険をどこにでも感じるので、世界は危険なところであるというメッセージを子どもに伝えるのです。

龍：お母さんは、世界は細菌で溢れていると考えていたみたいです。いつも洗っては殺菌してました。僕には、友だちと食べ物を一緒に食べるなと強く言い聞かせていました。友だちが転んで擦りむいてしまって、僕が手当てをしようとしたら母は気が狂ったみたいになったこともあって。友だちが腺ペストかなんか持ってるとでも思ったんでしょうが。

これは、龍さん（息子）は、危険なことを乗り切る能力が備わっていないという（母親の）考えも含まれているメッセージです。つまり、龍さんは弱く、母親の保護が必要だというメッセージです。そのため、龍さんは母親がいないと、何かひどい病気にかかったり、混乱して頭がおかしくなってしまうなど、何かとても悪いことが起きるのではないかと感じているのです。

美羽さんの場合は、あまり一般的ではない形で【心配癖】を作り上げました。彼女の両親は幼い頃、第二次世界大戦を体験していました。

美羽：私は、戦争が実際に起きたことを実感させられながら生きてきました。わかります？　私の中では、それがまた起きてもおかしくないんです。ベッドに横たわったまま、飛行機が襲ってくるんじゃないかってよく心配していました。
両親の兄弟はほとんど殺されました。アルバムを見せてもらったことがありましたが、その中のほとんどの人が殺されたんです。昔よくアルバムを見ていましたが、私と同じくらいの年の子も写っていました。

想像できるかもしれませんが、美羽さんの両親は過保護でした。日本人以外の人間を恐れるように美羽さんに教えていたのです。

美羽：お父さんもお母さんも、日本人じゃない人間を信じないようにって言ってました。友だちでも近所の人でも。六年生の時、アメリカ人とのハーフの子がいて一番の親友だったんですけど、お母さんはその子を信用したり近づきすぎたりしてはいけないと言っていました。

こういった両親のため、美羽さんは安全だと感じることができませんでした。世界は危険だし、人は危険なので、その危険に対して常に警戒しなければいけなかったのです。

人間関係の危険なサイン

この［性格の癖］を持つ人は、自分を保護してくれたり世話をしてくれたりする人に惹かれます。そういった相手を選び、【心配癖】に従い、そして【心配癖】を強めていくのです。この癖を強めてしまいかねない恋愛のサインを次の表にまとめました。

人間関係の危険なサイン

1　危険や病気から積極的に守ってくれる人を選ぶ。相手が強くて自分は弱く求めすぎるという関係になってしまう。

2　恋愛相手に、恐れのなさ、強い身体、経済的に成功をしていることを求める。また医者や、特定の領域において自分の恐怖から守ってくれる能力を求める。

3　自分の恐怖に耳を傾け安心させてくれる人を求める。

この［性格の癖］を持つ人は、誰か自分の問題に気をかけてくれる力強い人を望みます。そして甘やかし過保護に関わってもらい、安心したいのです。

【心配癖】の特徴

1　日常生活をこなすことだけでも、恐怖を大きく感じてしまうので、不安を常にある。さまざまな出来事や活動への不安に悩む場合もある。

2　健康や病気の可能性の心配をする。その結果、不必要に医学的検査を受け、安心を求めすぎることで家族の負担になり、また人生を楽しめない。

3　体の感覚や病気の可能性にとらわれ、その結果としてパニック発作を起こす。

4　非現実的にお金がなくなってしまうことを心配する。とても倹約し、金銭的な変化、転職を好まない。現在持っているものを維持することに夢中になり、リスクを冒すことができない。

5　犯罪を避けるために努力しすぎる。例えば夜の外出を控える、人の多い町には行かない、公共の交通機関を利用しないなど。これによって生活に制限が生まれる。

6　少しでもリスクの伴う日常生活の状況を避ける。例えばエレベーター、地下鉄、また地震が起こりそうな地域に住むことを避けるなど。

7　配偶者や恋人に守ってもらい、恐怖を感じる状況を回避させてもらう。常に安心させてもらう必要がある。依存しすぎてしまう。

8　慢性的な不安が心身症的な病気の傾向を深める（例：湿疹、喘息、大腸炎、潰瘍、風邪）。

9　恐怖のために他の人ができることができず、社会生活が制限される。

10　家族や配偶者・恋人の生活を制限することになる。

11 恐怖の世代間連鎖を起こす。
12 頭で増幅した危険をやり過ごすためにいろいろな方法を使う。強迫性障害の症状や妄想的な考えを持つ場合もある。
13 慢性的な不安を和らげるために薬やアルコール，食べ物などに頼りすぎる。

【心配癖】から逃れることは，生活の中のたくさんのことを避けることで，人生の質を低めてしまいます。自分だけでなく，結婚相手や恋人，家族の人生の質も低めることになるのです。

美羽：外の世界は輝いているのに，私はこの薄暗い暗闇の世界の中を生きているような感じです。

不安が大きいので，他の物事を感じられないかもしれません。守ることに精いっぱいで可能性が閉ざされた生き方になりかねません。

美羽：息子の学校の合唱祭に行った時のことですが，夫と一緒に座って，息子たちの歌を聴いていました。その時はすごく気分が良かったです。気分が良くなることなんて，あんまりないから。

龍さんは，プログラマーで，その仕事が好きではなかったようです。彼はリスクを負うことを怖く感じていたので，好きでもない仕事を嫌々続けていました。

龍：仕事は単調でつまらなくて，僕には合わないんです。もっと分析的な仕事の方が合ってると思うんです。仕事に行くのが退屈で，行って同じことの繰り返しで，嫌になりますよ。
カウンセラー：別の仕事を探してみたらどうでしょうか？
龍：わかってます。自分でもそのことを考えますが，ただお金はいいし，会社は安定しているし。その，クビにはならないだろうから。

リスクを負うことを損得の天秤にかけると、安全と安定に関することが優先されることでしょう。こうなると、人生は満足や充足を求めるものではなく危険を避けるためのものとなります。

【心配癖】は社会生活にも悪影響を与えます。この［性格の癖］を持つ人の安心させてもらいたい欲求は、周囲の人たちを消耗させていくことになるでしょう。不安で心配な人を安心させるのはとても労力のいることです。というのは、十分に安心しきれるということはなく、それは底のない落とし穴のようなものです。

また【心配癖】は本人自身も当然消耗させます。社会的な活動をする代わりに、医者を駆け回ったり警報機や防犯機を設置することに時間とエネルギーを費やし、パニック発作や心身症の症状に囲まれ、自分自身を弱らせていきます。そしてそればかりでなく、行きたいのに行けない場所もたくさんあるでしょう。お金を使いすぎてしまったり誰かに危害を加えられるのではないかと心配するからです。こういった生活のため、家族や恋人の生活を制限する結果になるのです。

【心配癖】と一緒に問題となるのが【依存癖】（第８話）です。心強い結婚相手や恋愛相手を見つけ、安心させてもらうことなど、【心配癖】に《従う》と、自分自身で物事をこなしていくことを学べません。こうすると相手にずっとそばにいてもらわなければならず、この事態は二人に怒りをもたらします。

> 夫：一緒に行かないと美羽はすぐ怒ります。怒りを向けてくるんです。びっくりしますよ。美羽が行くところにどこでも後から着いていかないといけないんですかね？

また、この［性格の癖］を持つ人は、妄想的な考えを持ちがちです。自分が感じる危険をなくすために、秘密の儀式をすることもよくあるようです。

> 美羽：寝る前に全部五回チェックしてます。アイロン、ストーブ、電子レンジ、オーブン、ドライヤー、子どもたちの部屋、車、それと玄関。
> カウンセラー：大変ですね。なぜ五回なんですか？
> 美羽：五回すると安心するから。
> カウンセラー：もし確認しなかったらどうなるんですか？

美羽：ベッドの中で気になっちゃって。全部五回チェックするまで寝られないと思います。

数を数える、確認する、洗う、洗浄する。これらは全て強迫的な儀式であり、これらをすることで魔術的に日々の生活を安全なものにしようとしているのです。

以上で述べてきたこと全てが、世界は危険であるという考えを強めます。適度に注意していれば世界は安全であるということを、この癖を持つ人たちは学んでいないのです。

【心配癖】を変えるステップ

【心配癖】を変えていくためのステップを紹介します。

【心配癖】を変えるステップ

1 〔性格の癖〕の原因を理解しようとする。
2 具体的な恐怖のリストを作る。
3 恐怖を感じる状況に順番をつける。
4 配偶者や恋人、家族や友だちに、恐怖に向き合う手伝いを求める。
5 恐れている出来事が起こる可能性を調べる。
6 それぞれの恐怖に対してフラッシュカードを作る。
7 内なる子どもに話しかける。その子どもの力強い親となる。
8 リラックスする方法を身につける。
9 イメージで恐怖に立ち向かう。
10 現実で恐怖に立ち向かう。
11 自分に褒美を与える。

1・［性格の癖］の原因を理解しようとする

両親が怖いですか？　両親は過保護、それとも放任でしたか？　生活の中のどの部分で【心配癖】を感じるのでしょう。病気、旅行、それともお金ですか？　または身の回りの危険や自分で自分をどうにもできないことでしょうか？

この癖の原因は比較的はっきりしています。たぶん自分でもすでにわかっていることでしょう。原因を理解することはとても大事ですが、他の［性格の癖］に比べると、その原因を理解することは、症状の改善にそれほど役立ちはしません。それであっても、ここをスタート地点として、変化を目指していきましょう。

2・具体的な恐怖のリストを作る

自分が感じる恐怖を客観的に捉えます。【心配癖】に《従う》（自分自身に過保護になる）ことや《逃げる》（怖い状況を避ける）ことを客観的に見てみましょう。

次のような表が役立ちます。まず、恐怖を感じる状況をリスト化します。例えば、地下鉄、夜の道、お金を使うこと、不潔な場所、などです。そしてそれらに、恐怖とそれを避ける度合いについて、０（まったくない）から100（想像できる限り一番ひどい）の尺度で数字をつけてみましょう。そしてどのように自分と家族が過保護になっているかを書き出します。

次に龍さんが「夜一人で家にいる」ことに関して書き出した表を紹介します。龍さんは「何か悪いことが起こる」という理由で夜家に一人でいることを恐れます。「何か気を紛らすことがなければ、どんどん怖い方へと意識が向いてしまう」ようで、最終的に恐れているのはパニック発作を起こしておかしくなってしまうことでした。

恐れている状況	恐怖の度合い	回避の度合い	過保護になっている行為（自分）	過保護になっている行為（家族）
アパートに夜一人でいる	75	80	友人を呼ぶ 友達に電話する 外出する 遅くまで仕事 彼女に来てもらう	電話を頻繁にかけてくれる

このような表を、恐怖を感じる状況全てで作ります。これをすることで【心配癖】が自分の生活の中でどのように顔を出しているのか把握します。

3・恐怖を感じる状況に順番をつける

次に、恐怖を感じる状況を不安が強い順に並べます。それぞれの恐怖の状況を細かく分けて取り組みやすくします。そして不安の度合いの尺度で０（不安がない）から100（とても強い不安）の数値を、それぞれの細かく分けた状況につけていきます。最後に、それぞれの状況を、不安の小さいものから大きなものへと順番にならべます。次に美羽さんの表を紹介します。

恐怖を感じる状況	不安の度合い
1　水泳	
1　浅いところで泳ぐ	20
2　頭を超す深さのところで泳ぐ	65
2　エレベーター	
1　誰かと一緒に2～5階まで乗る	25
2　2～5階まで一人で乗る	40
3　誰かと一緒に5階より上まで乗る	60
4　5階より上まで一人で乗る	80
3　都心に行く	
1　誰かと一緒に日中都心に行く	30
2　日中一人で都心に行く	50
3　誰かと一緒に夜都心に行く	75
4　夜一人で都心に行く	100
4　家に一人でいる	
1　日中に一人で家にいる（電話をしてもよい）	30

２　日中に一人で家にいる（電話はしない）	45
３　夜に玄関先まで一人で行く	50
４　夕方家に一人でいる	55
５　夜に家に一人でいる（電話をしてもよい）	80
６　夜に家に一人でいる（電話はしない）	95
５　お金を使う	
１　楽しみのために貯金から少しお金を使う	35
２　大きな家を探す	55
３　いくらか保険を売る	75
４　素敵な家族旅行のためにお金を使う	85
６　一人でどこかに行く	
１　夫や子どもたち抜きでスーパーに行く	40
２　友だちの家に一人で運転して行く	60
３　モールに一人で行く	85
７　旅行	
１　旅行の計画を立てる	30
２　家族と日帰り旅行をする	50
３　電車で一人で日帰り旅行をする	85
４　家族と泊りがけの旅行に行く	95
５　飛行機に乗る	100

各状況は好きなだけ段階をつけて良いでしょう。大事なことは、各ステップが実行可能であることです。だから各状況の最初は、必ず手のつけられる易しいステップになると思います。

段階は、［性格の癖］から徐々に避けること、そして自分自身に過保護になることを止めることが目的です。これらの二つの目的を含んだ表を作成しましょう。

4・配偶者や恋人、家族や友だちに、恐怖に向き合う手伝いを求める

周囲の人たちに、自分が取り組んでいることをわかってもらいましょう。【心配癖】を乗り越えようとしていることを伝え、過保護になったり安心させたりするのをだんだんと減らしてもらえるよう頼みましょう。周囲の人たち自身の【心配癖】についても耳を傾けましょう。たいてい周囲の人たちの気分は軽くなります。

夫：弱音吐いてもいいんですよね。そうしちゃだめってずっと思ってたんです。その……自分にもいろいろと仕事で問題抱えていますし。美羽と話してみたいと思っています。

【心配癖】を持つ人の結婚相手や恋人は、気遣うことに疲れを感じています。だから彼らはこのようなチャンスに飛びつき、過保護すぎる役割を考え直すことにもなるでしょう。また安心させてくれる人たちは周りにたくさんいますので、【心配癖】を乗り越えるために、その人たちにも関わりを変えてもらう必要があるのです。

5・恐れている出来事が起こる可能性を調べる

この癖を持つ人は、恐れている出来事が実際に起こる、という可能性を誇張する傾向があります。

カウンセラー：美羽さんが乗る飛行機が墜落する可能性はどのくらいでしょう？
美羽：わからない。たぶん千回に一回くらいですか。
カウンセラー：美羽さんが実際に飛行機に乗っている時に、それが墜落する可能性は？
美羽：私が乗ってると確率は高まりそうです。十回に六回くらいでしょうか。
カウンセラー：実際は百万分の一程度の可能性しかないことをご存知でしょうか？

主観で出来事が起こる可能性を判断すると、危険は高く感じられます。これは間違いです。というのは、この主観は［性格の癖］の影響を受けている直観だからです。ですから、主観や感覚ではなく客観的な判断をしてもらいたいのです。情報を集め、人の話をよく聞き、関連する本や記事を読むなど、自分自身を教育してみてください。わかればわかるほど、不安は減ることでしょう。

それぞれの恐怖場面に対して、その場面にいる時の感覚でどのくらい恐怖の出来事が起きるかを書き出してみましょう。そして現実的な確率を【心配癖】を持たない他人の意見を参考に書き出します。

龍さんが記入したサンプルを紹介します。次のような表を使うといいでしょう。

恐怖場面	この状況にいる時に、どのくらいの確率で恐ろしいと感じるか	他人の意見を参考にした、恐ろしい出来事が起こる現実的な可能性
パニック発作の際に気が狂う	99％	25％

実際は、龍さんがつけた25％は高すぎます。パニック発作の際に気が狂うことは実際にはゼロです。パニック障害は詳しく研究されていますが、パニック発作の時に気が狂ったという報告は一つもありません。同じように、死んでしまうだとか理性を失うといったことは起きません。違う言い方をすると、パニック発作が起きている時に死んだり、気が狂ったり、理性を失う確率は、パニック発作が起きていない時に死んだり、気が狂ったり、理性を失う確率と同じです。この癖を持つ人は、これらが起こることを恐れているのです。

可能性が誇張されて感じられるのは、破局的に物事を捉える傾向が原因です。最悪のケースに飛びつき、それが最も起きるものだと感じます。実際のところを言うと、【心配癖】を持つ人の破局的な出来事の起こる可能性は、とても小さいのです。

6・それぞれの恐怖に対してフラッシュカードを作る

この［性格の癖］が破局的考えに導くことを心に留めながら、それぞれの恐怖に対してフラッシュカードを作ります。自分が逃げてしまっている、そして過保護になってしまっている点に向き合うよう自分を励ましましょう。

エレベーターに乗る恐怖に対する美羽さんのフラッシュカードを紹介します。

【心配癖】フラッシュカード

エレベーターに乗るのが怖いのはよくわかってる。建物が火事になるだとか、エレベーターが止まったりだとか、そういう事故が怖いの。こういうことは起こりやすいんじゃないかって感じてる。

でも実際はただ私の【心配癖】が働いているだけ。たぶんリスクの度合いは誇張されてると思う。だから私は勇気を出してこの状況に身を置いてみる。怖いけど、本当は何が怖いのかをみる必要があるの。

そして、エレベーターに乗る前には、今いる階を5回言いたくなるのもわかってる。そうやって確認すると、安心できると感じるから。でもこの確認は私には必要ない。十分安全なんだから。確認はただの迷信。面倒くさいし、やめたいとも思っていたから。

7・内なる子どもに話しかける。その子どもの力強い親となる

［性格の癖］が働いている時の気持ちは、自分の内なる子どもの気持ちです。イメージワークを通して内なる親を作り、この内なる子を育てます。

カウンセラー：弱く感じた子どもの時のイメージを浮かべてもらえますか？　力まずに。最初に浮かんだイメージを教えてください。

美羽：居間で、お母さんと、引っ越してきた近所の人。私は六歳くらいかな。その近所の人が引っ越してきた時、そのくらいでしたから。食卓についておにぎりを食べていて。彼女がお母さんに腕の火傷について何か聞いていたの。空襲で家事になった時に火傷したってお母さんは話してました。「私が子どもだった時……」って。私はその時初めてその話をちゃんと聞いたんですが、何かひどいことが起きたってことは知ってたけど、それが何かってことはその時理解し始めたんだと思います。

カウンセラー：どう感じますか？

美羽：寒気を感じる。怖いです。

【心配癖】の感情に触れることができたら、大人としての自分をイメージの中に入れます。そしてその怖がっている子どもをなだめて安心させるように努めます。

美羽：大人の自分をイメージの中に入れました。子どもの私と一緒に食卓について、彼女に話しかけています。「そんなに怖がらないで。ここは安全だから。自分の家だし、私がいるよ。誰もキミを傷つけたりしないよ。戦闘機はいないし、もし外に出るなら、私が一緒についていって守ってあげるよ。キミが怖がっていることに向き合うお手伝いをしてあげるよ。

［性格の癖］が働いた時に、この大人をイメージの中に入れましょう。子どもの自分をなだめ、その状況に向き合えるよう安心させましょう。

8・リラックスする方法を身につける

リラクゼーションのテクニックは、心と体のバランスを戻すのに役立ちます。不安による体の症状を軽減し、頭が破局的な考えに突き進まないようにしてくれます。

ここでは簡単な呼吸法を紹介しましょう。この呼吸法は呼吸の部分と言葉を使ったイメージの部分から成り立ちます。呼吸は腹式呼吸です。一分間に八回以上呼吸をしないよう、ゆっくりとした呼吸を心がけます。こうすることでパニック発作や不安の身体症状の原因である過呼吸を防ぐことができます。そして息を吸う時「リラックス」という言葉をゆっくりと浮かべ、息を出す時に「呼吸」と言葉を浮かべます。息をする時にこれらの言葉を思い浮かべ、それを続けるのです。

【心配癖】が働いたら、このリラクゼーション法をやってみましょう。とても役立つことがわかることでしょう。

龍：呼吸法を始めた頃は、それをすることで緊張していましたね。呼吸を意識するのが好きじゃなくて。でもしばらくしてうまくいくようになりました。
カウンセラー：そうですね。その緊張をこの方法で乗り切りましょう。
龍：今はとても役立ってます。焦ったらいつもやってます。落ち着いてきて、そのまま逃げないでいられるんです。

9・イメージで恐怖に立ち向かう

この［性格の癖］が働く時に、イメージがとても重要な働きをしています。注意して観察すると、この癖を持つ人は破局的な考えをしているだけでなく、破局的なイメージが浮かんでいることに気づくでしょう。鮮明に最悪のケースをイメージとして見ているのです。当然それは怖いですよね。

まずは、物事を破局的ではなくより良くなるようにイメージを使いましょう。自分への過保護をやめ、怖い状況に向き合い、自分で克服しているような良い結果をイメージ上で練習しましょう。

先に作った恐怖を感じる状況のステップを使います。恐怖の小さいものから順に、楽にして呼吸法をしながら、恐怖を感じる状況をイメージします。自分が望むようにそれぞれの状況を乗り越えているところをイメージします。

カウンセラー：何が見えますか？

美羽：エレベーターの前に立っています。夫が一緒にいて、大人の私もいます。彼らが一緒にいると安心できます。で、全部の階を5回ずつ数えたいですが、抵抗しています。数えないと心に決めると、不安が襲ってきます。でもそれはやがて通り過ぎていきました。私は平気で、ちょっと自信がついたような気がします。エレベーターが来て、ドアが開きました。乗り込み、ゆったりと立ち、リラクゼーション法を始めました。気づかないうちに5階までついてしまい、降りました。平気です。

イメージを使いながら、一つ一つステップをこなしていき、恐怖を克服していきます。今までの人生の中で何度も何度も悪い結果をイメージしてきたので、それを帳消しにして覆す良い結果をイメージで繰り返していくのです。

10・現実で恐怖に立ち向かう

行動を変えることが今まで取り組んできたことの最終地点で、これが［性格の癖］を弱くしていく最も効果的な方法です。《逃げる》ことを止め、自分が破局的に考えてしまっていることを客観的にみていきましょう。恐怖を感じる状況に向き合い、何も起きないことを経験すればするほど、安全に感じていくし、安全に感じれば、もっと多く恐怖を感じる状況に向き合えるようになるのです。

イメージの時と同じように、易しいステップから始め、安心してできるようになるまで何度も繰り返します。自信を持って一つのステップができるようになったら、次のステップへ進み、ステップの最後まで、フラッシュカード、呼吸法、内なる子どもを励ますなどの方法を使いながら、全てのステップをこなしていきましょう。

11・自分に褒美を与える

自分にご褒美をあげることを忘れないようにしましょう。恐怖の状況を乗り越えたら、ほんの数分だけでいいです、自分を褒め祝福しましょう。また内なる子どもをしっかりと褒めましょう。勇気を出して向き合ったことは褒められるべきことなのです。また、各ステップで感じた恐怖が実現しなかったことに留意しましょう。そうすることで【心配癖】の感情は誇張されているものだとだんだんと理解していけます。

最後に……

【心配癖】を乗り越えた本当の褒美は、自分の人生が広がることにあります。恐怖のためにできないことがたくさんあったのですから。ここで紹介したステップを踏んでいくことで、美羽さんと龍さんは人生を大きく改善しました。

> 龍：たくさんのことができない。それが僕のやる気を掻き立てていました。自分からたくさんの機会を奪っていましたから。言うなれば、僕は不安のために生きていたようなものです。

もし一人で［性格の癖］を克服できないようでしたら、カウンセリングを受けることを本気で考えましょう。制限のある人生の中で自分に嘘をつき続けるのはもう止めましょう。【心配癖】を乗り越える旅は、自分の人生を取り戻す旅でもあるのです。［性格の癖］を弱めるためには努力が必要です。第９話で紹介した方法を自分の生活に取り入れて諦めず自分自身に向き合ってみてください。

注

＊１　大きな病気にかかっているのではないかという思いこみのため、苦痛や日常生活の不便さがあることが続く状態。

第10話　「私には価値がない」【仮面癖】

私みたいな女と
一緒にいたいと思う
男の人なんて
絶対にいない…

客のくせに
オレの店で
でかい態度
取るんじゃねーよ。

【仮面癖】紹介編

相談者No.1

杏奈（三二歳）
自分は愛されるに値しないと思う女性

カウンセリングに初めて来られた時、杏奈さんは怯えた様子でした。杏奈さんは自分のことを話すのを不快に感じているのは明らかでした。慣れてきたのか、しばらくしてうつの問題でカウンセリングを受けにきたと話し始めました。

杏奈：わからないけど、自分を落ち込ませるようなことをしてるところがあるみたい。いつも「私みたいな奴と一緒にいたい人いるわけないじゃん？」みたいなこと思ってます。この前みたいに。一年近く付き合っている人がいるんだけど、留守電にメッセージ残して、絶対もう連絡は来ないって思っちゃって。私の本性がばれて、もう会いたくないんだなって思って。電話がかかってきたとしても、私とは話したくないんだろうなって思って。

カウンセラー：彼が杏奈さんのことを想っているとは信じがたいんですね。

杏奈さんと彼は結婚を考えているようで、彼が数日前に結婚を申し出たと聞きました。「彼はとても良い人で、彼と結婚するのが良いに決まってます」と言う一方で、杏奈さんは結婚することを怖がっているようでした。

杏奈：たぶん、今まで良い恋愛をしてきたことがないだけかも。前に付き合って結婚しても良いって思ってた人は、あまり良い人ではなかったんです。良くないどころか、気持ち的にけちょんけちょんにされて。私の見てないところでいろいろやってたみたいで。

カウンセラー：今の彼はそのようには思えませんよ。むしろ真逆と言うか。

杏奈：そうなんですけど。でもちょっと違うんです。たぶん誰かが私に近づくのが嫌なのかもしれない。

それが杏奈さんがカウンセリングを受けようと思った理由でした。彼女は親しい関係を長く続けることに恐れを感じていたのです。

相談者No.2

栄斗（四三歳）
結婚生活の問題で妻と一緒にカウンセリングに訪れた男性

栄斗さんからは、自分を抑えているような印象を感じました。最初のセッションでは、終始心の底に冷酷な怒りのようなものが垣間見られ、妻との間の結婚生活に問題があると訴えていました。

栄斗さんと妻は、カウンセリングに訪れた当時結婚七年目で、子どもが一人いました。カウンセリングを受けようと思ったのは、栄斗さんの浮気がばれ、カウンセリングを受けない限り離婚をすると妻に迫られたためでした。最初のセッションでは、栄斗さんは「カウンセリングなんてオレには必要ない」「妻に問題があるんだよ」と話していました。彼はカウンセリングで妻の問題を治すために協力するといった態度でした。

セッションを通して、栄斗さんは妻やカウンセラーに対してとても批判的でした。また栄斗さんは距離を取るので、彼とつながるのは簡単なことではありませんでした。彼らに［性格の癖］の治療法を説明すると、栄斗さんは「単細胞的な単純さだね」「このカウンセリングではそれしかないの？」とカウンセラーを試そうとしていました。「栄斗さんは、自分にもできるかどうか確かめたいんですよね」と彼に言いました。彼は、カウンセラーを落ち込ませ防衛的になるかどうかを試したかったのです。それができないことを知ると、彼は少しカウンセラーを見直したようでした。

彼の態度にカウンセラーはイラつきを感じたものの、共感的に接しました。彼はカウンセラーを恐れていて、本性を暴かれるのを恐れていたようでした。

【仮面癖】理解編

【仮面癖】の全体像

【仮面癖】につきまとう感情は恥です。恥の感情を避けるために、この［性格の癖］を持つ人はどんなことでもするので、結果として【仮面癖】の感情は隠され続けることになります。そして自分の中にとても大きな欠点があると感じ、それが何か自分自身の根本のように思えます。だから自分は愛されるに全く値しないと感じるのです。

【一人ぼっちになる癖】（第8話を参照）と比較すると、【一人ぼっちになる癖】は目に見える外側の特徴に対しての恥かしさです。一方【仮面癖】は目に見えない内側のあり方に対する恥ずかしさです。だから【一人ぼっちになる癖】を持つ人は一目瞭然なのに対して【仮面癖】を持つ人はとてもわかりにくいのです。この［性格の癖］は、とても多いですが、それを見出すのがとても難しい癖でもあります。

そしてこの［性格の癖］を持つ人の内面にある決定的な欠点は、想像の産物で目に見えないので、表面的な特徴がばれてしまうことが怖く感じるのです。

カウンセリングの経験上、二人に一人の相談者がこの［性格の癖］を持っています。けれども、表面上この人たちはそうは見えません。恥の感情をそれぞれ違った形で対処しているからです。例えば自信がなく不安げに見えたり（《従う》）何も問題がないように見えたり（《逃げる》）、また［性格の癖］を持っているかどうか全くわからないほど機能的（《逆らう》）な人もいます。

杏奈さんは《従う》ことで【仮面癖】に対処する例です。彼女は、決定的な欠点があるという感覚に触れているのです。

杏奈：いつも「私は何かおかしい」って思います。誰も見られない奥底で何かおかしいんじゃないかって。だからこれからずっと誰からも愛されないで終わっていくと思うんです。
カウンセラー：杏奈さんを愛している人のことを考えるとどう感じるのですか？
杏奈：怖いです。

杏奈さんは自分の中に何か隠されていて、それが知れてしまったら誰からも受け入れられないと思えるものがあると感じていました。それが何かというのは自分でもわからなかったようです。

その隠されているものが何であれ、彼女はそれを変えられないと感じていました。それは彼女の存在自体のように感じていたのです。だから自分でできる最善のことは、それを隠すことであり、誰かが近くに来てバレテしまうことを先延ばしすることだけでした。

杏奈さんは、誰も自分を気にかけてくれないだろうと感じていました。人が彼女を好きだったり、一緒にいたいと感じている理由を、たわいないことだと捉えていました。

杏奈：彼氏に言ったんです。彼氏の弟の結婚式に行きたくないって。
カウンセラー：どうして？　行きたいと思っていましたが。
杏奈：でもあの人は私と一緒に行きたくないって思っちゃって。
カウンセラー：彼が来てくれって言ったんじゃなかったでしたっけ？
杏奈：そう。でも私に来てもらいたくないって言っているように感じちゃうんです。

杏奈さんは、人は彼女を嫌っていたり拒絶している、という根拠を誇張して捉えてもいました。それはカウンセラーとの関係でも同じで、カウンセラーが言った言葉を歪め、彼女を気にかけていないという意味として捉えていました。

カウンセラー：お願いしたかったのですが、次回一時間カウンセリングの時間を早めてもいいでしょうか？
杏奈：もう私のカウンセリングをしたくないということ？　それならそれでもういいです！
カウンセラー：いえ、そういうことじゃないんです。もちろん、カウンセリングは続けていきたいです。ただ一時間早められるかどうかをうかがっているだけですよ。

杏奈さんはとても自罰的で「私はダメ」とか「私はバカ」「役立たず」「何にもできない」などとカウンセリングでも何度も言っていました。カウンセリングの初めの頃では、彼女が考えていることは自分を貶めるようなことばかりでした。そして彼女の自己非難が、自分を「不快で気持ち悪い人間」と呼ぶなど自己嫌悪にまで高まった苦痛な瞬間もカウンセリング中にありました。

杏奈さんの【仮面癖】は人間関係に強く悪影響を与えていました。杏奈さんの恋人となる人はいつも彼女を簡単に傷つけられる立場にいたのでした。一方で、栄斗さんは杏奈さんとは真逆でした。栄斗さんは強い防衛の仕組みを作り上げていて《逆らう》ことで彼自身の【仮面癖】を疑わさせず、だから自分の【仮面癖】に気づいていないようでした。

彼はナルシストの例です。ナルシストは共感性に欠け、人に責任を押しつけ、そして「俺様」的なところが強いのです。このような人は、自分の深くにある「愛されなかったり尊重されない」という感覚に《逆らう》方法としてナルシストになるのです。それは例えば「唯我独尊」を宣言し、誰も自分を無視し非難することは絶対に許さない、と全世界に言っているようなものです（［性格の癖］に対処する方法は、第3話を参照）。

ナルシストは自己中心性を貫き通します。杏奈さんの彼は深く愛する女性との結婚を自己崩壊のリスクだと捉え、彼女との結婚を投げ出しても構わないと考えています。これはナルシストにありがちなことで、もう引けないところまでこないと、ナルシストは変わりません。彼らにとっては、見捨てられる恐怖のみが、変わる動機になりえるのです。

> 妻：彼（栄斗）が私をどれだけ傷つけて、それで私がどれだけ苦しんでいても、夫には関係ないことみたいです。涙が出なくなるまで泣いたけど、夫は不倫をやめません。私が本気で離婚を考えていると思った時だけ、夫は不倫をやめると言うんです。

栄斗さんと妻は二人とも【仮面癖】を持っていました。栄斗さんは深くにある恥に《逆らう》のに対して、妻は無価値観の感覚に《従う》ことで癖に対処していました。栄斗さんは妻を拒絶し、妻は拒絶の犠牲者になっています。二人で両親から受けた拒絶の悲劇を再現しているのです。

【仮面癖】を持つ人はたいてい、栄斗さんと杏奈さんの中間に位置するでしょう。ある部分では【仮面癖】が働きますが、他では働かないのでしょう。多くの相談者が、特定の話題になると、話をしなくなることがありますが、特定の話題で自分の決定的な欠点や恥を意識するためです。

【仮面癖】を持っていることを知ってカウンセリングに訪れる人は稀です。ほとんどの人は、その癖が働いた時に感じる感情を覆い隠したり避けたりします。というのは、この［性格の癖］による激しい自己嫌悪と恥の感情を感じ続けているのはとても苦しいからです。彼らは物事の不満や関係性の問題、またうつに悩んでカウンセリングに訪れるのです。

もしかしたら、理由はわからないけど、はっきりとしない慢性的な不幸を感じているのかもしれません。うつの原因がネガティブな視点のためだとは気がつかないかもしれません。自分を無価値だと思い、自分に怒るとうつにもなりやすいのです。もしかしたら人生を通じてずっとうつっぽいのかもしれません。

［性格の癖］に対処する主な方法が《逃げる》ことなら、依存や衝動的な行動の問題があるでしょう。お酒、薬、仕事、そして

食べ物など、自分の無価値感の痛みから逃れるために心身を鈍麻させる方法です。

・**【仮面癖】の原因**

【仮面癖】の原因

1. 家族の誰かが批判的で、意地悪で、厳しかった。容姿や言動のことで繰り返し非難され叱られた。
2. 親から残念に思うような子だと感じさせられた。
3. （両）親から拒絶され、また愛されなかった。
4. 家族の誰かから性的、身体的、また感情的に虐待を受けた。
5. 家族の中でうまくいかないことに対して、いつも責め立てられていた。
6. 悪い子で価値がなく役に立たない、と親に繰り返し言われていた。
7. 兄弟（姉妹）と悪い意味で比べられていた、また兄弟（姉妹）の方が親に好かれていた。
8. 片親が家を出たことで自分を責めた。

【仮面癖】の原因は、親から繰り返し拒絶されたり非難されたことから感じる、愛されていない感覚、または子どもとして尊重されなかった感覚です。

杏奈：ある本に「女性の人生の目的は愛を生み出すこと」だって書いてあって。私絶対無理とか思いました。

【仮面癖】は愛されるに値しないという、存在全体に関係する感覚です。この癖を持つ人は、両親でさえ愛せないほど、自分は何かがとてもおかしいと感じるのです。親が自分を非難し、無価値に感じさせ、拒絶し、愛を与えてもらえないことを当然だと感じます。悪いことは、そんな最悪な自分のせいで起きるので、ひどい関わりをされても怒ることはなく、恥や悲しさを感じるでしょう。

杏奈さんの［性格の癖］は批判的な父親に主に原因があったようです。杏奈さんの父親は、杏奈さんが小さい時に、娘に対してがっかりしていると言っていたようでした。

杏奈：私はお父さんが期待したような子じゃなかったみたいです。私の全部が何かおかしいようで。ご飯の時に、私が黙っていると、なぜ話さないんだと言われました。でも何か話していると、話していることがつまらないとも言われました。

杏奈さんは父親の批判を受け入れざるを得ず、その結果父親の視点が彼女自身の視点へとなっていきました。

杏奈：（今付き合っている）彼氏が何で私なんかと結婚したいのか、ずっと考えています。私何もできないのに。子どもだし。ずっと想ってもらえるようなものが私には何もなくて。何か特別な能力を持ってる女でもないし。見た目も頭も平凡。お世辞にも素敵な性格だってわけでもないし。
カウンセラー：それは誰の声ですか？　それを頭の中で言っているのは誰ですか？
杏奈：ええと、元カレ。
カウンセラー：他の人は？
杏奈：お父さん。

杏奈さんのように【仮面癖】を持つ人は、親の批判的な言葉を取り入れて自分の一部にしています。自分自身を非難し、叱りつけ、拒絶するような言葉を投げかける、それら自体が［性格の癖］なのです。

【仮面癖】を作り上げた人の子ども時代は、恥ずかしい気持ちで満ち溢れていたことでしょう。自分の決定的な欠点が現れると常に恥ずかしさを感じ、この恥は深くまで刻まれます。あたかも自分の存在自体が恥ずかしい存在であるかのようにです。

杏奈：十代の頃、政治について半日ずっと新聞とか雑誌とか読んでたみたいなこと、ありました。ご飯食べる時にちゃんとそのことについて話せるようにです。それで食べている時に話し始めたんですけど、お父さんは「それだけか?」と言うんです。
カウンセラー：どう感じましたか?
杏奈：恥ずかしかった。何とかお父さんに興味を持ってもらおうとしたんです。でもダメでした。
カウンセラー：そうですね。決して自分ではなれないものになりたいと願っているようなところを見られたような。
杏奈：え、どういうことですか、それって?
カウンセラー：つまり、お父さんに愛されるということですよ。

杏奈の父親がとても冷たく排他的だったのは、おそらく彼自身も【仮面癖】を持っていたためだと考えられます。そして彼は《逆らう》ことでその癖に対処していたのでしょう。杏奈さんを落ち込ませ、決定的な欠点を持っていると感じさせることで、自分の精神状態を維持していたように考えられます。杏奈さんを見ていて、父親自身の［性格の癖］が頻繁にうずいていたのでしょう。このように親自身が【仮面癖】を持っていて、それを子どもに学ばせてしまうということは多くあるようです。【仮面癖】を子どもに学ばせる親は、批判し罰を与える傾向があり、身体的、感情的、または性的な虐待をするかもしれません。【仮面癖】と虐待は一つのセットであることがよくあるのです。子が虐待を「おかしい」と思い、親に対して怒りを感じることもないことはないですが、それは稀なケースです。たいていは虐待を受ける子どもはその責任を負い、罪悪感と恥を心に刻み込んでいくのです。

【仮面癖】の感情を埋め合わせるために、いろいろな方法を子どもは見つけ出していきます。この時点で【仮面癖】が【完ぺき癖】（第13話）に混ざり合い始めます。また自己中心的にもなり始めます。非難され、また決定的な欠点があると感じさせられてきた子どもの多くは、特定の分野で優れることで、自分の決定的な欠点（だと思わされている点）の埋め合わせをする傾向があります。高い基準を作り、周囲に認められようと努力するのです。だから傲慢であったり特別な権利を持っているという自己中心的な態度でいるのかもしれません。また手に入れるお金と地位で【仮面癖】が働かないようにしようとするのです。

栄斗さんは表面的には成功者です。有名人が出入りするナイトクラブのオーナーであり、夜な夜な高い地位の人たちにサービスを提供しています。テーブル席に座らせる人、お代を頂かない人、VIPルームに招待する人は全て彼の采配で決められていました。こういった成功にも関わらず、心の底からは【仮面癖】から生まれる気持ちが消えることはありませんでした。

栄斗：オレのクラブで、一人いましたよ、ムカつく男。有名な某タレントなんですがね。奴は態度がデカくて。調子に乗った様子で店に入り込んで、店で好き勝手しやがってたから。だから奴を二流のテーブルに案内してやりましたよ。その場から離れる時に、奴の顔を見たが、ガチへこみで。ちぢこまっているようにも見えたな。
カウンセラー：どう感じました？
栄斗：自分が見破られた感じだった。ガチギレしてる詐欺師だと思われていると思ったよ。

栄斗さんは、全てが壊れてしまうという感覚を常に持っていました。これが彼のナルシスト的なもろさです。表向きの顔は簡単に崩れ、無価値だと感じている自分が突然現れるという感覚です。

栄斗さんの両親はいつも批判的で、自信を削ぐようなことばかりを言っていたようです。それだけでなく栄斗さんのお兄さんばかりを可愛がっていたようで、それが苦しかったようでした。

栄斗：兄さんはすごい男だった。真似なんか到底できなかったね。顔良し、頭良し、性格も良し。あの人は、オレを虫か何かのように思ってたんだ。親がしてたみたいに。笑いものにされたし。兄さんはいつも買ってもらって、オレはお下がりで。なんでもそうだ。今は逆だけど。

兄弟姉妹との比較から【仮面癖】が生じることもあります。特に年上の兄弟や姉妹は年上なので、より賢く、より速く、より強く、そして何もかもうまくできるので、その比較でこの［性格の癖］が生じることもよくあります。子どもだった栄斗さんは日常的に恥をかかされました。彼の短所を何度も何度も馬鹿にされたようです。

栄斗：オヤジが野球に連れて行ってくれるという話になったことがあってね。兄さんも一緒の予定だったんだけど、あいつ風邪ひきやがって。その日、オレは準備してテンション上げて玄関で待っていた。そしたらオヤジが来て「お前どこ行くんだ?」って。野球、と答えたけど、オヤジは「お前ひとりなんかのために行くバカがいるか」って。それ以来、オヤジに何かを欲しがったことはありませんよ。

栄斗さんは自分の考えや感情を隠すことを覚えました。こうすることで、自分を少しは守れ、自分のプライドを維持することができたようです。逆を言うと、本当の自分を出すことは危険すぎることで、本当の自分を少しでも見せたら、それがどんなことでも、批判の対象になるように感じていました。特に最も批判され恥をかかされるのは、愛を求めているということだと感じていました。

栄斗さんがするように本当の自分を隠すことには大きなリスクが伴います。自発性、楽しみ、信頼、そして人との親密な関係など全て失い、閉ざして守り、殻にこもることになります。そして偽の打たれ強い自分を作り出すのです。この自分がいくら強くても、心の奥底に本当の自分を見失う痛みが伴っているのです。

自分の殻にこもると、少なくとも表面上は日々うまくいっているように感じます。しかし内面では、自分は何かおかしくて愛されないように感じるのです。それだけでなく、殻にこもることで、本質的な問題に向き合うことができなくなります。つまり隠れた本当の自分は、癒されることがなくなるのです。

【仮面癖】はたいてい実際の欠点に基づいているものではないことを理解することはとても大切なことです。重い身体的、または精神的疾患がある人であっても、この癖を持っているとは限りません。実際に欠点があるかどうかではなく、昔から親や他の家族に自分自身についてどう刷り込まれてきたのかということがこの［性格の癖］の原因です。もし家族から愛され、価値を感じてもらい、そして尊重されたのなら、実際の強みや弱みに関わらず、ほぼ確実にこの癖を持つことはありません。

・【仮面癖】と恋愛関係

【仮面癖】の恋愛

1　全く恋愛をしない。
2　短かくて濃厚な恋愛を繰り返す。また一度に何人も付き合う。
3　批判的でいつも相手を落ち込ませるような人に惹かれる。
4　身体的、感情的に虐待をする人に惹かれる。
5　自分に興味をあまり持ってくれない人に最も惹かれる。
6　例え恋が実らないとわかっていたとしても、とても魅力的で理想的な人にしか惹かれない。
7　人のことを深く知ろうとしない相手と一緒にいることが一番気楽に感じる。

8 自分より下だったり好きでもない相手と会ってばかりいる。
9 本気で付き合ってくれなかったり定期的に会えない人（既婚者やすでに他に付き合っている人がいる人、旅行の多い人、または遠距離に住んでいる人）に惹かれる。
10 傷つけたり、虐待したり、無視しても離れない相手と恋愛をする。

親しい関係から《逃げる》、一切恋愛をしない、または短期間の恋愛や一度に何人も付き合うことで、誰にも自分の決定的な欠点を見せないようにしているかもしれません。また自分とは親密になりたくない人と付き合うかもしれません。

栄斗さんは結婚生活を続ける間、不倫を繰り返しました。少ない時で一人、二人の女性と不倫をしていました。多くの女性と会っている中で、たった一人しか本気になれる相手を見つけられませんでしたが、その女性はデートに誘いませんでした。彼は自分が本気になれない相手とばかり付き合っていたのです。

その他に、遠距離に住んでいる人、旅行ばかりする人、また週末にしか会えない人と恋愛をするなど、自分がさらけ出される深い関係を避ける方法はたくさんあります。

杏奈さんは栄斗さんよりは親しい関係に抵抗はありませんでした。彼女は恋愛をして深い関係になるのですが、批判し拒絶してくる男性と付き合うことを繰り返していたのです。一つ前の関係では、常に不快で侮辱的な相手と数年間同棲していたようでした。ひどく扱われ、それに耐えるような恋愛をする多くの人は【仮面癖】を持っています。そういったひどい扱いを受けるのに自分は値すると感じるのです。杏奈さんは、一つ前の関係を続けていたことについて「自分と一緒にいてくれる人を見つけて自分は運が良いと思っていました」と話しています。

【仮面癖】を持つ人は、とても強く惹かれる相手には気をつけなければいけません。というのは、この癖を持つ人は批判的で拒絶をする相手に一番惹かれるからです。そういった相手にはなじみ深さを感じます。子どもの頃に似た経験をしているからです。なので、そういった強く惹かれる相手との関係は徹底的に避けるべきです。

【仮面癖】の特徴

1 いったん恋愛が成立すると恋愛感情は消え、そして相手を傷つけたり批判的な態度をとる。

2　自分のことを相手に知られないように本当の自分を隠す。
3　嫉妬心が強く、相手を所有したいと感じる。
4　繰り返し他人と自分を悲観的に比較し、嫉妬したり自分が不十分であると感じる。
5　相手が自分の価値を認めてくれているか何度も確かめたくなる。
6　相手の前では自分自身を抑える。
7　相手が自分を非難し、落ち込ませ、ひどい扱いをするのを許してしまう。
8　妥当な批判でさえ受け入れるのが難しい。防衛的になったり敵意を感じたりする。
9　子どもを批判することが多い。
10　成功した時は、自分は詐欺師であるかのように感じる。成功を維持できないととても不安になる。
11　職業上の失敗や人間関係での拒絶でとても落ち込む。
12　人前で話す時にとても緊張する。

また、自分を愛してくれて、また自分が愛せる相手と恋愛関係を持つと【仮面癖】が強まる機会がたくさんあるでしょう。まずこの癖を持つ人自身の批判的態度が問題となるでしょう。もしナルシスト的な要素も持っているようでしたら、正体を暴かれたり、評価されたり、拒絶されたりしない、見下すことのできる相手の方が心地良いでしょう。栄斗さん夫婦が典型的な例です。

妻：夫は、私がすることに何でも文句をつけます。だから彼と一緒にいると、何か間違ったことやってるんじゃないかって感じるんです。

栄斗さんは不倫についても詳しく話してくれました。それぞれの不倫相手には必ず欠点があり、例えば、この女性は髪の毛の質が悪いだとか、またあの女性は足が短いだとか、その女性はつまらない仕事をしているだとか、という具合です。実際、彼には明確な理想の女性像があったようです。

カウンセラー：恋愛で得たいものはなんでしょう？
栄斗：理想の女性だね。茶髪でそれほど背が高くなくて、日焼けした肌。痩せていて体を動かすことが好きな。胸は大きすぎず。インテリな感じの服装をさせたいね。清楚な感じだけど、芸術的な雰囲気も持っていて。あと、ある程度成功している女性だね。オレより成功している女性はお断りだけどね。
カウンセラー：そういった女性に会ったことはありますか？
栄斗：いや、一度も。

栄斗さんは妻や不倫相手たちを、彼の理想に合わないということで非難していました。こうして彼女たちの価値を下げることで、彼女たちが栄斗さんに対して思うことを気にしないようにしているのです。本当に理想的な相手は、自分の決定的な欠点を見抜き、最終的に自分を拒絶すると信じていたのでした。
栄斗さんの妻は、そんな女性たちの中でも一番非難されますが、実は栄斗さんが最も愛しているのは彼女です。妻を非難する激しさが、実はその証拠なのです。彼は妻を愛しており、高く評価しているので、価値を下げようと激しく非難せざるを得ないのです。

栄斗：何人も付き合ってるが、狩り終了って感じだな。手に入れるまでは夢中になるけど、手に入ったってわかるとも う興味が失せる。
カウンセラー：どの時点で女性を手に入れたと思うんです？
栄斗：たぶん、相手がオレのことを気にかけ始めた頃だろうね。

恋愛は一番親しい人間関係です。だから偽の自分も最大限に働きます。杏奈さんが「彼といる時は自分を隠しているようにいつも感じます」と言っているように、素でいられないことがこの［性格の癖］の特徴です。また偽の自分だけが愛されると信じるのも特徴です。心を開かないことによって、本当の自分はダメなんだという思いを強めていきます。【仮面癖】を持つ人が一番恐れるのは、本当の自分がさらけ出されてしまうことです。

杏奈：彼氏と結婚してもいつか「全部間違いだった。もうお前のこと好きじゃない」って言われると思います。なんでまだそうしないのかがよくわからないけど、いつか必ず言うと思います。
カウンセラー：杏奈さんはただそれを待っている？

杏奈：そう。時間の問題だと思います。

杏奈さんのように、関係を終わらせたいと思うかもしれません。不安を感じ過ぎるので、もう耐えられないかもしれません。ねたみと嫉妬は、この［性格の癖］にはつきものです。【仮面癖】を持つ人は、常習的に他人と自分を比較し、自分を悪く見る癖があります。

杏奈：彼氏と一緒に飲みに行ったりすると、私より別の女の人と一緒にいたいんだろうなっていつも思うんです。彼氏は「そんなことあるか」と言うんですけど……。というか彼氏は浮気しないと思います。ただ他の女の人が私より可愛くてきれいで、面白いと言うふうに考えちゃいます。もし私が彼氏だったら、私からは離れます。でも他の女の人と話していたらすごく嫌な気持ちになると思う。

杏奈さんは他の女性たちを理想化し、自分の欠点を強調しているので、自分と他の女性を比較することさえできません。だから、他の女性の方が素敵だとずっと感じていたのでした。

彼が杏奈さんへの気持ちを伝え安心させようとすると、杏奈さんは彼に「本当はあの人と付き合いたいんでしょ?」「あの女の子の方が私より可愛いんでしょ?」などと質問攻めにしていたようです。また杏奈さんは彼を一人にしておくのを恐れて彼にしがみつきますが、これはたいてい逆効果になります。杏奈さんが要求がましく、また感傷的になるほど、それは彼を遠ざけることになっていました。そして彼はこういう杏奈さんにガッカリしていたのです。杏奈さんの彼は次のように話します。

杏奈の彼：僕の友だちと、そいつの新しい彼女と飲みに行ったんですけど、そしたら杏奈は不機嫌になって、そして僕が「その彼女と付き合いたいと思っている」と決めつけてくるんです。理由なんてないですよ。あれは大変だったなぁ。

僕は杏奈のこと好きだし。でもトイレに五分いただけで「女と電話をしている」と責めたてるような人とは、正直一緒にいられません。

たいていの【仮面癖】を持つ人は、杏奈さんほどははっきりとはしていなくて、栄斗さんのように嫉妬心を隠し、気がつかないようにしているかもしれません。また非難に対してとても敏感で、とても小さな非難であってもとても恥を感じるでしょう。過度に言い訳をしたり、相手をこき下ろしたりするかもしれません。この防衛的な点、そして非難に敏感である点が深刻な問題にもなることがあります。

前に述べたとおり、この［性格の癖］を持つ人は、この癖を働かせる相手に一番惹かれます。逆に言うと、適切に関わってくれる人はつまらない人に感じるのです。これが【仮面癖】を持つ人のジレンマで、愛されたいけど、愛をもらえばもらうほど、その人に対して興味を失ってしまうのです。栄斗さんと妻も例外ではありませんでした。

栄斗：出会った頃は、イカれたみたいに彼女に惹かれたよ。彼女しかいないってね。でも結婚した後は激冷め。妻とやりたくなくなったし。もう一年以上やってないね。

恋愛では、両極端を目指しがちなのが【仮面癖】を持つ人の特徴です。一つは、強く惹かれるが不安も強い、理想を追求し続けるということ。もう一つは受容して愛してくれる人を見つけるが、すぐに飽きてしまうということです。

恋愛以外でも【仮面癖】は働きます。前にも述べましたが一つの危険な関係は、子どもとの関係です。この癖から生まれる恥を和らげるために自分の子どもに冷たく批判的になってしまうということです。自分がされてきたことを子どもにしてしまうのです。しかしこれは気晴らし程度にしかなりません。

栄斗の妻：夫は子どもをよく叱るんです。小さなことで上げ足をとって、本当に小さなことで。子どもたちが傷ついているということ、彼にはわからないんでしょうか。

【仮面癖】を持つ多くの人が、薬物やアルコールに逃げ、自暴自棄になります。これは特に社会的に成功した人たちで多く、例えば有名人や俳優、または企業家などで、自分の成功と自分が感じる感覚とのギャップに耐えられなくなるからです。

社会的な成功では【仮面癖】を埋め合わせることはできません。逆に、そうすることで自分が不安定なものにもなりかねません。つまり成し遂げたことで自分の価値が完全に決まるので、小さな失敗が大きな不安を引き起こします。そしてもし失業したり、倒産したり、ビジネスに失敗したり、もっと成功している人に鼻で笑われたりなど、何か深刻な事態が起きたら、あっさりと自分が崩れ去ってしまいます。つまり、成功して自分に満足するか、無価値なものとして崩れるか、という両極端な心境でしかいられないのです。

こういった意味で、人前に出る機会の多い仕事は、この癖を持つ人にとってはとても難しいものとなります。自分がさらけ出されると感じるからです。自分の汗から、震えから、声のつまりから、自分の決定的な欠点が見透かされると感じるのです。

ここからが本番です。自分の性格を変えるために、具体的に【仮面癖】を弱める方法を理解して、取り組んでいきましょう！

【仮面癖】を変えるステップ

【仮面癖】を変えるためのステップを紹介します。

【仮面癖】を変えるステップ

1　子どもの頃に植えつけられた決定的な欠点と恥を理解して傷ついた内なる子どもを感じる。
2　【仮面癖】に《逃げる》ことや《逆らう》ことで対処しているサインを書き出す。
3　それらの対処法を止めるよう努める。
4　子どもの頃に植えつけられた決定的な欠点に関する気持ちと恥を観察する。
5　自分が一番惹かれる男性／女性と一番惹かれない男性／女性を書き出す。
6　子どもの頃（十代含む）の長所と短所を書き出す。そして現在の長所と短所を書き出す。
7　現在ある短所の深刻さの度合いについて考える。
8　短所を変えるためにすることを始める。
9　批判的な（両）親に手紙を書く。
10　フラッシュカードを作成する。
11　親しい関係でできるだけ素の自分でいる。

12 周囲から与えられる愛を受け入れる。
13 自分にひどい扱いをする人を許さない。
14 自分が批判的になってしまう恋愛関係なら、相手を傷つけることを止める・他の親しい関係と同じになるように努めてみる。

1・子どもの頃に植えつけられた決定的な欠点と恥を理解して傷ついた内なる子どもを感じる

最初のステップは、過去の苦しみをもう一度感じることです。いつ［性格の癖］が始まり、誰が自分を批判し恥をかかせたのか。誰が自分を不適切で愛されるに値しないと感じさせたのか、それらへの答えは小さい頃の家庭環境にあるでしょう。具体的な出来事をできるだけ思い出しましょう。写真を使うことが役立ちます。子どもの頃からなじみ深い場所をスタートとしてイメージを始めてもいいかもしれません。

もし余裕があるなら、暗い部屋の椅子に座り、目をつぶって子どもの頃のイメージを浮かべてみましょう。無理やりではなく、ただ浮かんでくるのを待つのです。もしスタート地点が必要でしたら、今の生活の中で［性格の癖］が働いた時のことを思い出してください。

杏奈：七歳くらいの時、叔父さんが私に五百万円も保険を掛けたみたいなんです。お母さんのためにしたことですけど、私はよくわかってなくて。私のことが好きだから？　そんなことも思ってたけど、本当のことがわかった時は気まずかったです。

カウンセラー：その時のことをイメージできますか？

杏奈：自分の部屋にいます。叔父さんの家に行くとお母さんに言われて、着替えしました。叔父さんに好かれたかったから、可愛く見えるような服を選んで。部屋から出て、お父さんに私の格好はどうか聞くと、私を連れて行かないから、着替え直した方がいいと言いました。泣き虫は置いてきてもらいたいから父親と母親だけで来てもらいたいそうだ、と言われました。私は怒って、父に言いました。叔父さんは私のことが大好きで、だからたくさんのお金を私にくれたんだと。すると、父は笑って「自分のためのお金だと思ってるのか」って意地悪そうに言いました。

カウンセラー：どう感じます？

杏奈：同じふうに。さらけ出された感じ。お金は私のためじゃないってわかった時みたいに。可愛く見せようとしたことか、お金が私のためじゃないこととか、すごい恥ずかしい。イメージの中の私は、ただそこに立って、泣かないように我慢してるだけです。

愛してもらいたかったけど、愛されないまでか認められなかったり拒絶されたりした子どもを感じましょう。愛が欲しかった自分と、そしてそれをくれなかった人たちをイメージし、当時感じた痛みをそのままもう一度感じてください。

そして今の自分をそのイメージの中に入れ、イメージの中でその子どもを慰めます。慰め、愛し、褒め、そしてサポートが子どもの苦しみを癒していきます。

杏奈：今の私をイメージに入れました。小さい私の手を取り、お父さんから遠ざけました。二人で家を出て、遠くへ行きました。女の子を膝の上にのっけて、抱きしめて、キスして。好きだよ、大丈夫だよ、泣いてもいいよ、って言いました。

子どもの頃の【仮面癖】の気持ちと今の生活をリンクさせて当時の苦しみを感じるのです。

2・【仮面癖】に《逃げる》ことや《逆らう》ことで対処しているサインを書き出す

他人に批判的、批判に対して身構える、愛している人を低く見る、地位や成功に価値を置きすぎている、他人にすごいと思われるように見せる、何度も何度も自分を安心させてくれるよう人に頼む。これらは【仮面癖】に《逆らう》形で対処する方法です。

また、お酒を飲みすぎたり薬を使う、食べ過ぎたり働き過ぎたりする、人と仲良くならないようにする、個人的な感情について話し合わない、拒絶に敏感。これらは【仮面癖】から《逃げる》対処方法です。

3・それらの対処方法を止めるよう努める

こうすると【仮面癖】の気持ちをもっと近くに感じることになりますが、この気持ちに触れずには［性格の癖］を乗り越えられません。例えば自分の無価値観を償うために成功することをとても大切だと思っているとしたら、成功することによって無価値観を弱めることになります。問題は、それをしすぎてしまうということです。成功が生きる目的となり、それで人生が回ります。栄斗さんは次のように話してくれました。

栄斗：オレが家族との時間を大切にしない一番の理由は、時間がないと自分自身に思わせること。朝の十一時から翌朝の三時四時まで職場にいたし、それが週五だったからね。
妻：そうです。それで家にいる間は、体を休ませて。寝るかテレビを見るか以外、何もやろうとしません。
カウンセラー：働くか家で休むかの生活ということですね。

栄斗さんは、人から認められるために、夢中になって成功と地位を手に入れようとしていました。女性と一緒にいる時も、そのことばかり話していたようです。このやり方で、彼は、自分は愛されるに値する存在であると感じられていたようです。このように地位と成功を手に入れてきましたが、栄斗さんは愛を手に入れることはできませんでした。愛を求めてやったのに、賞賛を得ることで落ち着いてしまったのです。だからいくら成功しても彼を蝕む【仮面癖】は変わらず、一時的な安らぎを与えただけのようでした。

成功と地位は中毒性が強く、いくら手に入れても満たされることはありません。成功は、自分のことを理解して愛してくれる人を見つける代わりにはならないのです。

同じように【仮面癖】からいつも《逃げる》ことで対処している場合、例えばお酒を常習的に飲んだり、人と仲良くなるのを避けたり、本当の考えや気持ちを隠したりしていると、［性格の癖］が弱まることはないのです。

栄斗さんは自分の家族と深くつながらないように、いろいろな方法をとっていました。家にいる時は、いつもビールを飲んでいました。そしてたいてい自室で寝そべったりテレビを見たりしていました。夕食の席では、自分の成功の自慢話や、子どもの批判ばかりをしていました。また夕方出かけて不倫相手と会ったりしていました。

カウンセリングで、このように《逃げる》ことで［性格の癖］に対処することを一カ月間止めてみる約束をしました。このようにやってもらいたいのです。つまり【仮面癖】の気持ちから顔をそむけ続けさせるような行為をやめ、それに触れてもらいたいのです。それが【仮面癖】を弱めるために取り組むスタートとなります。

4・子どもの頃に植えつけられた決定的な欠点に関する気持ちと恥を観察する

どんな状況で［性格の癖］が働くかを観察します。自分の欠点だと刷り込まれたことに関する不十分さや恥を感じる状況をリスト化します。これらの気持ちが、この癖が働いているというサインです。杏奈さんのリストを紹介しましょう。

私の【仮面癖】が引き起こされる状況

1　土曜の夜に何もすることなく一人でいること。彼は出かけていて誰も自分と一緒にいたくないと感じる。
2　仲の良い友だちとランチに行く時。彼女は自分より優れていると感じる。彼女の方が頭が良いし、可愛いし、楽しい。自分自身のことを話せず、萎縮してしまう。
3　自分の母と電話で話す。結婚を決心できないことをいろいろ言って落ち込ませる。今決心しないと他には誰もいないと思わせるように話してくる。

【仮面癖】が働く場面を全て書き出します。例えば安心できない時、自分が不十分だと感じた時、また拒絶を怖がる時、人と比較して嫉妬した時、批判に対して身構えた時、ひどい扱いを受けても当然だと思い、許してしまった時などです。

人間は苦痛を感じないようにするためにとてもエネルギーを使うので、この作業は楽ではありません。この［性格の癖］を乗り越えるために、苦痛を認めることが最初の一歩であると、自分に言い聞かせ希望を持たせ続けてましょう。

また、自分の身近な人が自分に対して言った不平不満を書き出し、パターンを見つけます。嫉妬深かったり、怖がりだったり、過敏だと言われたことはありませんか？　なかなか安心しなかったり、簡単に傷つくと言われたことはありませんか？　これらの不満は、何がこの癖を維持させているのかについて重要なヒントとなり得ます。

5・自分が一番惹かれる男性／女性と一番惹かれない男性／女性を書き出す

自分が選んだ現在と過去の恋人を振り返ります。過去の関係を全て書き出し、とても惹かれた人たちと惹かれなかった人たちにグループ分けをし、二つのグループを比べてみましょう。批判的だったり拒絶をしたり偉そうだったり曖昧だったりする人に惹かれましたか？　また恋を手に入れる前の方が手に入れた後より相手に惹かれましたか？　自分を愛してくれる相手はつまらなく感じましたか？

6・子どもの頃（十代含む）の長所と短所を書き出す。そして現在の長所と短所を書き出す

自分自身に対して客観的な見方をしましょう。【仮面癖】を持つ人が見る自分は、悪いほうに歪んでしまっています。つまり、短所が強調され、長所が軽視されているということです。子どもの頃、十代、そして今の短所と長所を書き出しましょう。杏奈さんのリストを紹介します。

子どもの頃・十代の頃の長所

1 頭が良かった。
2 気遣いができた。
3 人とうまく関われた。
4 歌が上手だった。
5 リーダー性があった（テニス部の部長で学級委員も何度か任された）。
6 弟と妹に優しかった。
7 周りから好かれる女子だった。

子どもの頃・十代の頃の短所

1 短所を書き出すのは難しい。ただ何となく何もできなかったように感じる。誰も私と一緒にいたがらなかったように思う。みんなが嫌いになるところがあったように感じていた。それが何だかはわからない。他人には見えている私の何か。男の子たちは特に私のことを嫌っていた。十代の時、誰からも告白されなかった。

リストを書くのに杏奈さんはとても苦労していました。

杏奈：長所を書いていたらイライラしてきました。どうしてだろう。良いところを言うのは嫌な感じがします。
カウンセラー：あまり慣れないんですね。
杏奈：でも短所を書くのも大変でした。最初、何も思いつかなくて。ちょっとびっくりでした。でも気づいたんです。何か特定のものじゃなくて、私自身が短所だって。

現在の長所、短所を書く時も杏奈さんは同じように苦労していました。長所を書き出すこと、決定的な短所が思いつかなかったのも同じでした。彼女が短所だと思うものには「そう感じた」という根拠しかなかったのです。

このリストは、実際に短所があるのか、それともそう感じるだけなのかを示します。だから根拠を調べることが役に立つのです。

このリストを書くことで、杏奈さんは、いつも軽視していた長所があるのだとわかりました。

自分一人でこなすのではなく、家族や親友に手伝ってもらってリストを作ることも役立ちます（もちろん、この癖の原因になった家族の人に頼むのは良い考えではありません）。杏奈さんは良い点を見るという視点に全く慣れていなかったので、始めは長所を全く書けませんでした。

杏奈：人に言われても「そんなのたいしたことないよ」と思っちゃいます。私は悪い人間じゃないけど、良い所もあるけど、私全体の価値からするとそんなのはたいしたことないように感じるから。
カウンセラー：自然に価値がないように感じてしまうんですよね。

自分の長所を考える時、軽視したりリストから外したりしないでください。他人からは評価されるが自分では信じられないというものであっても、リストには加えましょう。厳しい評価をせず全てリストに含めましょう。

そして達成や成功に関連した長所を低く見積もりましょう。それらは偽の自分の長所だからです。また他人に自分の価値を聞く際は、具体的に聞きましょう。「すごいよ」「良いと思うよ」などという一般的な表現ではなく具体的なものです。というのは、具体的でないと偽の自分が評価されていると思ってしまうからです。

周囲の人は、喜んで協力してくれることでしょう。周囲の人や恋人、結婚相手に自分の長所についてのコメントをもらおうと思うだけで、自分自身に対する感じ方が大きく変わってきます。

7・現在ある短所の深刻さの度合いについて考える

リストに書き出せたら、リストにある長所や短所を持った人を自分だったらどう感じるかを考えてみます。誰にでも短所はあり、誰でも長所と短所を持っていることを忘れてはいけません。

杏奈：あまり認めたくないけど、これはありな人です。男性関係でちょっと残念だけど、悪い人ではないし。でも私自身は許せない。大丈夫だと考えられるけど、ただそう感じられない。

杏奈さんのように、まだ感じるまではいかないかもしれません。けれど感じるためには、まず知的に自分は価値ある存在であることを理解する必要があります。なぜ価値ある存在なのかを言葉で言えるようにしたいのです。長所のリストを毎日見返し、それらを軽視しないように努め、［性格の癖］を弱めていきましょう。こうすることで、頭だけでわかることを心で感じることにしていくのです。

8・短所を変えるためにすることを始める

短所のリストを見直し、どれが変えられるものかを見出しましょう。多くの場合、これらの短所は特定の状況だけで当てはまり変えられるもので、生まれつきのものではありません。変えられる短所を治すための努力をしましょう。

カウンセリングの経験で言うと【仮面癖】を持つ人の短所は、たいていが［性格の癖］の結果であるようです。違う言い方をすると、この癖が現れた形が、それらの短所であることが多いのです。杏奈さんと栄斗さんは、自分たちの短所は【仮面癖】に対処するために作られたメカニズムの一部であることに気がつきました。

例えば、杏奈さんのリストにある「私は男の子たちから嫌われている」（男性は自分に魅力を感じない）に関して、杏奈さんは男性の友だちに意見を聞いてみました。すると、彼女は「求めすぎで怖がりすぎ」であるという意見が返ってきました（これはカウンセラーも感じたことです）。しかし、これは［性格の癖］に関連した特徴です。実際、［性格の癖］に関連しない短所は一つも見つけられませんでした。

［性格の癖］が働いた結果としてやってしまう良くない行動に気がつくことで、それらをやめることがもっと簡単になりました。

杏奈：彼氏と一緒にいて、求めすぎたり嫉妬したりが強い時、彼氏のことでイライラしてても意味ないって自分に言い聞かせてます。
カウンセラー：そうするとどう感じますか？
杏奈：でも、弱くなる。無価値観というか。それで彼氏が怒ることもあるし。仕事している時も、彼氏に電話して気持ちを確かめたくなるんです。でも止めてます。そんなことしても何にもならないと。電話を止めてからはだいぶ楽です。
カウンセラー：すると、求めすぎるのを止めて、その代わりに何をされてるんですか？
杏奈：「大丈夫、あの人は私を好きだし、好かれてもおかしくない」って自分に言い聞かせてます。
カウンセラー：良いですね。ご自分をなだめているんですよね。

同じように、栄斗さんの短所、つまり人に批判的であること、自分は偉大だと他人に思わせること、仕事中毒、そして女癖の悪さ、これらは《逆らう》ことで【仮面癖】に対処している結果です。カウンセリングの中で、栄斗さんはこれらを一カ月間やめることにしました。

栄斗：リラックスしてるし思うように物事ができるね。特に仕事。人からへこまされることがあまりないんだ。
カウンセラー：それは心が整っている感じだと思いますよ。

彼にとって難しかったのは、家族と時間を過ごすことでした。突然仮面が剥がれて、家族と向き合うことになったのです。

栄斗：家族の前では緊張する。家族の前では何話して良いのかわからないから。それと、特に子どもたち。今までしてきたことはひどかったから、恥ずかしくて。
カウンセラー：大切なことは、今は子どもたちと良い関わりをしようとしていることですよね。
栄斗：確かに。妻も子どもたちも前より良い顔してると思う。
カウンセラー：栄斗さんご自身はどうなんですか？

栄斗：そうとも言える。この間、下の娘が抱きついてキスしてくれて、そんなことずっとなかったから、驚いたよ。

9・批判的な（両）親に手紙を書く

子どもの頃に自分にひどいことをしてきた家族に手紙を書きましょう。その手紙は出さなくてもいいし、むしろ出したくないのかもしれません。肝心なことは、気持ちを自由に綴ることです。自分をひどく扱ってきた人たちに対する怒りや悲しみの感情を発散するために、彼らのしてきたことにもの言いをつけるのです。

子どもの頃にその人たちが自分に何をしたのか、そうされてどう感じたのかをまず書き出しましょう。自分はそういったひどい扱いを受けるのに値しない理由を書き出し、また自分が軽視していた長所についても強調して書きましょう。そして、彼らがどうすれば良かったのか、それに自分が認めてもらいたかったこと、助けてもらいたかったこととその意義について書き、今の生活でそれらの人に求めていることを書き出しましょう。

彼らの言い分を書いたり、また彼らの批判を合理的に認めることを今はよしましょう。というのは、それは長い癒しの道のゴールに到達し【仮面癖】がなくなった時に、「許す」という形ですることだからです。

【仮面癖】を持つ人の心の中には、両親を守りたいという強い衝動があります。自分を傷つけてきた人たちにも関わらず、今でも良い両親だと思い込みたいのです。だから「親はわからなかっただけなんです」「親自身に問題があったんです」「私のためにやってくれたんです」などと親を擁護するのをカウンセリングでは頻繁に耳にします。親を守るのを止め、自分が感じている気持ちに正直になりましょう。栄斗さんが父親に書いた手紙を紹介します。

オヤジへ

あんたは恐ろしい人だったよ。あんたはガキの頃の俺を、無価値で、あんたの眼中にも入らない奴だったみたいに思っていただろうな。俺が感情を持ち、苦しみ傷ついたことは、あんたにとってはどうでも良かったんじゃないか。一番傷ついたのは、兄さんと比べられていたことだった。俺は無価値で、あんたは兄さんといるといつも幸せそうでテンションも高くて。でも俺の前では意地悪でうざくて。どんだけ俺にがっかりしてたんだよ、って思ったよ。

あんたは俺の全てを批判したな。おかげで自分を全部隠すしかなくなったんだ。俺が好きだったものだとか、あんたには言わなかった。ガキの頃は、恥ずかしい想いでいっぱいだったよ。

それでもガキの頃には、俺にも良いところがあったんだ。俺は賢かった。十六歳の頃には、野球カードを使った商売もやってた。俺には、あんたが全く気にもしなかった趣味があったんだ。兄さんの趣味とも違っていた。確かに俺は完ぺきじゃないけど、だからと言ってあんたの仕打ちは間違っていたと思う。

あんたのしてきたことは最悪だ。嫁は離婚しようとしてる。子どもは可哀そうだ。俺は、最悪な気分で仕事漬けだよ。俺はアル中になりかけだし、どうでもいい女に手を出したり、馬鹿なことばっかやってきた。自分に自信がないから、こんなことしかできなかったんだ。あんたと家族が俺に対して意地悪だったことが原因だ。

あんたらはみんな俺を落ち込ませたよ。あんたらがありのままの俺を非難したから、俺は殻にこもることにした。俺が本当はどんな人間か、誰にも見せなかった。

今俺はもっと良い人生を歩めるように頑張っている。あんたにはこれ以上俺をけなす権利はない。もしあんたが俺と関わりたいなら、俺に対する関わり方を変えることだ。もしできないなら、あんたとは一生会うつもりは一切ない。

栄斗

この手紙を書くことにとても勇気が必要だったようで、書けるようになるまで時間がかかりました。そのお陰か、手紙を書き終わった後の気分は素晴らしいものだったようです。

手紙を書くことは、大きな癒しにつながります。「真実はあなたを自由にしてくれる」とはよく言うものです。

10・フラッシュカードを作成する

フラッシュカードをまず作りましょう。【仮面癖】が働いた時に、いつでも読めるように持ち運べるものです。杏奈さんが言うように「お父さんの声が頭で聞こえてきた時」に［性格の癖］を弱めていってもらいたいのです。

杏奈：もっと強くなりたいけど、自分を落ち込ませるみたいな考えに向き合うのは難しい。いつもできないんです、けどついさっきできました。

カウンセラー：習慣づけることは難しいですよね。でも必ずできるようになりますよ。

フラッシュカードは［性格の癖］に立ち向かうための武器です。これは、自分の中に二つの面があることを思い出させてくれます。一つが、批判的で愛のない親の面です。その面は自分をいつも落ち込ませ、無視し、何もできない恥ずかしい存在だと思わせます。そしてもう一つの面は、傷ついた子どもの面です。その面は受け入れられ、認められ、愛されることを強く求めます。つまり、フラッシュカードは批判的な親の面を退け、健康で大人の自分が、傷ついた子どもに愛を提供するために活用するのです。根本的には、この方法は自分を愛するための方法なのです。

両親の批判を否定するために、フラッシュカードには、自分の長所を全て含めます。客観的な根拠を含め、どうして両親が言い続けてきたことが間違っていたり、それほど重要ではないのかを、建設的な態度で書きましょう。杏奈さんが書いたフラッシュカードを紹介します。

【仮面癖】のフラッシュカード

恥ずかしく感じ、まともじゃないと今でも感じます。特に私より優れている（外見、頭の良さ、性格）と思える女の人たちに囲まれているように感じます。それが私をとてもちっぽけな存在に感じさせます。でも、これは間違いです。単に［性格の癖］が働いているだけです。本当は私にも価値があります。気遣いができるし、賢いし、愛らしいし、善い人間なのだから。また他の人も私は愛されるに相応しいと思っています（そう思っている人の名前を列挙）。他人にわかってもらい、向き合ってもらえるほど、近くに人を寄せつけないのは私です。だからこそ、このカードに書いてあることを信じて、それを乗り越えていくんです。

作ったカードは持ち歩きましょう。自分の長所を確認するために、また自分を落ち込ませる考えに反論するためにこのカードを使いましょう。

11・親しい関係でできるだけ素の自分でいる

杏奈さんと栄斗さんは同じ［性格の癖］を持つ真逆の人たちです。杏奈さんは弱すぎ、栄斗さんは十分には弱くないのです。また杏奈さんは自分を守ることを学んでいかないといけなかった一方、栄斗さんは自分をさらけ出すことを学ぶ必要がありました。

だからもし栄斗さんに近い場合、親しい関係で、もっと素になるように心がけるのが良いでしょう。自分が完ぺきであるという印象を与えることを止めましょう。そして弱くなりましょう。秘密を分かち合いましょう。自分の欠点を認めましょう。他人を心の中に招き入れましょう。自分の秘密が、意外に恥ずかしいことではないとわかることでしょう。誰だって欠点はあります。

栄斗：自分でも驚くことをやったよ。妻と一緒に仕事上のパーティーに行って。そこで彼女の大学時代の知り合いがいたんだけど、妻とそいつが話しているのを見て、私は正直嫉妬した。いつもそうだ。仲良く話しやがって。楽しそうで、でも俺と妻はいつも楽しそうじゃなくて。いつもなら、そこで女に走るんだが、今回はしなかった。その代りに妻に言ったんだ。嫉妬したって。
カウンセラー：そしたらどうなったんですか？
栄斗：彼女は「へぇ気にしてるの？　気にしてなかったと思ってたけど！」だって。

不安げになっているところを見られたくないので、栄斗さんは奥さんのことを気にかけているということを隠してきました。また彼女を愛しているということを見せないようにしていました。ですから、パーティーの出来事のように、自然な状況で激しすぎない嫉妬を示すことはとても役立つことなのです。

どのくらい自分をさらけ出していくかは、自分のペースで良いでしょう。少しずつ、取り扱える程度にです。恋愛の初期では、あまりにも不安げにしていると、相手の気持ちを冷めさせてしまうことにもなりかねませんが、自分を見せていくことは避けられないことなので、少しずつさらけ出しましょう。相手と親しくなり相手が心から気にかけてくれていると感じ始めたら、もっと楽にさらけ出していけることでしょう。

時々、相談者は「でもどのくらい弱みを見せるのが普通なんでしょうか？」と疑問に感じられることがあります。一つの対処法は、相手のペースに合わせること。相手が弱みを見せたら、こちらも弱みを見せていくといった具合です。バランスを考えながら取り組みましょう。

例えばとても恥ずかしい出来事など、もし自分に秘密があったとしたら、徐々にそれについても話していきましょう。人は思ったほど深刻にはとらえないでしょう。だから一度話してみると、それほど恥ずかしいものでもないことがわかることでしょう。それでも人は自分を気にかけてくれるので、気が楽になるはずです。

隠している分だけ自分を恥ずかしく感じます。隠していることをさらけ出しても愛されるし、自分でいられることを理解する必要があるのです。

12・周囲から与えられる愛を受け入れる

人が自分を愛するのを許すことも難しいことです。丁寧に関わってもらうことに慣れていないので、愛されることをとても不快に感じるからです。ひどい扱いを受けたり無視されたりする方が馴染んでいて、その方がある意味心地良いのです。手をかけてもらったり、褒められたり、支えてもらったりすることが苦手なので、自分でそれらを遠ざけたり、または価値のないことだと考えます。

杏奈：おかしなことだけど、彼氏に褒められるのがちょっと嫌。「そんなことないよ」って絶対言いたくなります。例えばこの間会って外食した時、彼は「きれいだね」なんて言って。私はすぐに「そんなことない」と言って、でもすぐやめました。
カウンセラー：その後なんて言ったんですか？
杏奈：ありがとう、って。

杏奈さんも栄斗さんも、愛を受け入れることを学ぶ必要がありました。驚くことに、愛を受け入れることで深い悲しみの感情を二人とも体験したのです。

栄斗の妻：この間の夜、普段とはちょっと違いました。あの人ったら不機嫌に仕事から帰ってきて。面白くないことが起きたみたいなんです。一緒に横になって、彼の顔を撫でて、慰めようとしたんです。そしたら突然泣き出して。
カウンセラー：ずっと失っていたものに触れたんでしょうね。

栄斗の妻：こんなに近くに感じて、そして彼に愛を感じたのは初めてでした。

自分を愛してくれる人を遠ざけず、その愛を受け入れましょう。

13・自分にひどい扱いをする人を許さない

前にお伝えした通り【仮面癖】を持つ人は、批判的で、冷たい人に惹かれる傾向があります。自分に近い関係の人から非難を受けたり不公平に扱われたりすることを、自分が許していないか見直してみましょう。

杏奈：今の彼氏はそういう意味では何も問題ありません。でも幼馴染が隣に住んでるんですけど、その子は小さい頃からずっと意地悪で。私と遊びたくないと言ったり、私をからかったり。今でもそうです。前に「彼の気が変わらないうちに結婚したほうが良いよ」なんて言われました。あんなこと言って、ホント嫌な子。
カウンセラー：杏奈さんはその時彼女になんて言ったんですか？
杏奈：何も。ただイライラを隠してただけです。

自分自身のために立ち向かいましょう。自分の権利を主張し、今後二度と不合理な批判を我慢しないと伝えましょう。ありのままの自分を受け入れてもらえるよう強く、伝える時は怒らず、落ち着いて話すのが良いでしょう。身を引かず、真っ直ぐ相手の目を見て、直接的で具体的に、自分を守ろうとせずにです。自分の言いたいことを落ち着いてただ繰り返し伝えてみましょう。

杏奈：幼馴染を食事に誘ってみました。そしたらその子が二時間遅れてきて。食べ始めたけど、二時間も遅れてたから、料理も冷めてたり、火が通りすぎで、あまり楽しくなかった。他の人たちが席を離れた瞬間があったので、彼女に遅れてきたこと怒っていること、食事を台なしにされたこと、一生懸命料理を作ったことを話しました。彼女は喧嘩ごしで、彼女の彼氏と喧嘩して遅れたとか言い始めたから、ちょっとムカついたけど、頑張って、彼女が遅れたことは良くないと、ただそれだけを何度も言いました。

気をつけてもらいたいのが、主張しすぎることです。道理に合うような注意は受け入れる必要があります。妥当な批判と言いすぎの批判、また妥当でない批判の三つの違いをまず理解しましょう。

もし恋愛相手や友だちがしばらくしても変わらないようであれば、関係を終わらせることも考える必要があります。できることはやってみましょう。もし相手が恋愛相手なら、二人でカウンセリングを受けるなどです。でも【仮面癖】を強めてしまうような相手と一緒にいては、この［性格の癖］を弱めていくことはほぼ不可能です。だから最終的には、向き合って相手が変わってくれるようにできることをなんでもするか、関係を終わらせる必要があります。

カウンセリングの経験では、この癖を持つ相談者の多くは、まだ手遅れではない恋愛関係・友人関係にあります。だから相手に向き合い、相手に変わってもらう努力が可能で役立ちます。相手は批判的になるのを止めます。

時に、対等な立場の関係を好まない相手に出会うこともあります。たいてい、それは相手も【仮面癖】を持っているからなのですが［性格の癖］に《逆らう》ことで対処しているので、他人を貶めて自分の無価値感や恥から逃れているのです。【仮面癖】に取り組むにあたって、そのような相手は不都合です。

相談者の中には大人になっても、【仮面癖】の原因となった、批判的で愛情の薄い親と生活を一緒にしている方もいます。これでは【仮面癖】を克服していくことがとても難しいので、可能な限り、そういった親とは離れることを強くお勧めします。

14・自分が批判的になってしまう恋愛関係なら、相手を傷つけることを止める・他の親しい関係と同じになるように努めてみる

恋愛相手・結婚相手を責めるのをやめましょう。相手にはそうされる理由はありません。他人を攻撃することではたいてい何も解決にはなりません。またもしお子さんがいらっしゃるようでしたら、子どもに対しても同じことです。子どもは純粋で弱い存在で、彼らを攻撃することは、彼らを裏切ることにもなります。自分の子どもに【仮面癖】を学ばせてしまうのは避けましょう。

もちろん、自分が責めてしまったことに対して悪く感じると思います。その罪悪感に自分を見失わないようにしましょう。今変わることが大切なのです。

> 栄斗：子どもにしてしまったことを考えると自分に腹が立つ。でも少なくとも今はこの癖に流されないように努力してる。子どもたちのためにも、今変わらないといけないって考えているかな。

カウンセラー：もし【仮面癖】に向き合えるなら、子どもに当たることはなくなるでしょうね。

自分のしてきたことに向き合い、自分を許し、そして変わる。それを始めるのは今でしょう。

最後に……

どのくらいで変われるかは、受けてきたことの卑劣さにもよります。例えば誰かに怒られ続け、とても冷たい接し方をされていたら、そしてそこに憎悪と虐待が渦巻くようであれば、早い変化は望めません。カウンセラーの手助けを求めましょう。

徐々に自分自身や他人との関わりが良くなったり、他人が自分を良く扱ってくれたりしてくれるようになると、それが「性格の癖」が弱まってきている証拠です。今とてもひどい関係にある方は例外ですが、急速な改善が期待できるでしょう。通常は、ゆっくりとした変化が起こり、段々と自分自身を好きになっていき、この癖に流されることが減り、愛を受けられるようになるでしょう。人が近くに感じられるようになり、認めてもらえており愛されていると感じられるようになるでしょう。

変化はすぐに起きるわけではありません。数年単位で向き合い、取り組む必要があります。【仮面癖】は生まれつきではなく、徐々に学ばされたものだと思えるようになるでしょう。【仮面癖】は事実ではないという考えに心を開けるようになると、癒しがそこに伴ってくることでしょう。

「性格の癖」を弱めるためには努力が必要です。第10話で紹介した方法を自分の生活に取り入れて諦めず自分自身に向き合ってみてください。

一人で無理だと思ったら専門家に相談し、今までと違う自分を目指しましょう。

第11話　「負け犬のように感じる」【できない癖】

なにやっても上手く行かなくて、私ってほんとできない女。

私の仕事は本当に評価に値するのだろうか…

【できない癖】紹介編

相談者No.1

鈴子（三八歳）
自分をキャリア戦線に屈した負け犬だと考える女性

元気のない表情で鈴子さんは相談室に入ってきました。鈴子さんは、前からカウンセリングに来たいと思っていましたが先延ばしにしていたと話してくれました。

鈴子：最近、気持ちが暗くて……。
カウンセラー：いつ始まったんですか？
鈴子：ん〜、いつだろう。ずっとかも。生まれてからずっと落ち込んでるかもって思ったり。そう、二週間前に嫌なことがありました。主人と一緒に外食に出てたんですけど、同じ大学行っていた知り合いにばったりと会って。話していると、最近その人は勤め先の法律事務所で仕事がうまくいったみたいなんです。
カウンセラー：それが気分を害したの？
鈴子：そう。私なんか三八歳で生産アシスタントなんてどうでもいい仕事をしていて。十五年間雑用してきたようなもんだから。

鈴子さんはテレビ製造のアシスタントをしており、それは新卒がするような単純な仕事でした。大学を卒業以来、ずっとその仕事をしており、昇給はほぼなかったようです。彼女は「負け犬のように感じる」と嘆いていました。

相談者No.2

明（四二歳）
成功者であるにも関わらず自分が負け犬だと感じる男性

明さんは自分の成功を自分の実力であると認められないといった、インポスター・シンドロームを患っていました。この問題を持つ人は、人を騙して実際より能力があるように見せているように感じるのです。明さんは有名な政治家の報道官を務めているにも関わらず、自分を負け犬のように感じていたようです。

明：私は素晴らしいと言われる仕事をしているし、周りの人たちは私を尊敬しています。でもいつも不安を感じてもいます。人から評価してもらいたくて仕方ない感じで。上司から褒められると天にも昇る気持ちになりますが、少しでも改善を求められると、もう嫌われて首にされるんじゃないかって感じます。
カウンセラー：化けの皮がはがされるように感じる？
明：そう、そうです。ずっと嘘をついているような。上司は私の本性をいずれ見破ると思います。

明さんの達成感は脆く、彼は正体を暴かれて積み上げてきたキャリアが崩壊するのではと恐れています。
第11話で自分はできないと思ってしまう［性格の癖］について、この二人の例を交えながら紹介していきます。まずは【できない癖】を理解し、そしてそれを変える方法を紹介していきます。

【できない癖】理解編

【できない癖】の全体像

【できない癖】を持っていると、自分の周囲にいる人たちと比べて自分は劣っていると感じ、ほぼ常に【できない癖】が表に出てきていると感じるでしょう。

鈴子：私はただの能なしかも。若い子たちにどんどん抜かされていくし。私は三八歳で、二二、三歳の子たちと、昇進を競っているんですよ。残念すぎますよね。

この［性格の癖］がある人は、鈴子さんが経験するような苦しみを味わっていることでしょう。実際、この癖を持つ人の多くが、明さんのように実際は成功しているわけでなく、どちらかと言うと鈴子さんに近いのでしょう。つまり【できない癖】を持つ多くの人が、実際の可能性より低い程度の達成しかしておらず、その達成の程度に比例する失敗した自己イメージを持つのです。明さんのように実際の成功にも関わらず他人を欺いていると感じる人は稀です。

明：職場では、場違いのように感じています。私を除いたみんなが一流で、そこに私が入り込める隙がないという具合に。今まで自分には実際に能力があると思わせ続けてきたので、化けの皮がはがされるのは時間の問題だと思います。

【できない癖】を持っていると、実際の地位や成功、また成功しているように思えるかどうかとは別に、ほぼ常に自分は負け犬だと感じます。そしてこの癖に《逃げる》ことで対処することが多く、そのために余計に行き詰まってしまいます。例えば知識をつけたりキャリアを高めるために必要な努力を怠ります。そして成功の機会を逃してしまうのです。挑戦したら失敗してしまうのではないかと恐れているのです。

鈴子：少し前にプロジェクトのスケジュール管理を任せてもらえないかと上司に話しました。私、あんまり自分からガツガツとすることはめったにないんですけど、その時はやらなきゃと思って。上司から計画書を書くように言われ、それから三週間経ってるけど、まだ書けてない。プロジェクトは明日始まるからもう手遅れだし。

この［性格の癖］を持つ人は《逃げる》ことで【できない癖】を対処することがとても多く、スキルを身につけたり、新しい課題に取り組んだり、責任を持ったりなど、成功のために役立つことを避けるのです。「何のために？」という態度を常に取り、失敗する運命にあるならなぜ努力をしないといけないのかと考えがちです。

また、挑戦しているように見える時でも、やらないこともあります。例えば先延ばししたり、注意散漫になったり、不適切に物事をこなしたり、また雑に取り組んだりです。これらは自分で自分の首を絞めるようなことです。

明：上司が私に任せてくれたこのプロジェクトですが、不安を感じてしまい、今週まで手をつけられませんでした。重荷すぎて、この調子だと絶対に終わらすことはできない。もう疲れ切ってますよ。

失敗の可能性から《逃げる》傾向が、実際の能力を損なわせます。そして例えば降格や解雇などの現実的な制裁を受けることにもなりかねません。

また、自分が負け犬であるという考えを深めてしまうことも知らずにしてしまいます。例えば出来事や状況を頻繁に歪め、ネガティブなことを強調し、ポジティブなことを軽視するなどです。

明：自分で全部滅茶苦茶にしているのはわかっています。例えば、昨日上司からプレスリリースの記事について良い評価をもらいました。でも一つの小さな点において改善を求められました。帰ってからは、いつもどおりそのことで一晩中イライラです。

またこの癖を持つ人は、抑うつ的な気分も感じるかもしれません。

鈴子：なりたかった自分にはなれてない。っていうか、これからも一生なれないと思います。

自分がしてきた過ちで暗くなり、そして何も変わらないだろうと先を悲観するのです。

【できない癖】はたいていすぐに特定できます。それは、この癖を持っているのなら、常にその苦しさを感じているからです。

【できない癖】の原因

この［性格の癖］の原因は子どもの頃の失敗に由来します。原因を紹介しましょう。

【できない癖】の原因

1 親（たいてい父親）が学校の成績やスポーツのできに対してとても批判的で、バカ、能なし、のろま、負け犬とののしられた。または虐待された（この場合【仮面癖】や【疑い癖】と関連する）。

2 （両）親がとても成功している人（たち）で、その高い水準にはついていけないと感じ、挑戦することをやめた（この場合【完ぺき癖】と関係する）。

3 （両）親が子どもの物事のでき具合には関心を示さなかった。また（両）親が子どもに競争心を抱いたり、また成功の結果、子どもが離れていってしまうのではないかと不安を感じ、子どもの成功を非難した（この場合【愛が足りない癖】や【依存癖】と関連する）。

4 同級生と比べると、勉強もスポーツもできず、劣等感を感じた。また学習障害があったり集中力に問題があったり、まとまりがなかったため、恥をかかないように挑戦することを止めた（この場合【一人ぼっちになる癖】と関連する）。

5 兄弟や姉妹と比べて劣っているとよく比較された。彼らに追いつけないと感じ、挑戦するのを止めた。

6 （両親が）海外から移住してきた、家族がとても貧乏だった、あるいは家族に教養がなかったことで同級生に劣っていると感じた。

7 両親のしつけが悪く、自己管理や自己責任を学ばなかった。それで宿題をこなせず、勉強の仕方を身につけられなかった。結果として落ちぶれていった。

鈴子さんの子ども時代から、彼女の【できない癖】の原因をみていきましょう。

鈴子：お父さんとお母さんが私の学校のこと、全然興味を持ってくれなかったことが今でも心の傷です。でも興味なかったっていうのは、学校のことだけじゃないんだけど。なんて言うか、クラスの子たちは通知表を家に持って帰るの怖がっていたけど、私は……。お父さんとお母さん、私の成績なんてどうでもよかったから。通知表をちゃんと見て、ため息の一つぐらいついてもらいたかった。だから、通知表のことで怖がっている子たちのことがうらやましかった。変ですよね。女子トイレで友だちが個室に閉じこもって泣いていたことがあったんですけど。「家に帰れない。帰ったらお父さんに叱られる」と言って。彼女も気が動揺していたと思うけど、私も同じくらい彼女に嫉妬していたんです。やっぱり変よね。

カウンセラー：友だちには気にかけてくれる親がいた。
鈴子：そう。それもそうだけど、私病弱だったから、喘息持ちで学校も欠席が多くて。みんなからずいぶん遅れちゃって、もう追いつけなく感じて。大学まで行けたのは奇跡かも。

鈴子さんの遅れを手助けしてくれる人は誰もいませんでした。鈴子さんを勇気づけて背中を押してくれる人はいませんでした。だから彼女は《逃げる》ことを学んでしまったのです。

鈴子：仮病使ってよく休んでたし。テストとか、作文の提出がある日は、仮病を使ってました。劣っているのを見せて恥をかくのが嫌だったんです。
カウンセラー：勉強をしようとしました?
鈴子：テレビばかり。子どもの時はずっとそうでした。

鈴子さんは、前に進むために必要な忍耐やスキルを身に付けられませんでした。彼女は、できるだけ少なくやり、できるだけ逃げる、という態度で子ども時代を過ごしてきたからです。
鈴子さんの【できない癖】は【愛が足りない癖】の副産物でしたが、明さんの場合は、それでは済まされませんでした。

明：父さんは学校のことだけじゃなくて、どんなことにも批判的でした。というか、成績は悪くはなかったけど、自分の力が信じられなくなったという感じです。

明さんは、自分の成功に対して、人を騙しているとずっと感じてきました。子どもの頃は、勉強はできたのですが、他の面では劣っていると感じ、自分自身が信じられなくなったようです。
振り返って考えてみると、明さんの父親は、明さんに競争心を感じていたのかもしれません。明さんを傷つけることで、父親自身が自分を保っていたのかもしれません。

> 明：特に父さんが失業して、小さな家に引っ越した後です。私は八歳で、父さんに目をつけられたのか、恥をかかせられ始めました。

明さんの父親は、息子が学校で良い成績を取るのが気に入りませんでした。自分を越えられるのを恐れ、良い成績をとる明さんを叱り始めました。明さんは自信がそがれ、また自分自信を信じられなくなっていったのです。

【できない癖】はこのように勝手に広がっていき、その人の全てを巣食います。そしてうまくできないだろうと信じる思いが、自己充足的預言（自分について信じていることが現実となる傾向）として実現するのです。このように【できない癖】を持つ人は、自分自身を妨害して失敗し続けるよう仕向ける傾向がありますが。いくつか例を紹介します。

【できない癖】の特徴：自分を妨害する

1 仕事で必要な技術を身に付けるための努力を怠る（例：学校を卒業する、仕事関連の本を読む、セミナーなどを受けて指導者から学ぶ）。
2 自分の可能性より低いレベルの仕事に就く（例：大学を卒業し数学の才能があるにも関わらずタクシーの運転手をしているなど）。
3 仕事の能力を磨かない訳ではないが、昇進をするための努力を怠る（例：昇進を断ったり、自分の能力を披露するなどで昇進を望んだりせず、将来性のない仕事で落ち着くなど）。
4 他人のために働くのが我慢できない、または新卒がするような仕事が嫌で業界のメインストリームから外れる。その結果昇進の道が閉ざされる（この場合【子分癖】と関連する）。
5 職には就くが、遅刻、仕事の先延ばし、低いパフォーマンス、悪い態度等で繰り返し解雇されている。
6 一つの職種に留まっておられず、いろいろな業界を渡り歩いている。その結果特定の業界での専門知識や経験を得られず、進歩も少ない。
7 成功するのがとても難しい業種を選び、あきらめる決断ができない（例：芸能人、プロのスポーツ選手、音楽家など）。
8 仕事上で積極的に動いたり自分で決断することに不安を感じ、責任のより重い立場を避けている。
9 自分は馬鹿で無能だと感じ、だれが見てもうまくやっているように思えても、他人をだましているように感じる。
10 自分の能力や達成を軽視し、弱みや失敗を誇張する。その結果、同僚と同じくらいうまくいっているのに、負け犬であるかのように感じる。

11　恋愛の場面では成功している相手を選ぶ。自分はあまり成功しないので、相手の成功の中に自分の成功を仮想して生きている。
12　自分の優れた点に着目することで、自分が成功しないことや仕事のスキルがないことの言い訳とする（例：外見、愛想の良さ、若さ、自己犠牲等）。けれど根底では負け犬だと感じている。

ここで紹介した多くが《逃げる》という【できない癖】の対処方法に集約されます。このような《逃げる》方法を使ってしまうので【できない癖】を持つ人は、自分自身が馬鹿であり、無能であり、不十分であるという考えを維持することになるのです。

【できない癖】がある人は、別の役割で優れた能力を発揮することで自分を納得させもします。男性なら、スポーツや女性を口説くことだったり、女性なら容姿や自己犠牲です。けれども、社会的に成功することにとても価値を置くので、特に男性ではそれに匹敵する代用は見つからないことが多いでしょう。仕事でうまくいかない人は、人間としてうまくいっていないと感じてもおかしくありません。女性の社会進出に伴って、この性差も変化することでしょう。

十代の頃、明さんは反抗者というキャラを演じることで【できない癖】に対処していました。彼は悪ぶった服装をし、バイクに乗り、女性を口説くのが得意だったそうです。本当の問題に取り組まなくても気分良く過ごせる方法を見つけ、別の面で成功することで失敗から目を背けていたのです。

鈴子さんが【できない癖】に対処した一つの方法は、成功した男性を選んだことです。彼女の夫は最も評価されているテレビ番組制作の責任者です。だから彼女が仕事関係のパーティーや集まりに出るととても尊重されます。

自分の【できない癖】を埋め合わせるために、明さんのように他の面に着目したり、成功した人に惹かれるかもしれません。これは達成しようと向き合うことから《逃げる》ことと変わりありません。これらの埋め合わせは脆いので簡単にうまくいかなくなり、結果として【できない癖】からは抜け出せません。物事を達成することにもっと直接向き合う必要があるのです。

ここからが本番です。自分の性格変えるために、具体的に【できない癖】を弱める方法を理解して、取り組んでいきましょう！

【できない癖】を変えるステップ

【できない癖】を変えるためのステップを紹介しましょう。

【できない癖】を変えるステップ

1　【できない癖】が現実的かどうかを調べる。
2　負け犬のように感じていた、そして今も感じている自分の中の子どもに触れる。
3　不公平に扱われてきたという視点を持てるよう、その子どもを手伝う。
4　自分の素質、技術、能力、そして達成を把握する。
もし実際に同世代よりうまくいっていないとしたら……
5　失敗のパターンを見つける。
6　パターンを見つけたら、それを変える計画を立てる。
7　想像上の失敗を乗り切るためにフラッシュカードを作り、計画に沿って段階的に取り組んでいく。
8　身近な人に手伝ってもらう。

1・【できない癖】が現実的かどうかを調べる

鈴子さんの【できない癖】の場合のように、たいていは【できない癖】に対して客観的な根拠があることに気が付くでしょう。つまり実際に同級生や同世代よりもうまくやってこられなかったということです。しかし稀に明さんの【できない癖】のように、根拠が薄いものもあるのです。

まず高校、大学、大学院の同級生を書き出してリストを作りましょう。成績の良い人も中くらいの人も悪い人も含めてください。次にそれぞれの人がその人の分野において達成したこと、進歩の度合い、稼ぎ、仕事上で負う責任を書き出します。そして自分とそれらの人を比較し自分はどこら辺に位置するのかを確かめましょう。

2・負け犬のように感じていた、そして今も感じている自分の中の子どもに触れる

家族や同級生に責められ、恥をかかされ、やる気をなくされ、そして比較された記憶を思い出しましょう。【できない癖】の原因を探るのです。

今の生活で【できない癖】が働くようなことがあれば思い出し、イメージ上でその出来事を詳しく見ていきましょう。暗く静かな部屋で座り、目を閉じ、その出来事を思い出しましょう。記憶は鮮明で感情が蘇るほどだと理想的でしょう。そして子どもの時に同じように感じた時の記憶が出てくるのを待ちましょう。

鈴子さんの例を紹介します。

> 鈴子：本当に最悪。上司に、引越業者が来る時間を間違って言っちゃって。業者さんは上司に言ったのと違う時間に来て。それでも支払いして、当然上司はすごく怒ってました。そんなこんなですごく嫌な気分になって、頭から離れないんです。
>
> カウンセラー：イメージワークをしてみましょうか？
>
> 鈴子：はい。
>
> カウンセラー：では目を閉じて、上司との間で起きたこの出来事を浮かべてください。
>
> 鈴子：はい。上司の部屋にいて、上司はすぐにでもそのことを話し始めようとしているところです。
>
> カウンセラー：どう感じるのですか？
>
> 鈴子：混乱してパニック起こしそう。どうして良いのかわからなくて、部屋を歩き回ってる。ひどい動悸がして。怖いです。
>
> カウンセラー：では、同じように感じた子どもの時のことを思い出してもらえませんか？
>
> 鈴子：小学校六年生の時の教室。先生がいて、生徒たちが読書感想文を発表してる。アフリカに関する本の一部を読んで発表の準備をすることが宿題だったけど、私だけそれをしてなくて。先生が私を当てようとしているけど、私は何も言えそうになくて。

過去の記憶がこの［性格の癖］の原因を理解するのに役立ちます。この記憶の中の、負け犬のように感じている子どもは今も心の中に生きているのです。

3・不公平に扱われてきたという視点を持てるよう、その子どもを手伝う

子どもの失敗は、たいていは不自然にさせられたことが原因となります。中には問題を抱えている親がいて、彼らが子どもの才能や傾向とは無関係に特定の分野で成功させたいと願うのです。

明さんの父親は貧しい子ども時代から努力をして成功し、子どもに良い教育を与えたようでした。彼は明さんに医者になってもらいたく思い、まだ幼いころから「息子は将来医師になる」と周囲に話していました。

明：科学と数学が苦手だったのが悪かったのか。私はもっと創造的な、そう、芸術とか書きものが楽しかったんです。でも父さんは、私が芸術に興味持っていたことをバカにし「そんなものは電車代ほどの価値もない」と何度も言われた覚えがあります。でも、私は医学校に行くために勉強もしましたよ。でもダメでした。いくら頑張っても平均以上の成績が取れなかった。あの時期は完全に弱っていました。だから文学を勉強したいと言うと、父さんはすごく怒りました。大学のお金も払わないと言い出したんです。しかたなく学生ローンを組んで頑張ろうとしても、父さんは怒って「そんなのじゃ食っていけない」と言っていました。今でも父さんは私の仕事をバカにします。良い仕事で、尊敬され、新聞でもとり上げられ、お金もたくさん稼いでいるけど、でもお父さんは私の仕事をバカにするんです。だから息子が外科医になった近所の人のことで「彼は本当の金を稼いでいる」みたいなこと言っているみたいです。

子どもの頃得意だったことや長所だったことを思い出しましょう。周囲の人から現実的な期待をされていましたか？　もし褒められたり、支持されたり、指導してもらっていたら、素質のある分野においては、どのくらい成功していたでしょうか。

自分を負け犬のように感じさせてきた人たちには怒りましょう。手紙を書いたり、直接話したり、またイメージワークを通じて［性格の癖］に立ち向かうのです。

カウンセラー：イメージの中で、お父さんにどのように感じているかを伝えられますか？　彼の態度でどう感じたか。

明：はい。父さん、僕の仕事をけなして、医者という職業をえらく褒めるけど、僕は嫌なんだ。周囲の人たちからは僕は成功していると思われているけど、あなたはそう思っていない。だからあなたと会うたびに僕は負け犬のよう

に感じるんだ。いい加減にしてくれないか。僕は本当によくやっているのが、あなたにはわからないのか？

現実では、その人物に向き合っても向き合わなくても良いでしょう。もし向き合うのなら、相手はこちらの言い分を理解しないことを想定しましょう。もし相手が変わってくれたら、それに越したことはないですが、それは期待しないでいましょう。大事なことは、自分を誇れるような形でその人物に向き合うことです。落ち着いて、自分の言いたいことを簡潔に伝えましょう。相手が反論してきても、自分の言うべきことのみを繰り返し言い、言い終わるまで言いましょう。どのように感じさせられ、またどのようだったら良かったのかを伝えましょう。

カウンセラー：どのように感じましたか？
明：難しかったです。でも終わって気分が良いです。やったことを思い出すだけで気分が良いですよ。

自分を主張するやり方で問題の人物に立ち向かった後は、気分がとても良いことに気がつくでしょう。実際に対峙する・しないに関わらず、心から向き合うことが重要です。送るつもりのない手紙を書き、またはイメージワークを実施してみましょう。負け犬のレッテルを拒絶できるような自分の強い部分の声で自分を主張しましょう。

4・自分の素質、技術、能力、そして達成を把握する

いろいろな種類の知性があることを思い出してください。勉強ができることが唯一の知性ではありません。言語の知性、数学の知性、視覚・空間の知性、音楽の知性、身体の知性、機械の知性、対人関係の知性など、どれも知性です。

自分の特別な能力は何でしょう。絵の才能でしょうか。機械の、それとも論理の才能でしょうか？　スポーツやダンスの才能はどうでしょう。何かに創造的ですか？　人とうまく付き合うことも才能です。全くなにも才能を持たない人は稀です。

自分が才能を持つ分野において、何を達成しているか振り返ってみましょう。難しいでしょうが、できるだけ客観的に自分自身を見つめます。そして才能、技術、能力、また成功してきたことをリスト化しましょう。このリストを毎日読み返して、自分の可能性を意識できるようにしましょう。友だちや親しい関係にある人に手伝ってもらうのも役立ちます。

明さんのリストを紹介しましょう。

私の才能と成功

1　良い記者。
2　良いアイデアを持っていて創造的。
3　人を納得させる話し方ができる。
4　政治について独学で多くを学んだ。
5　特に政治についてはユーモアのセンスがある。
6　不安が高すぎなければたくさん仕事をこなせる。
7　東京の政治の現場では有力な人物

明さんのように、曖昧に自分が失敗者だと思っている人は、ここまで紹介してきた1から4までのステップをこなすことで、変わっていくでしょう。

しかし多くの【できない癖】を持つ人はそうではありません。自分ははっきりとした根拠を元に負け犬であると感じるので、自分の才能や能力を認め、問題の人物に向き合い、自分の中の子どもをケアし、これまで成功してきたことを現実的に評価しても、まだ自分は負け犬だと感じるでしょう。

そのため、多くの【できない癖】を持つ人はもう少し取り組む必要があります。行動の変化が必要なのです。物事に向き合うこと、そして物事をしっかり身に付けることを避ける根本的な態度を変える必要があるのです。明さんにもそういう面がありました。彼はフィクションを書くのが好きでしたが、お父さんの目もあって追求することはありませんでした。また不安を感じるような仕事に対しては先延ばしすることもありました。

もし周囲と比較して、実際に成功していないようなら、ステップ5からも引き続き取り組んでみてください。

5・失敗のパターンを見つける

今までの人生を振り返ります。学生時代から社会人になって今に至るまでを振り返り、どの時点から人より成功していないと感じ始めたのかを特定します。または周囲の支持がなくなり失敗が始まる兆候があった時点を特定します。

両親はどのように自分の成功や失敗に反応したのでしょう。批判的、支持的、または成功や失敗を続けるよう意図・無意図に関わらず促したのでしょうか？　子どもの頃、物事に取り組むのを避けたのか、それとも向き合ったのか、また難しい問題を避けていたのでしょうか。

自分の仕事で【できない癖】がどう影響しているかを振り返りましょう。とても難しい仕事を選んだのでしょうか。一つの仕事に留まることができなかったのでしょうか。仕事では、自分の能力を十分には発揮していなかったのでしょうか。責任を持ち、積極的に取り組み、昇格を望んでいたのでしょうか。先伸ばしをしたり、態度が悪かったり、雑に仕事をしていたのでしょうか。必要なスキルを身に付けたり資格を得たり、教育を受けたりすることを避けていたのでしょうか。

多くの場合【できない癖】は《逃げる》ことにつながります。つまり、実際の失敗は《逃げる》傾向が直接の原因であり、生まれつきの問題や才能のなさ、または適性のなさが原因ではないのです。

鈴子：学生時代、答えがわからないのに先生に何回も当てられて。恥ずかしかった。みんなに馬鹿にされたし。先生のいないところでは、みんなに「バカ」って呼ばれてました。

学校が嫌になるほど、鈴子さんはもっと学校を避けるようになりました。彼女の病気と学校での失敗は、ニワトリと卵のようなもので、悪循環でした。

鈴子さんは芸術に才能があり、絵とデザインにはセンスがありました。例えば、子どもの頃に彼女は自分の部屋を模様替えしたり、絵をよく描いたりしていました。けれども、学校ではこの才能を十分発揮できず、学校はただ不安を催すだけの場所でした。

鈴子：高校時代、学園祭の劇で使う大道具のデザインを任されたことがあったんです。宿題でみんな考えて案を出し合って、先生は私の案が気に入って。でも私は「やりたくないです」と言ってしまいました。やりたかったんだけど、本当はただ怖かっただけでした。

苦手な学科も確かに鈴子さんにはありました。それらをやり過ごしながら、強みを発揮していくこともできたものですが、彼女はしませんでした。学校で失敗をしたことが傷となり、学校の全てから《逃げる》ようになったのです。

6・パターンを見つけたら、それを変える計画を立てる

これには《逃げる》ことを乗り越えるステップが含まれます。避けるのではなく向き合っていかなければなりません。現実の自分の才能と限界を認め、長所を活かせる道を追求していくのです。

自分で一番自信のある分野を進み始める方法を考えます。このためには、新しい職種に挑戦することにもなるかもしれません。もしくは現在の職種で、少し方向性を変えるだけでも良いかもしれません。

自分の目指すゴールに到達するためには何が必要でしょうか。変えるべき行動のリストを作りましょう。行動を変えるためのタイムラインを作りましょう。最初のステップはどんなことでしょうか。自分に言い訳することをやめ、《逃げる》のを止めるために努力してみましょう。失敗をすることを覚悟しないと成功できません。

「千里の道も一歩から」ということわざもあるように、小さな課題を心がけましょう。実際にこなせる高さのハードルを乗り越え続けるよう計画し、実際にできるところから始めましょう。

可能性はあるけれど、ただまだ学んでいないだけです。それは今まで《逃げる》ことを繰り返してきたからです。もしかしたら、自分の分野の基礎的なことから学び始めないといけないかもしれません。また学校の勉強に戻る必要もあるかもしれません。そして進歩したことをしっかりと認め、自分を褒めましょう。

鈴子さんの長所は絵とデザインなので、日程の管理や人材の管理などの仕事を追求するのではなく、彼女はテレビのデザイナーになる目標を立てました。今までこの分野に目を向けなかったことは、彼女の仕事や興味を考えると、おかしなことです。

鈴子さんは、デザイナーの仕事を観察することから始めました。これをするために残業もしました。彼女はデザイン部の人たちと徐々に仲良くなり始め、そこでお手伝いをすることになりました。初歩的なデザインの訓練を受けて不足している知識や技術を補いました。やがてデザイナーの実習生として雇われることになりました。しばらくは給料が減りましたが、目指している方向に進んでいるという感覚が彼女にはありました。

彼女は仕事に集中する努力をし、絵の才能を生かし始めました。人に自分の作業を管理してもらい、実際に失敗してしまうパターンを止めるよう努めました。

変わるためには自分を少しばかり強いる必要もあるでしょう。始めるのが一番難しいことですが、始めてしまい目指した職種でうまくいき始めると、その良い勢いが助けとなるはずです。《逃げる》ことに立ち向かうことは、実際の生活に必ず良い変化をもたらしていくのです。

7・想像上の失敗を乗り切るためにフラッシュカードを作り、計画に沿って段階的に取り組んでいく

自分の【できない癖】と《逃げる》傾向を認め、その上で成功していく可能性の根拠を書き出しましょう。小さなステップを乗り越えていくよう自分を仕向け《逃げる》ことを続ける悪い結果を自分に言い聞かせましょう。

鈴子さんが書いたフラッシュカードを紹介します。

【できない癖】のフラッシュカード

今私は【できない癖】を持っています。今までずっとそう。だから今までずっと成功する機会をあえて逃してきてしまっていました。今までずっとデザインの才能を見失っていたみたい。先生が教えてくれても、デザイン関係の授業で良い成績をとって楽しんでいたにも関わらず。その代わりにあまり得意じゃない仕事をして、失敗への道を自分で作り上げていました。

逃げることは子どもの頃に始まりました。病気になり寂しかった時です。周りから遅れてしまうと、もう追いつける気がしなかったし誰も手助けしてくれなかった。子どもの頃は逃げることにメリットがあったけど、今はそうじゃない。

今は目標に向かって進んでいるの。デザイナーになろうとしている。うまくいきそうな気がしています。努力をやめないで、今しているることを続けていけば良いだけだと感じてる。

もう逃げることはしません。逃げたらまた負け犬に逆戻りよ。次のステップは何？　これが私のすべきこと。次のステップに進もう。

進歩したら自分を褒めることも忘れてはいけません。それもフラッシュカードに含めましょう。

8・身近な人に手伝ってもらう

自分の【できない癖】を促さないような環境を作りましょう。もし親や結婚相手に非難されるようでしたら、それに屈せず支持と励ましを求めましょう。もし結婚相手がとても成功している人なら、自分自身の成功を強く望みましょう。経済的な理由でもっと成功する必要がなかったとしてもです。

最後に……

前述のように【できない癖】は他の［性格の癖］とも関連しています。本当の意味で【できない癖】に立ち向かうためには、他の癖にも取り組むことが必要となるでしょう。明さんは【仮面癖】に取り組み、鈴子さんは【愛が足りない癖】に取り組みました。必要に応じて本書の別の話も読み進めてみましょう。

【できない癖】はとても取り組む価値のある［性格の癖］です。恥と緊張で支配されている今の生活に自信をもたらします。そしてそのためには決意が必要です。《逃げる》ことを止め、自分の強みを強調していく決意です。

第12話　「あなたのいいようにします」

【子分癖】

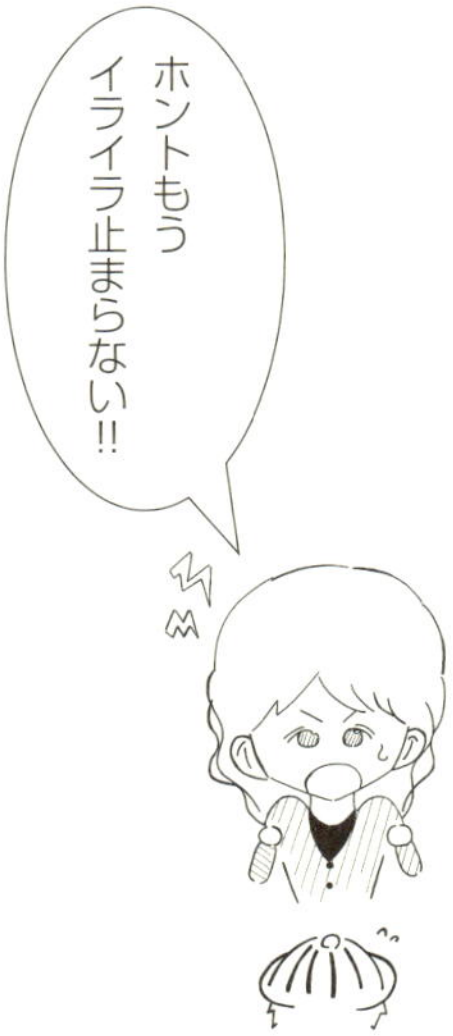
ホントもう
イライラ止まらない!!

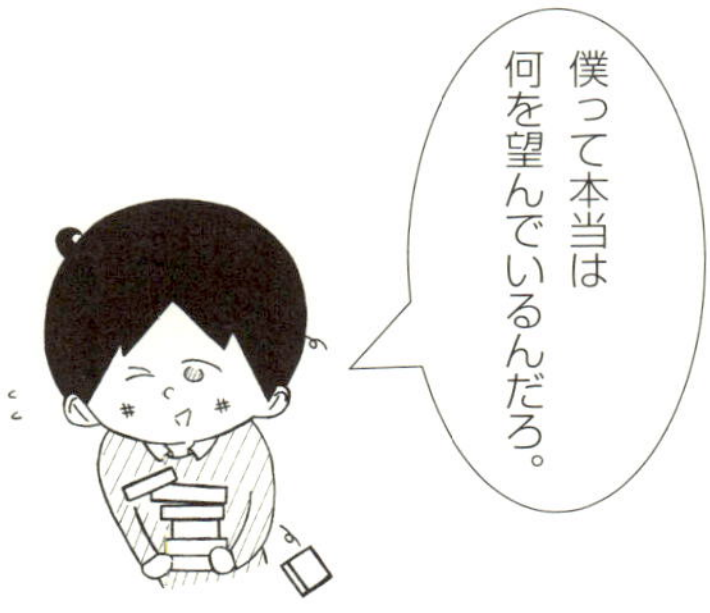
僕って本当は
何を望んでいるんだろ。

【子分癖】紹介編

相談者No.1

徹（三〇歳）
いつも自分のことより他人を優先させる男性

カウンセリングに訪れた徹さんは、不安からどうしても楽になりたいと感じているようでした。カウンセラーが言ったことにはなんでもすぐに同意していたのです。多くの相談者は、少なくとも一回目のセッションの最初は、カウンセラーが自分にとって合っているのかを見極めようとします。徹さんはそれをしませんでした。徹さんはカウンセラーが彼をどう思っているのか、彼がカウンセラーの求める相談者であるのかどうか、ということを気にしているようでした。

結婚して小さな二人の子どもがいる彼は、妻の尻に敷かれているような夫でした。家のことに全ての決定権を持つ妻に気に入ってもらえるように努めますが、なかなかうまくいかない、そう話しました。また徹さんは子どもに甘く、躾をしようとすると申し訳なく感じるようでした。仕事は父親が始めた織物業を、イヤイヤながら継ぎ、義務的に続けていたようです。

徹さんは身動きがとれない、そう感じているようでした。カウンセリングに来た理由は気分の落ち込みでしたが、全てを投げ出して理想の自分として生きていきたい、と思うこともあると話してくれました。

相談者No.2

真里（二四歳）
なんでも思い通りにしようとする夫との結婚生活に悩む女性

真里さんは、表面上のにこやかさとは裏腹に内に激しい怒りを潜めているようでした。初めてカウンセリングに訪れ、話す中で、カウンセラーにあれをしろこれをしろと言われるのではないかと身構えている様子でした。

カウンセラー：結婚生活に満足していないようですね。
真里：離婚しろと言っているの？

彼女が結婚し子どもを産んだのは、まだ十代後半のことでした。カウンセリング開始当時、彼女は結婚七年目で、子どもを二人育てていました。

真里：夫はいつも私に指図するんです。例えば欲しいモノがあったとしたら、私もそれに興味を持ってもらいたいみたいだし、こだわりがあるみたいで、それ通りにやらされるみたいな。昨日は、10分だけあの人より遅く起きただけで、何時間も私のこと叱ってきたんですよ。

真里さんは夫との結婚生活を耐え難く感じていました。彼は彼女が家族以外の人と会うこと（例えば彼女自身の友だち）も禁じ、見つからないように友だちに会いに行こうとした彼女を殴ったこともあったようでした。それがカウンセリングを受けようと思ったきっかけだったようです。

とても不満を抱えていましたが、真里さんは、もし夫と別れたら何をされるかわからないという恐怖を感じているようでした。また子どもたちのために家にいた方がいいとも思っていました。夫との関係は、真里さんの父親との関係に似ており、彼女が結婚をした一番の理由が、実家を離れたかったということにあったようです。

徹さんと真里さんは二人とも【子分癖】があり、人の言いなりになる傾向があったのです。

第12話では、人に従う［性格の癖］について、この二人と後から登場するもう五人の例を交えながら紹介していきます。

まずは【子分癖】を理解し、そしてそれを変える方法を紹介していきます。

【子分癖】理解編

【子分癖】の全体像

この［性格の癖］が強いと、支配するかされるか、というテーマで人生を送ることになります。自分ではなく周囲の人がいつも自分をコントロールしていると感じます。そして深い部分で「他人を喜ばせないといけない」と感じていることでしょう。自分を除いて、親も兄弟も姉妹も、友だちも先生も恋人や結婚相手、そして上司や同僚、子ども、または赤の他人に至るまで、みなを喜ばせないといけない、そう感じているのです。

例えば徹さんや真里さんのように、この癖を持つ多くの人が、身動きがとれないように感じるようです。人の欲求や要求を満たしていくことが重くのしかかり、消耗し、楽しさや自由の感覚が生活から消えます。そして第一の関心が「私は何が欲しい？　私はどう感じている？」ではなく、「あなたは何が欲しくて、どうやったらあなたを幸せにできる？」となるのです。

【子分癖】は、自分は何が欲しいか、何が必要か、というはっきりとした感覚を奪います。子どもの頃から父親の言いなりだった徹さんは、ビジネスマンになりたくないと感じながらも、（ビジネス業の）家業を継ぎました。彼には、他になりたいものがなかったのです。自分が何になりたいかについて、一度も見つけ出そうとすら思いませんでした。つまりこの癖のある人は受身であるということです。

徹：ただ僕が感じるのは、本当に欲しいものは手に入らないということ。どうやって手に入れるかわからないんです。
カウンセラー：人から用意されたものしか得られないように感じているのではないでしょうか。

【子分癖】がある人は、自分の人生設計ができないように感じがちです。目の前にあることに振り回されたり、状況に流されたりで、自分の問題を解決するすべはなく、突然に奇跡的なことが起きて、全部解決してもらえることを期待しがちです。

またこの癖を持つ人は、流れに乗ってうまくやっていると感じがちです。愛想が良く、人を気遣い、対立を避けるので、人間関係は良好でしょう。どんなタイプの人間とも柔軟に関われ、それが強みだとも感じているかもしれません。しかし、人の要求には弱く、例えば仕事を手伝ってもらいたいなどの妥当でない頼みごとに対しても「イエス」と言ってしまいます。また他人に止めてもらいたいことを、それがどんなに嫌であっても、どうしても言い出せないでしょう。

また、他人を手助けしたり他人に気を配ったりなど、人に尽くせる能力を気に入っているかもしれません。それは強みでもあります。そして共感能力を活かして人を手助けし、もしかしたら援助職に就いているかもしれません。そういった他人への気配りの中に、自分の気持ちが埋もれて見えなくなり、自分の望みを表現できないのかもしれません。

【子分癖】を持つ人は、自信がありません。人間関係において自分に権利があるとは感じないのです。徹さんの妻は夫婦でのカウンセリングの中で次のように言いました。

徹の妻：夫にすっごくイラっとしました。
カウンセラー：何が起きたんですか？
徹の妻：外で食べたんですけど、あの人がオーダーした料理が冷めていて。でも夫は、何も言わずにそれを食べ始めたんですよ。でも食べ終わってから、そのこと私にずっと愚痴って。直接言え！って感じでした。
徹：そんな騒ぐほどのことじゃない？

【子分癖】を持つ相談者からは似たような話を何度も聞きます。つまり、自分が欲しいと思ったものはたいしたものではない、という話です。けれど実際は、この些細なことを見逃していくことで、ほとんどの欲求や要望が満たされないことになるのです。カウンセリングで徹さんに【子分癖】を指摘したところ、彼は「そんなことはない」と言い「ただのんきなだけ」と言いました。しかし徹さんはのんきというより受身でした。のんきな人は、あまりどうでもいいことでは意見は言いませんが、関心があることでは意見をしっかりと述べ、物事に立ち向かえます。一方この癖を持つ人は、どんなことであっても意見がありません。自分というものを持たないのです。また、のんきな人は怒りを溜め込むことはありませんが【子分癖】がある人は、中にフツフツとした熱いものが沸き立っているのです。

この癖がある人は、自分が誰であるかということを見失っているので、周りの人の要求の中に埋没しがちです。周りの人の望みを叶えようと一生懸命に取り組み、気がついたら他人のことなのに、完全に自分のことのように感じるかもしれません。他人が目指しているものや他人の意見が自分のもののように思え、また他人の価値観を自分のものと取り違えるかもしれません。

また、団体の中に埋没することもあるでしょう。特にカリスマ的なリーダーがいるカルト団体に興味を惹かれるかもしれません。【子分癖】がある人が、人の言いなりになることには二つの理由があるようです。一つめが、罪悪感から逃れるため、あるいは他人の痛みを取り除いてあげたいためです（自己犠牲）。そして二つめが、受け入れられなかったり、仕返しされたり、見捨てられることを恐れるためです（服従）。

二つのタイプの【子分癖】

1　自己犠牲タイプの【子分癖】（罪悪感のために言いなりになる）

徹さんは自己犠牲、つまり罪悪感により人の言いなりになっていました。彼は他人の苦しみに深く共感し、どうしても手助けしたくなるなど、人の助けに応えようとしていたのです。だからうまく手助けができなかったりしなかったりすると申し訳なさを感じていたようでした。この罪悪感がとても不快なので、これを避けるために自分を犠牲にしていたのでした。

真里さんは従順、つまり罰せられる恐怖のために人の言いなりになっていました。夫は恐ろしい男性で、彼女の恐怖は現実的だったようです。支配的な父親から逃れるつもりだったのに、同じような人を夫として選んでしまったことが矛盾しているように感じられるかもしれませんが、そこには理由があります。真里さんは子どもの頃の人間関係を繰り返していたのです。

・自己犠牲

自己犠牲をする人は、他人の幸せに責任を感じています。ひょっとすると、自己犠牲をする人は子どもの頃に、親や兄弟姉妹、その他の近い存在の人たちの体と心の健康に責任を感じていたのかもしれません。例えば親が慢性的な疾患やうつに悩んでいたのかもしれません。だから大人となってからも、自分を無視してでも他人の世話をしなければならないと感じるのでしょう。

自己犠牲は美徳です。他人に気をかけることはとても立派なことですが【子分癖】を持つ人は、それをやり過ぎてしまうようです。

徹：僕は確かに自分を犠牲にしているかもしれない。でも自分で言うのもなんですが、お母さんが病気になったとしたら、僕にまず連絡が来ますよ。お母さんを病院に連れて行き、手助けしてあげるのは僕だから。それに、老人介護のＮＰＯでボランティアしていますし、緑を守る会や赤十字なんかでも手伝いをしています。みんなのためだと思うと、頑張れるんですよね。

【子分癖】を持つ人で自己犠牲のタイプの人は、共感的です。これは生まれつきの気質の一部でしょう。人の痛みを感じ、それを和らげたいと感じもします。だから積極的に【子分癖】に駆られた行動をします。子どもの時に無理やり誰かに従わされた訳ではなく、周りに苦しみを感じていたり弱く感じていたりする人がいて、それらの人を満たすことが自分のことより重要になったのです。

自己犠牲のタイプの人は従順のタイプの人と比べて、怒りはやや少ないでしょう。しかし自分がしてもらうのと自分がしてあげるバランスが明らかに崩れているので、気がついていようといまいと、怒りを確実に持っています。

このタイプの人の癖は、主に罪悪感で強まります。自分のことを優先するたびに、言いなりにされることに怒りを感じるたびに、自分を主張するたびに、また他人の痛みを和らげられないたびに申し訳なく感じるのです。他人のために尽くしたり、自分に怒りを感じることで、この罪悪感の大半は和らぎます。この繰り返しです。だから、この癖から抜け出すためには、この罪悪感に耐える必要があるのです。

徹さんは夫婦関係で、自分への怒りと罪悪感をくり返し感じていました。彼女を喜ばそうとすると、頑張れば頑張るほど、妻はもっと要求するようになりました。もちろん、そういった妻の要求には怒りを感じていましたが、そう感じるたびに徹さんは申し訳なく思い、もっと妻を喜ばせようとしたのです。

・服　従

【子分癖】のもう一つのタイプが従順です。このタイプの人は消極的に、できればしたくないけど【子分癖】をします。実際選んで決断できる状況であっても、選択の余地がないように感じます。それは子どもの頃、親から叱られたり見捨てられたりするのを避けるために、言いなりになってきた積み重ねが関係します。親は傷つけようとしたり冷たくしたり無視したりしていて、強制的に言いなりにならなければならなかったのでしょう。気づいていようといまいと、このタイプの人は、ほぼいつも怒りを抱えています。

真里さんはこのタイプで、思春期を過ぎるまで父親に厳しく育てられました。

真里：例えば出かける時は、必ず行き先を伝えるよう言われてたし、家に帰った時は、必ずどこに出かけていたのかを報告するよう言われてたし、大学生になるまで、男の子と付き合っちゃいけないって言われたし。みんなしてたのに。化粧もダメ、短いスカートもダメ、週末の夜に友だちと出かけたらダメ、早く帰らないとダメ。めんどくさかったです。

カウンセラー：従わなかった時はどうなったんですか？

真里：叱られて。殴られたこともありました。お父さん、大嫌い。

真里さんは父を恐れ、父に従いましたが、家では刑務所に閉じ込められているように感じていたようです。そして強い怒りを抱えていたようでした。

このタイプの人は「周りの人たちは強力な力で自分を言いなりにさせている」と思いがちです。しかし実際はそうではありません。言いなりにしようとするのが夫であろうと妻であろうと、または親であろうと、それほど自分の決断に影響を与える力を持ち合わせていません。実際には【子分癖】を終わらせる力は誰にでも備わっているのです。仕事上の上司など、例外はあるかもしれませんが、支配されたり虐待されたりする関係を止めることはできるのです。

子どもの頃は、反射的に親の言いなりになっていました。子どもは依存的で無力だから大人には逆らえないのです。だから子どもの時に親の言いなりになることは、適応的ですが、依存的でも無力でもない大人となってはもはや適応的ではなくなります。先に進む前にこのことには気がつく必要があります。

怒りの役割

この癖がある人は、寛大ではありますが、大きな感情に圧迫されている傾向があります。他人のために自分を犠牲にすることで怒りを抱え、利用されていたり、命令されていたり、また騙されているように感じます。こういった訳で、この癖がある人は慢性的に怒りを抱えているのですが、その怒りにほぼ気がついていないでしょう。

徹：妻が送り迎えするよう言うんですが、それがちょっと嫌ですね。駅は近いのに。

怒りを人に向けて表現するのは危険だし間違っている、そうこの［性格の癖］を持つ人は考えます。だから怒りを認められず押し殺すのです。

あまり良い気分はしないでしょうが、怒りは健康的な人間関係では必須な感情です。自分が不公平な扱いを受けていると感じるシグナルで、自分を主張したり、物事を解決する原動力にもなりましょう。こうなると怒りは適応的なのです。けれど、今までずっと怒りを抑え、自分の言いたいことを言わないできたため、怒りに気づきにくくなっているのです。

そして、たいてい自分の怒りが漏れてしまっていることにも気がつかない傾向があります。大したことでもないことに不自然な怒り方をするかもしれません。真里さんは普段はおとなしく受身ですが、例えば子どもが夕飯の時間に10分だけ遅れてきた時に急に激しく怒り出したそうです。その怒りの爆発に、彼女も、彼女の子どもも驚いたそうです。

真里：あの子が部屋に入ってきた時。突然怒鳴り始めたみたいです。あんなふうに怒鳴ったことって今まで一度もなかった。あの子はショックを受けたみたいでただそこに立っていて、泣き始めました。すぐに謝ったけど、その時「自分病んでる」って。

【子分癖】がある人が突然怒り出して、自分も周囲も驚くことになる話はよく聞きます。溜まっていた怒りは必ず、状況に見合わない強さで出てくるものです。もちろん、直接怒りをその対象にぶつけることもありますが、ほとんどの場合は受動的攻撃*1といって、怒りを直接ぶつけるのではなく、相手を困らせるような行動として怒りを出します。この癖がある人は、無意識にこれをします。真里さんの例では、子どもにあたった時、彼女は自分の上司に腹を立てていました。

カウンセラー：お子さんにそんなに怒ったのはどうしてだと思います？
真里：遅くまで仕事しなきゃならなくて、やっと帰ってきて。うちの子は手伝いをするはずだったんですけど、でも遅れてきて。イライラしてたんです。上司に残業させられて。

真里さんは不満を上司にぶつけたり、十分に自分を主張したことが一度もありませんでした。その代わりに、彼女は常習的に遅刻し仕事の期限も守りませんでした。これが彼女の仕返しのやり方でした。けれど、上司は遅刻や仕事の遅延が彼に対する敵意だとは感じることはありませんでした。

先延ばし、影でヒソヒソ言う、約束したことを全うしない、言い訳をする、などは受動的攻撃の行動で、周囲を苛立たせますが、周囲は意図的に苛立たされているということには気がつきません。

【子分癖】を持つ人がカウンセリングを通じて、または他のことがきっかけでもっと自分を主張し始めると、そうすることに罪悪感を覚えます。それは【子分癖】を持つ証拠なのですが、自分を主張し正当化することが「悪いこと」だと感じてしまうのです。この罪悪感に耐えてもっと主張しない限りは、怒りが引き続き大きな問題をもたらし続けるでしょう。その怒りや怒りの結末に気がついていなかったとしてもです。

「絶対に誰にも従わない」　反抗する人

【子分癖】がある人は普通、受身でいることが一番気楽なのですが、中には《逆らう》ことでこの［性格の癖］に対処する人もいます。言いなりになるのではなく、攻撃的で支配的に振舞うと言った【子分癖】の真逆をするのです。反抗することでこの癖に反発しているのです。

徹さんや真里さんとは逆に、反抗する人は、自分だけが重要だという考えで、攻撃的、反抗的、そして自己中心的に生きる傾向があります。そういう態度を人は横柄だと感じるかもしれません。だから上から目線だの押しつけがましいだのと周りから文句を言われるかもしれません。それでありながら、内面は他の【子分癖】を持つ人と同じように自分は他人より重要ではなく、いつも人に命令されているように感じます。そして人を恐れているのです。

一歩間違うと、怒りはすぐに反抗心になります。実際ほとんどいつもイライラを感じていて、キレることもしばしばあるのかもしれません。思春期の頃までに権威者に苦手意識を持っており、権威者の前では落ち着きをなくし、怒りを出しすぎるかもしれませんし、権威者の助言、指示、圧力、または命令に対して頑張って耐え忍んでいるのかもしれません。

反攻する人は、人生をかけて親と戦うことになります。親との争いから抜け出せず、大人になりきれません。例えば親の好みとは逆の職業を選んだり結婚相手を選んだりするかもしれません。

また、他の【子分癖】を持つ人と同じ程度に、反抗する人にも自由がありません。人から勧められ、それに反抗するので、職業を選んだり結婚相手を選んだりすることも自由にできません。与えられたルールに対して反対をしようとするからです。そういった意味で、言いなりになるタイプの【子分癖】を持つ人と何も自由度では変わりはありません。「どうして若者は道路を横切ろうとするんだ？　それは誰かが『そうするな』と言ったからだ」というアメリカンジョークが示すようにです。

他の相談者の例も挙げて行きましょう。

麗華（食生活を厳しくコントロールしようとする拒食症[*2]の一九歳女性）

この［性格の癖］を持つ人の中には、自分をコントロールしすぎることで【子分癖】に反発しようとする人もいます。生活の中のほとんどを他人に支配されているように感じるので、自分自身のある特定のことに関してだけは他人の命令を受けないように努めることがあります。それが麗華さんに起きたことで、麗華さんは摂食障害の中の拒食症に悩まされていました。麗華さんはガリガリになるまでものを食べることを避け、それでもまだ自分は太っていると言い張るのでした。

カウンセリングで麗華さんの家族に会ってわかったことですが、麗華さんの母親はいつも彼女を子ども扱いして命令していたのでした。麗華さんは自分の欲求を無視することを学び、母親の願いを叶えられるよう努力していました。

麗華：私はずっと良い子でした。なんでも従ってきたし。私が問題を持ってるなんて、家族の人は誰も信じられないと思う。

麗華の父：それは本当のことです。あるとするなら、彼女はいつも完璧すぎる子どもでした。

麗華さんは自分の欲求を常に押し殺してきたので、もう自分の欲求に気づけなくなっていました。それだけでなく、彼女は自分の感情もわからず心の中はいつも混乱していました。

そんな中で唯一彼女が誰にも邪魔されずコントロールできるのが、自分の体重でした。麗華さんは復讐を込めて自分の体重をコントロールしていました。麗華さんは食べる量のことで母親の思い通りにさせられまいと、必死に食べ物をコントロールしていました。食べ物が、母親と麗華さんの間での戦いでした。拒食症という症状によって麗華さんは母親に反抗し、そして同時に【子分癖】にはまり込んでいたのでした。

【子分癖】の原因

【子分癖】の原因

1　（両）親に生活全面で支配されたりコントロールされたりした。
2　（両）親の思い通りにしない時に、叱られたり、脅されたり、また怒られたりした。
3　（両）親のやり方で物事をやらなかった時に、冷たくされたり口を聞いてもらえなかったりした。
4　子どもの頃、（両）親に自分のことを自分で決めさせてもらえなかった。
5　（両）親がいつも家にいなかったり家にいられなかったりしたので家族の世話をしなければいけなかった。
6　（両）親の悩みをいつも聞かされていた。

7 （両）親は、思い通りにしてもらえないと申し訳なく思わせたり自己中心的に振舞った。
8 （両）親は神か仏のようだった。自分のことは後回しで周りの人たちの世話をしていた。
9 子どもの頃、自分の権利や欲求、また意見は尊重してもらえなかった。
10 子どもの頃、（両）親が心配性だったので、とても慎重にすることを選んでいた。
11 子どもの頃、他の子どものように自由にさせてもらえなかったので親に怒りを感じていた。

もし他の［性格の癖］よりも【子分癖】が大きな問題なら、その原因は、親に言いなりにさせられていたことでしょう。しかし子どもの頃は、言いなりにさせられているといった感覚はあまり感じないかもしれません。もしかしたら、押しつけがましい親に対しては怒りを感じていたかもしれません。そして大人になっても気がついていないのかもしれません。だからカウセリングを通じて、いかに親が支配的であったのか始めて気がつく相談者も少なくありません。そう気づくと怒りを感じますが、親が子どもを言いなりにするのにはいろいろな理由があるということも忘れてはなりません。

例えば最悪の場合は、真里さんの父親のように、親の身勝手さで子どもを虐待し、罰を与えたり冷たく接したりすることで、完全に子どもを管理下に置こうとします。子どもは生き残るために親に従うしかないのです。

真里：この間、お父さんとお母さんが家に来て。お父さんが子どもと一緒にいるのを見ていたら「昔よく私にやってたな」みたいに思ってハッとしました。娘はまだ四歳だから、ご飯の時にテーブルから離れたいこともあるのに、毎回「すみませんと言え」って強く言って泣かしていました。泣いていたのも気に入らなくて怒鳴ってた。

もし虐待をしたり、薬やアルコールに溺れたり、心を患っていたり、何か深刻な問題を抱えていたりする親に育てられた人は、真里さんのように強い【子分癖】を持っていることでしょう。このような親は自分が一番、子どもは二の次といった感じで共感性に欠けるので、子どもに大きな心の傷を負わせます。こういった親の元に育ったのなら、カウンセリングなしにはこの［性格の癖］を乗り切ることは難しいでしょう。

虐待はせずとも、何か子どもが個性を発揮するたびに非難したり責め立てたりする場合は、もう少し弱い【子分癖】を持つことになります。徹さんがそうですが、彼が何かを求めたりねだったりした時、父親は必ず「弱虫」だとか「ジコチュー」だとか咎めたようです。

徹：父さんの会社を継がなかったとしたら、僕は何をしたかったのか全然わかりません。
カウンセラー：子どもの頃好きだったこと、自分にとって特別だったことって何か思い当たりませんか？
徹：何かしらはあると思うけど。ピアノ好きだったかな。でも父さんが好きじゃなかったです。男らしくないって。僕をそうからかっていましたね。だからピアノを習えなかった。父さんはスポーツをやってもらいたかったみたいなんです。無理にサッカーをさせられて、でも全然ダメで。よくそのことで怒ってました、父さんは。

徹さんの父親は、自分の理想を息子に押しつけていました。だから徹さんが反抗すると、父親は徹さんを責めました。それが続き、やがて徹さんは、自分が望むからいけないんだ、と深く思い、それを持ち続けました。そのため、大人になってから自分を主張したいと思うたびに、徹さんは自分を責めずにはいられませんでした。

徹さんは父親に似た性格の女性と結婚しました。妻も父親と同じように、徹さんを自分の理想にはめ、そこから外れると彼を叱るのでした。また彼がピアノを弾いていると、それに対して文句を言い、仕事でもっと積極的になるようなじるのでした。そういった妻に対して、徹さんは怒りを感じますが、それを見せはしませんでした。その代わりに、いつも詫びるように振る舞い、おとなしく従うのでした。彼は同じようなことを他人にし、人の言いなりになるので、過去に父から受けて始まった【子分癖】が続くのです。

徹さんの自己犠牲は、彼の母親との関係にも原因があります。徹さんの子ども時代を通じて、母親はずっと病床についていました。彼女は落ち込み、そして愛情を必要としていたのです。

徹：僕はできるだけ母さんのそばにいて、お母さんを喜ばせてあげたかった。母さんはいつも落ち込んでいて、外に遊びに出かけず、ずっとそばにいました。部屋の中でも、外の遊び声が聞こえたのをよく覚えています。
カウンセラー：お母さんのためにどんなことをしていたんですか？
徹：ああ、本を読んであげたり、話したり、食べ物を持ってきて食べさせようとしたり。
カウンセラー：友だちと遊ぶのを諦めないといけなかったんですよね。大変だったんじゃないでしょうか。

徹：あまり気にしなかったと思いますよ。

徹さんは母親にあまり怒りを感じていませんでした。それは、彼が強制されたわけではないからです。必要とされたからしたのですが、徹さんの心の底では満たされない強い思いがありました。

【子分癖】はとてもなりやすい癖で、徹さんと真里さんの癖の形はほんの一例に過ぎません。もう少し別の形を紹介しましょう。

典子（両親の言うことをなんでもする「良い子」だった二四歳女性）

典子さんの両親はとても良い人に見えましたが、過保護なところがありました。母親は、典子さんが間違った判断をしないように事前に対策を講じて子を守る母親でした。

典子：私のことはお母さんに決めてもらっていて、私はただそれに従ってました。友だちとか彼氏、学校、服装、それにテレビゲームの種類まで、私のことは全部お母さんが決めていました。

典子さんの母親は子どもを巧みに思い通りにしようとしていました。そして典子さんが文句を言うと、彼女は自分のことを決める能力がまだ備わっていないと言い、典子さんの自信を削いでいきました。

【子分癖】の他に、典子さんは【依存癖】（第８話）も持っていました。だから大人になってからも、自分のことを全部他人に決めてもらっていました。彼女の夫は次のように話しました。

典子の夫：典子は自分から進んで何かをするということがない人です。僕がいつも、外食の場所、見るテレビ番組、休みの日の過ごし方とか全部決めないといけないんです。友だちと一緒に夜の時間をどう過ごすかを考えている時も、彼女は絶対に「映画に行こう」とか言わないんですね。いつも「あなたの好きなものならなんでも良いよ」って言うんです。

典子：だって、私選り好みしないから。本当になんでも良いんだから。

琢己（子どもの頃、アルコール依存の母親の親代わりをしてきた三七歳男性）

アルコール依存症の親がいる子どもでは、よくあることですが、琢己さんはアルコール依存症の母親に尽くしてきました。とても幼い頃に、自己犠牲をすることで母親をつなぎとめておけることを学びました。つまり、母親に尽くせば母親はずっと自分のそばにいるということです。琢己さんは、母親の親代わりとなった子どもでした。

琢己：買い物に行ったり、ご飯を作ったり。二日酔いがひどい時は、母さんの勤め先に電話してたりもしてました。毎回、私が病気で母さんが看病しないといけないという理由でしたよ。本当は逆ですよね。それにお酒をやめてもらうよういろいろしました。ウィスキーの瓶を隠したり、どのくらい飲んだかを記録したり……。寝る前に、酒の瓶に印をつけておいたりしましたね。病院に行くようにも何度も何度もお願いしました。
カウンセラー：琢己さんを手助けしてくれる人はいませんでしたか？
琢己：いや。一度、叔父さんと叔母さんが状況を話すように言ってきましたが、私は嘘をついて、何も問題がないって。叔父さんも叔母さんも面倒なことが嫌だってこと、わかっていましたから。

大人になってからも、琢己さんは人を救おうとしていました。彼は医師で、自分の自己犠牲が仕事に役立つことを学んでいたのです。

私生活では、琢己さんの【子分癖】はより深刻な問題でした。彼はいわゆる共依存であり、手助けが必要な女性を見つけては、特にアルコール依存症の女性ですが、自己犠牲の関係を作るパターンを繰り返していました。アルコール依存症の親の子どもの自助グループに参加して、この悪癖を乗り越える手助けを得ました。カウンセリングに訪れた時は、女性と健康的に付き合っていて、自分を主張でき、彼女はそれに応じていました。自分の欲求も満たされる関係の方が健康的だと彼は学びつつありました。

【子分癖】がある人は、今まで紹介した四人と自分が重なる部分が多いことでしょう。子どもの頃の過ごし方が違っていたとしても、子どもとして従うしか他に方法がなかったという点は共通していることでしょう。そして大人になり、周りの環境は子どもの時と違いますが、それでも、自己犠牲、あるいは従順というやり方で、周りの人の言いなりになることを続けているのです。

【子分癖】を持つ人の恋愛の特徴

【子分癖】を持つ人は、次の表にまとめたような、自分の癖を働かせる人に強く惹かれます。

【子分癖】を強める恋人・結婚相手

1 相手に対して支配的で、自分のやり方を通そうとする人。
2 強い芯を持ち、いつも明確な目的を持っている人。
3 賛成されなかったり、相手に欲求を主張されると、イライラする人。
4 相手の意見、欲求、権利を尊重しない人。
5 意に沿わないやり方で相手が物事をやっていると機嫌を損ねる人。
6 傷つき、動揺しやすいので、守らないといけないと相手に感じさせる人。
7 お酒をたくさん飲んだり、機嫌が悪くなりやすいので、言動に注意を払わないといけない人。
8 できないことが多いので、代わりにたくさんのことをやってあげないといけない人。
9 無責任で頼りにできないので、相手に任せっきりになる人。
10 相手のことを考慮せず、何でもほとんど一人で決めてしまう人。
11 意に沿わないやり方で物事をこなすよう言われると、頼んだ相手を自己中だと非難したり、相手に申し訳なく感じさせたりする人。
12 悲しくなったり、心配したり、また落ち込みやすいので、相手が聴き役にならざるを得ない人。
13 要求がましくて依存的な人。

【子分癖】を持つ人は、子どもの頃の癖を再び始めるので、相手との関係は深刻なものにもなります。この関係の中で、子どもの頃の癖を再現しようとするのです。たとえ反抗をするタイプの【子分癖】を持っており、受身の人を選んで支配したりコントロールしようとしたとしても、子どもの頃の癖を再現する過程は同じです。

一番よく見られるのが、この癖を持っている受身の人が、積極的で支配的な人を相手として選ぶことです。受身の人は、自分を引っ張ってくれる、何をしてどう感じるか教えてくれる人が必要なのです。この癖のある人には依存的な人もいます。典子さんがその一例です。彼女は母親に言われることを素直にやり、いつも「良い子」で、両親が欲しいと思っていた女の子そのものなのです。典子さんは両親が望んだ相手と結婚し、カウンセリングを始めた当時は「良い妻」を続けていました。

典子：私はあまり幸せじゃないのかも……。でも夫にそんなこと言うと怒るんです。すごく怒ることもあるんです。
カウンセラー：怒られると気分が良くないと思いますが、彼が怒ることで何が一番嫌なことだと思いますか？
典子：怖いんです。別れたいって言い出すんじゃないかって考えちゃうんです。

典子さんは夫に完全に依存していると感じていました。数時間離れていただけで不安を感じたのです。だから典子さんは夫が怒らないように、物事を完ぺきにこなそうとしていました。一番怖かったのが、捨てられることで、そうなったら一人で生きていくことはできないと典子さんは感じていました。彼女の【依存癖】が【子分癖】を強め、【子分癖】が【依存癖】を強めるといった悪循環が起きていました。

自己犠牲型の癖がある人は、要求がましくて依存的な相手に惹かれやすいでしょう。相手を満たしてあげたいと強く感じ、助けたり救ったりするかもしれません。また【子分癖】がある人は、自己愛的な相手に惹かれることもあります。そういう人は、相手から得られるだけ得て、お返しをあまりしませんし、相手の気持ちは全く気にかけません。そういう相手には、与え続ける役割を演じることが心地よく感じるかもしれません。そして反抗型の癖がある人は、自分よりさらに強い【子分癖】を持つ人に惹かれ、相手をコントロールするようになるでしょう。

【子分癖】の恋愛と仕事における危険なサイン

この「性格の癖」を持った人が陥りやすい、恋愛と仕事での落とし穴を紹介しましょう。

【子分癖】の恋愛と仕事の危険なサイン

1　ほとんどの場合、他人にやりたいようにやらせる。
2　人を喜ばせようとしすぎる。好かれたり受け入れられるためにどんなことでもする。

3 他人の意見にはっきりと反対するのを好まない。
4 人が自分をコントロールできる立ち位置にいる方が安心する。
5 誰かと対立したり誰かに怒りを覚えるような状況をなんとしても避けようとする。いつもその状況に適応する。
6 多くの場合、自分の好みがわからない。
7 自分の進路については曖昧だ。
8 最終的に自分が周りの人の聞き役になる。自分の話を聴いてくれる人はほとんどいない。
9 反発をする。人に何か言われるとすぐに「ノー」と言う。
10 人の気持ちを傷つけるようなことを言ったりしたりすることには耐えられない。
11 縛られていると感じたり心が満たされないと感じるような状況にいることがよくある。
12 自己中心的だと思われたくないので、その真逆をやりすぎる。
13 他の人のために自分を犠牲にすることがよくある。
14 家庭や職場で自分がやるべきこと以上のことを引き受けている。
15 自分が犠牲を払ったとしても、誰かトラブルに巻き込まれていたり苦しんでいたら、一生懸命になって手助けをしてあげる。
16 自分に「あれやれ、これやれ」という人に対しては怒りを感じる。
17 人に騙されているとよく思う。人にしてあげたぶんほどにはお返しが返ってこない。
18 自分が望むもの欲しいものを頼むことには申し訳なさを感じる。
19 自分の権利を主張しない。
20 人が自分にやってもらいたいことに対しては間接的に反抗する。先伸ばししたり、間違いをしたり、言い訳をしたりする。
21 権威者とうまくやっていけない。
22 仕事で昇給や昇格の希望を示せない。
23 自分には太い芯がないと思う。状況に合わせてばかりいる。
24 積極性や野心があまりないと人に言われる。
25 自分の達成してきたことはたいしたことないと思う。
26 交渉すべきところで強くなれない。

平等な恋愛関係であっても、相手に対して怒りを抱えやすいでしょう。この怒りは【子分癖】に基づいた関係性を崩す原因にもなるので、関係の初期では怒りを押し殺して喧嘩を避けます。こうすることで関係は保たれますが、やがて耐えられなくなり、反発しだし、関係のバランスを一変させたり、距離をおいたり、または仕返しをしだします。たいてい性的な行為が難しくなります。また、関係が長く続くと、やがて強い自分イメージを作る場合もあり、自分をもっと主張できるようになるかもしれません。その時は、自分の成長を促す関係性が変わるか、そうでなかったら関係が終わるかという結末にもなりかねません。

仕事での【子分癖】

大きな仕事を任せられるような理想的な仕事であっても、この癖を持つ人は最終的に自分の癖に基づいた役割に落ち着いてしまうこともあります。【子分癖】は仕事に大きな影響を与えるので、さらに詳細に紹介していきます。

この癖を持つ人の多くは、援助職に就く傾向があるようです。特に自己犠牲のタイプの人です。医者、看護師、専業主婦、教師、牧師、カウンセラー、またはその他の癒し提供者などで、この癖は当然こういった職業を引きつけます。そしてこれらの職業を選ぶ理由となった「他人の痛みや苦しみがわかる」能力は唯一【子分癖】が与えてくれた恵みだと言えるでしょう。

この癖がある人は、注目されるような状況を避ける傾向がありますが、誰か有能な力を持つ人の右腕として役立っているかもしれません。いろいろな面で、この癖のある人は、仕事上では従順で、忠誠心があり、望むことが少ないので、力を持つ人から好かれるタイプなのです。そして特に上司を喜ばせようとする努力をし、時に自分の犠牲に歯止めが効かなくなる場合もあるかもしれません。徹さん夫婦でのカウンセリングから一つ例を挙げましょう。

> 徹の妻：それだけじゃないでしょ。あなた夏休みとらないじゃない。お父さんに休みがもらいたいって言えないからって。六年間も夏休みどこにも行っていないじゃない！
> 徹：キミはわかっていないんだよ。僕がいないとダメなんだって。父さんもがっかりするだろうし、そんなことで嫌な思いをさせたくないんだ。

徹さんは休みをとりたいし家族と夏休みを過ごせないのをとても心苦しく感じていましたが、彼にとって仕事は一番優先順位の高いことだったのです。

また、この癖のある人はイエスマンであるかもしれません。上司や同僚が正しいからと言うより、喜ばせることだけのために同意しがちかもしれません。次に紹介する怜子さんはそういったイエスマンの一人です。

怜子（【子分癖】のために自分の可能性を仕事で発揮できない三四歳女性）

怜子さんは大きな会社の中間管理職でした。学校ではとても優秀でしたが、出世は同僚に比べて遅いようでした。大事な場面であっても、助言をしたり反論したりすることをせず、彼女が持っている価値のある意見やアイデアは伝わらないままでいました。またプロジェクトの進展を上司から聞かれた時は、上司を喜ばせたいがために、楽観的すぎる見解を伝えることもありました。また仕事を請負いすぎる傾向もあるので、できると約束した仕事をこなせないような状況が続いていました。

怜子さんとは違い、この癖がある多くの人は、仕事関連では、自分は何も意見を持っていないと感じがちです。だから意見を求められた時には、どの立ち位置に立てば良いのか決められません。【子分癖】と【依存癖】を持つ典子さんがそうでした。自分のことは後にして、とにかくみんなが求めているだろうことに同意しがちでした。典子さんは真面目で熱心に働いていましたが、彼女個人としての仕事はあまり評価されるものではありませんでした。

典子：安全委員会に提出するレポートに、ある数字を含めるかどうか、一人で決めないといけない状況で。上司はその日ずっと外出していて、私、すごくパニックでした。

カウンセラー：どうやって決めたんですか？

典子：周りのみんなに意見を聞いて決めました。すごく大変だったのが、納得できることを言われたと思って別の人に聞くと、全く別の意見だけど納得できちゃったみたいな。

カウンセラー：余計に混乱してしまったんじゃないですかね。

典子さんは仕事でも、はっきりとした自分らしさを持っておらず、このことが仕事の質を下げてしまっていたようでした。典子さんは、同僚は彼女ほど働いていないのに昇給や昇格を早く受けていることに、腹立たしさを感じていました。

【子分癖】を持つ人は、仕事でも待ちの姿勢でいる傾向があり、積極性や野心が少なく、これらがチャンスをモノにする機会を奪っているのです。率先して個別に動く必要があるリーダーの役割を避け、上からの指示に従うことで安心しがちです。

紗理奈（学校では優等生だったが仕事では一人でうまくできない三〇歳女性）

紗理奈さんは小さな法律事務所に努める弁護士で、法律学校ではとても優秀な成績でした。学校では、教授が手とり足とり指導をしてくれていたようです。しかし学校を卒業してから問題が起き始めました。仕事では、自分で判断して行動をすることが必要だったのですが、それがとても苦手だったようです。

紗理奈：自分のケースを持たないといけないことはわかってたけどやっぱ避けてしまっていて。誰かと組んで仕事ができればいいんだけど。私には荷が重すぎる。

受身であること、従うことに慣れていた彼女は、一人で動かないといけないことを不快に感じたようです。

梨衣子（仕事で自分を安売りする二八歳女性）

【子分癖】が及ぼす仕事上での悪影響について別の例を挙げましょう。梨衣子さんは広告業界に勤め、広告のキャンペーンの提案を作る六人チームのメンバーです。賢く想像性に富む彼女ですが、自分はチームにとって大した一員ではないと思い、そう振舞う傾向があるようです。

梨衣子：一生懸命やって、チームのためにも貢献しようとしています。でも自信がなくて。注目されるような場面が苦手なんです。ケーキ素材の広告を今手がけているんですけど、私のケーキミックスのアイデアが良いと言うことで、上司に取り上げてもらって。でもうまく言えなくて。

カウンセラー：ケーキミックスのアイデアについてプレゼンをする予定だったんですよね。

梨衣子：そうです。でも直前になって、上司に代わってもらいました。結局上司の手柄になっちゃったんですけどね。

また梨衣子さんは交渉が苦手で、話し合いではすぐに引いてしまいがちでしたし、部下を喜ばそうとするあまり、上司としての権力を適度に活用することもできず、部下に言いたいことが言えませんでした。仕事の質が良くない時にも褒めたり、また部下に自由を与えすぎていたりもしましたし、部下にやらせるようなつまらない仕事を上司である彼女がやることもあったようです。そして、部下から頼まれたことには「ノー」というのにとても苦労をしていたようでした。その結果、部下にだけでなく、彼女は都合よく利用されるようになっていきました。

【子分癖】のある人は、仕事上でどうしても怒りを感じてしまい、けれどもその怒りを直接言えません。怒りを溜め続けることで、怒りを減らすどころか増やしてしまい、結果として別の形で怒りを出していくことになるのです。例えば、何でもないようなことで怒りを爆発させたり（キレたり）することでしょう。

もしかしたら次々に頼まれる上司からの仕事を断れないかもしれません。それに対する怒りはしばらく抑え込んでいますが、会議中に怒鳴りだしたり、また部下や顧客との関係で押しが強すぎたり攻撃的だったりするかもしれません。そういった言動は仕事上では望まれないまでか、評価も下がることでしょう。

そして、徹さんの傾向のように、この癖を持つ人にとって、受動的な攻撃で怒りを表現することが一番多いでしょう。

徹：父さんは僕に要求しすぎでした。都合よく使われていた気がします。
カウンセラー：仕事が多すぎるとお父さんに話してみましたか？
徹：いえ、自分でわかるべきです。父さんの前では大丈夫だと言っていますが、僕の言い方でわかってくれても良いと思います。

不満を直接ぶつける代わりに、徹さんは行動することで怒りを出していたようです。ふくれっ面で職場にいたり、父親がいない所で社員に父親の文句を言ったり言わせたり、また仕事を先延ばしにしたり言い訳をしたりしていたようです。

仕事上での反発

反発は相手を支配したりコントロールしたりと言った、【子分癖】とは真逆のパターンです。

守（上司には媚びるが部下には暴君である四三歳男性）

仕事で不満を感じながら誰かに従い、そのうっぷんを他人で晴らすことは誰しもあるかもしれません。守さんは百貨店の男性衣料品売り場を任されていて、百貨店の店長を満足させようと、なんでも言うことを聞いていました。

守：店長は私のことが何か気に入らないようです。客や従業員の前で叱られたこともあったし、売り場に出て服をたたむよう指示したり。バイトじゃあるまいし。
カウンセラー：服をたたむように言われた時、どうされたんですか?
守：そりゃ、やりましたよ。売り場に立って服をたたみましたよ。

当然、この種の出来事は怒りを沸き上がらせます。守さんはこの怒りを部下の社員やアルバイト店員にぶつけていたようです。

守：勤務先の百貨店で、私は恐れられているみたいですね。命令に従うことを絶対要求して、ミスをしたら最後、大声で怒鳴られる、そんなふうに思われているみたいです。
カウンセラー：部下やバイトに当たらないといけないほど店長を憎んでいるように聞こえます。

守さんは従順さと、怒りに満ちたわがままさといった両極端な振る舞いをする傾向があったようです。ある時は物腰が柔らかく理解ある振る舞いをし、そしてある時は怒り狂ったように振る舞っていたようでした。

ここからが本番です。自分の性格を変えるために、具体的に【子分癖】を弱める方法を理解して、取り組んでいきましょう!

【子分癖】を変えるステップ

【子分癖】を変えるためのステップを紹介します。

【子分癖】を変えるステップ

1　子どもの頃の【子分癖】を理解する。自分の内面にいる従う子どもを感じる。
2　毎日の家庭生活や職場の中で、人に従ったり自分を犠牲にしている場面をリスト化する。
3　日々の生活の中で自分の好みや意見を作っていく（映画・食べ物・休日の過ごし方・政治・議論されている問題・時間の過ごし方等）。自分や自分の欲求について学ぶ。
4　人のためにしていることと、お返しに受けていることをリスト化する。人の話を聞いてあげている時間と自分の話を聞いてもらっている時間は？
5　受動的な攻撃をやめる。一つ一つできることから自分の欲求や望みを主張する。
6　他人に手助けを求める練習をする。自分の悩みについて話す。人にあげるものと受けるもののバランスをとるように心がける。
7　自己中心的で他人の欲求や望みを考慮しない人との縁を切る、その人との関係を変える。
8　人に同調ばかりせず、意見を言う練習をする。怒りを感じたらすぐに適度に表現する。人が自分に対して怒っていたり、自分のことで傷つくことに慣れる。
9　人を喜ばそうとしすぎる癖を正当化しない。
10　支配欲が強かったり要求がましい恋人を選んでいるかどうかを確認するために、可能な限り過去の恋愛を振り返り、相手の特徴をリスト化する。心が惹かれるような、自己中心的で、面と向き合うことができず、依存的な相手を避ける。
11　自分の望みを気にかけ、意見を聞き尊重してくれ、仕事と家庭の両立ができる相手が見つかったら、その恋愛を続けてみる。
12　仕事でもっと積極的になる。自分のした仕事の手柄を他人に譲渡しない。昇給や昇格を積極的に目指す。他人にしてもらえる仕事はやってもらう。
13　（反抗する人は）人に言われることと反対のことをしたくなる傾向に抵抗してみる。自分がしたいことをはっきりさせ、それが上司や権威者の言っていることと同じようなことでも挑戦してみる。
14　フラッシュカードを作り、それを使って自分を正しい方向へ導く。

1・子どもの頃の【子分癖】を理解する。自分の内面にいる従う子どもを感じる

【子分癖】はとても感情的に根深いです。というのは、大人の体験と比べて子どもの体験は理性で感情を抑制できないので、感

情体験が深く刻まれるからです。この癖が働くと、その感情が解放され、怒り、罪悪感、恐怖などのネガティブな感情で満たされます。

そのため普通この癖を持っている人は、この癖が働かないように、感情を認めなかったり押し殺したり努力するでしょう。そして自分に盲目になりながら、自動的に子分に成り下がります。こうして人間関係では従う役割を繰り返しするのです。だから【子分癖】を治すためには、この痛みを伴う感情を認め、そして耐える意志がまず必要となります。

他人に従う内なる子どもを感じるには、イメージワーク[*3]が一番良いでしょう。今の生活の中で起きている【子分癖】を切り口にして始めます。目を閉じ、同じように以前に感じた時のことをイメージします。できるだけ子どもの時のことが良いでしょう。この時、無理に思い出そうとせず、自然に浮かんでくるのを待ちます。誰と一緒にいるでしょう？　お父さん、お母さん、それとも兄弟・姉妹、友だちでしょうか？

真里：夫にムカついたから冷たくしてやったの。でもあの人は気づきもしない。
カウンセラー：彼に対して怒りを感じました？
真里：怒った？　彼に何か言おうとしたけど、全然聞きすらしないの。自分のことばっかり話して。だから何も言わないことにしたけど、全然気がつかなかったみたい。
カウンセラー：このことについて、イメージワークをしてみましょうか。目を閉じて、その日に起きたことを思い出してください。ご主人が真里さんの話を聞こうとしなかった時のことです。できますか？
真里：もう思い出してます。話を聞いてもらおうとしてます。
カウンセラー：わかりました。そしたら、子どもの頃に同じように感じた時のイメージが出てくるのを待ってもらえますか？
真里：見えました。お父さん。高校の時、学校の体育祭とか文化祭の日はみんな打ち上げで夜遅くまで外出てるのに、お父さんは私の話を全く聞いてくれなくて。お父さんはただ怒鳴って「ダメだ。そんなの家では許さない」って言うだけで。ムカついて、怒鳴り返してやりたかった。

このようなイメージワークで、感情を動かすことができ、それに驚くかもしれません。自分の感情を受け入れ、そこから学ぶように努めましょう。そこには従わないといけなかった相手に対する強い怒りがあるかもしれませんが、この怒りをそのままにしておきましょう。この怒りは健康的だからです。怒りは、人との関わり方を変えなくてはいけないサインで、人との関わりで何か違うものを求めている証です。怒りはそれに気づかせてくれるステップ1の大きなヒントとなります。

イメージワークをすることで【子分癖】の原因を追っていくことができます。小さい時からの成長を辿り、体験してきたことが【子分癖】を強めてしまっていたこと、そして従うことはほぼ避けられない仕方のないことだったことに気づいていきましょう。子どもの頃の家族での体験を現実的に考えられるようになるまで、このイメージワークを続けましょう。このワークの中で、子どもの頃に起きたことに対して悲しみや怒りを感じ、そして最終的に過去にとらわれずに従うことをやめられるようになるでしょう。

2・毎日の家庭生活や職場の中で、人に従ったり自分を犠牲にしている場面をリスト化する

自分自身を客観的に観察し始めましょう。少し離れたところから自分自身を見る自分を持ち【子分癖】が働く瞬間に気がつきましょう。そして苦手な状況をリスト化します。

真里さんのリストを紹介します。

【子分癖】を克服する準備

1 雨降りの時は、新聞をちゃんとビニールに入れてもらうよう配達会社に問い合わせる。
2 訪問や電話セールスを断る。
3 子どもにお小遣い以上はあげない。
4 朝からパートが入ってる時は、子どもを幼稚園に連れて行ってくれるよう夫に頼む。
5 私のいる前で子どもを叱らないようお父さんに言う。
6 一日休暇を取る。買い物したり雑誌読んだり友だちに会ったり、好きなことをしたい。
7 自分の子どもと一緒に友だちの子も乗せて送り迎えをしてあげるのに、友達からはお礼すらないことが腹立たしい。それを伝える。
8 夫が私を人前で非難することがどれだけ嫌なことか伝える。
9 何も悪いことをしていないのに、人前で非難されるのは許せないと夫に伝える。
10 ソファーを買いに行く時、夫の好みに合わせるのではなく自分の好みをしっかり言う。

3・日々の生活の中で自分の好みや意見を作っていく（**映画・食べ物・休日の過ごし方・政治・議論されている問題・時間の過ごし方等**）。**自分や自分の欲求について学ぶ**

自分の注意・関心を変えていきます。他人が望んでいることだとか求めていることを知ろうとするのではなく、自分が何を求めているかということに注意を払いましょう。

カウンセラー：昨日の夜はどんな映画を見たんですか？
徹：『推定無罪』という洋画です。
カウンセラー：どうでしたか？
徹：ちょっとわからないです。まぁまぁかな。妻は気に入ったみたいです。あまり考えてないです。
カウンセラー：ちょっと今考えてみましょうか。
徹：う〜ん、ちょっとこじつけだったかな。
カウンセラー：するとあまり楽しめなかったんですかね。
徹：いいえ、楽しかったですよ。目が離せなかったというか、誰が殺人犯なのかずっと考えてました。

自分の意見を持つようにしていきましょう。

4・人のためにしていることと、お返しに受けていることをリスト化する。人の話を聞いてあげている時間と自分の話を聞いてもらっている時間は？

自分の人間関係で、人にしてあげていることと人にしてもらっていることの割合を考えてみましょう。例えば恋人、結婚相手、子ども、親友、親、上司など自分にとって大切な人間関係を選んで、それぞれに対してリストを作成します。「その人にしてあげたこと」と「その人からしてもらったこと」の二つを記入してみましょう。すると人間関係でしてあげることとしてもらうことのバランスが崩れていることがはっきりとするでしょう。

真里：夫と私の関係のリストを作ってみました（リストを渡す）。

カウンセラー：うん、これではっきりしますね。真里さんが旦那さんにしてあげることが三一項目あるのに対して、彼は一つしか真里さんのためにしていない。

真里：そう、ほんとやってられない。

人間関係では、人にしてあげることと、してもらうことのバランスを保つことが理想です。人のためにいろいろやってあげることは良いことですが、無理してやりすぎてはいけません。そしてやってあげた分、例えば気にかけてもらったり、話を聞いてもらったり、支えてもらったり、また尊重してもらったりという人からのお返しを受け入れましょう。

5・受動的な攻撃をやめる。一つ一つできることから自分の欲求や望みを主張する

変わるためには、新しい行動の仕方を実際に試す必要があります。自分の望んでいることを伝え、人との関わり方を変えてみましょう。そうすることで、他人の感じ方が変わります。例えば、自分の言いたいことを言った後であれば、その相手に対して怯えることはなくなります。また行動を変えてみると、自分に対する考え方や感じ方が変わるでしょう。前向きな行動をすると自信がついていきます。

自分の望みを人に伝えることを試してみたら、次はもっと自分の意見や望みが言えるようになるために少しずつ練習していきます。言うことが簡単な状況から始めてだんだんと難しい状況でも言えるようにしていきましょう。

先の「克服する準備」のリストを使って、難しさを０（とても簡単）から８（無理だと思う）の数字で表してみましょう。真里さんの配点を紹介します。

【子分癖】を克服する準備	難しさ
1　雨降りの時は、新聞をちゃんとビニールに入れてもらうよう配達会社に問い合わせる。	2
2　訪問や電話セールスを断る	3
3　子どもにお小遣い以上にはあげない。	5
4　朝からパートが入ってる時は、子どもを幼稚園に連れて行ってくれるよう夫に頼む。	4
5　私のいる前で子どもを叱らないようお父さんに言う。	7

6	一日休暇を取る。買い物したり雑誌読んだり友達に会ったり、好きなことをしたい。	4
7	自分の子どもと一緒に友達の子も乗せて送り迎えをしてあげるのに、友達からはお礼すらないことが腹立たしい。それを伝える。	5
8	夫が私を人前で非難することがどれだけ嫌なことか伝える。	7
9	何も悪いことをしていないのに、人前で非難されるのは許せないと夫に伝える。	8
10	ソファーを買いに行く時、夫の好みに合わせるのではなく自分の好みをしっかり言う。	4

このリストの項目を全てこなすことが目標です。【子分癖】に駆られないようにしましょう。例えばリストの7番をこなした後、怒りを伝えるだけだったはずなのに、真里さんは【子分癖】に駆られ、友だちに好かれたいと思ったようです。それは相手を喜ばせたいという【子分癖】の行動なので、そうしないように努めましょう。

自分の考えや気持ち、望みを伝えた後は、相手がなんと言おうと自分の立ち位置を変えないでください。たとえ非難されたとしても、自分を正当化しようせず、相手に望むことをただ伝えましょう。例として、真里さんと実施したロールプレーを紹介します。真里さんは友だちに子どもを車に乗せることで自分の思いを伝えようとしています。カウンセラーが友だち役です。

真里：ねぇ、ちょっといいかな？　子どもの送り迎えのことなんだけど。ここ五週間、火曜日と木曜日に送り迎えを頼まれているでしょ。あれちょっと嫌かも。ほら、週に二回も車出さないといけないから。
カウンセラー：（友だち役）そんなケチ言わないでよ。
真里：そうかもね。でも本当に嫌なの。週に二回も車出すのは。

遠まわしに言わずはっきりと言いましょう。短く言いたいことだけを伝えた方が相手も聞いてくれます。自分が特定の感情を感じている、とはっきりと伝えます。そう感じることに対しては誰も反論することができません。仮に「あなたは間違っている」なんて言うと、相手は反論もできますが「アレ言われてイラっときた」と言えば、誰も「いやあなたはイラっとしなかった」とは言えません。感情を表現して、自分の感情がどうでもいいことでないことを伝えましょう。

一つの項目をこなすのに最低一週間はかけましょう。何度も何度も繰り返し、十分できるようになったら次の項目へ進みます。

もし一回しかできないという類の項目であれば、同じレベルの別の項目を作り上げて練習します。そして特定のことだけでなく全面的に自分を主張できるようになるために、毎日の生活の中で、自分の意見や気持ちを言うチャンスを探りましょう。

6・他人に手助けを求める練習をする。自分の悩みについて話す。人にあげるものと受けるもののバランスをとるように心がける

自分のことを話しましょう。【子分癖】がある人は、自分の話が「長すぎる」と感じると不安を感じ始め、話すのを止めてしまう傾向があります。もしこう感じたら「自分のことを話しても大丈夫だ」と言い聞かせましょう。自分の悩みについて話して、助けを求めることはいけないことではありません。むしろ、そうすることで人との距離が縮まることに気がつくでしょう。もし話を聞いてくれない人がいたら、その人の価値を自分の中で見直す時なのかもしれません。

7・自己中心的で他人の欲求や望みを考慮しない人との縁を切る、その人との関係を変える

カウンセリングでは伝統的に、今相談者が持っている人間関係を維持させようとする傾向がありました。既婚の相談者なら、結婚を続けさせようとしていましたし、またもし不倫関係を相談者が持っていたら、それも維持させようとしていました。けれど、この［性格の癖］のやり方では、ダメージを受けすぎたり変わる見込みのない人間関係を維持させようとはしません。

中には人間関係のバランスをとろうとしても、それを嫌がる人もいます。もしそういった人が自分の結婚相手だったり家族だったとしても、その人たちが変わってくれることも促し待ちましょう。けれど、いつまでも待てません。最終的に何も変わってくれないようでしたら、その関係から身を引く必要もあります。

徹さんの結婚生活は続きました。徹さんが自分を主張するようになると、妻は必死に抵抗しました。しかし妻も徹さんの変化を心の底では期待していたようで、また自分の要求に制限をかけてもらえることもほっとすることだったようです。結果として妻は、徹さんとの結婚生活により安心感が得られるようになり、より満足するようになりました。

しかし真里さんの結婚生活は続きませんでした。夫は彼女の心の成長を受け入れなかったようです。彼はどうしても誰かをコントロールしていたい人だったようで、真里さんが別れを切り出したようです。働きながら学校に通い始め、そして別の男性と付き合うようになりました。

8・人に同調ばかりせず、意見を言う練習をする。怒りを感じたらすぐに適度に表現する。人が自分に対して怒っていたり、自分のことで傷つくことに慣れる

この［性格の癖］がある人は、怒りを適度に前向きに出すことを学ぶ必要があります。怒りに振り回されず、怒りを使って人間関係を良くしていきましょう。

怒りをうまく扱うためには、いくつかのルールがあります。まず基本的なルールは「相手が何をしようと、こちらは意見を変えず落ち着いて同じことを繰り返し述べる」です。相手に惑わされて自分を正当化せず、言いたいことから離れないようにしましょう。そして落ち着いていましょう。怒鳴ったり叫んだりしてはいけません。落ち着いて話した方が、メッセージはしっかりと相手に伝わります。事実のみを淡々と話しましょう。

もし相手と良い人間関係ができている中で、相手にネガティブなコメントをする必要がある時は、何かポジティブなところから始めましょう。これから自分が相手に伝えることをオープンに受け止めてもらうための準備です。受け入れる体制ができていないと、相手に話を聞いてもらうことはできません。

例えば、徹さんは比較的難しい項目から始めましたが（妻に対して他人の前で非難しないでもらいたいと伝える）、彼女に次のように切り出しました「キミは僕のことを気にかけてくれているよね」。ポジティブで事実であることをまず言いましょう。そして相手自身を非難するのではなく、相手の行動に対してコメントをしましょう。徹さんは「キミは無神経な女だ」などとは言わず「キミは人前で僕を叱りつけることがあるけど」と相手の止めてもらいたい具体的な行動について触れました。そして最後に「聞いてくれてありがとう」とポジティブな形で会話を終えました。

タイミングも大事です。お互いに感情的な時は避けましょう。話し合いが落ち着いてできる空気になるまで待ちましょう。そして言葉だけでなく、身振りや声の調子にも、自分の想いをのせるよう心がけましょう。相手の目をしっかり見て話すことは役立ちます。もし必要なら、実際に話す前に、鏡の前で練習をするのも役立つでしょう。

9・人を喜ばそうとしすぎる癖を正当化しない

人間関係で自分の好みを表現していきます。できるだけその機会を逃さないよう心がけましょう。些細だと思えることから始めて、だんだんと重要なことへと進展させていきましょう。

徹：小さなことだけど、僕が変わり始めたのは、夕食の時に「ハンバーグか生姜焼きか、どっちがいい？」と聞かれた時だって僕は思っています。「どっちでもいいよ」と言いそうになりましたが、すぐ口を止めて「生姜焼き」って。

決めなければならないことを天秤にかけ、自分の好みを決めましょう。そしてそれをはっきりと伝えましょう。

10・支配欲が強かったり要求がましい恋人を選んでいるかどうかを確認するために、可能な限り過去の恋愛を振り返り、相手の特徴をリスト化する。心が惹かれるような、自己中心的で、面と向き合うことができず、依存的な相手を避ける

今までの人生で大切だった人間関係をリスト化します。そして多くに共通するテーマや、癖を強めてしまうような人間関係の特徴を見つけていきましょう。支配欲の強い相手に惹かれたのでしょうか。相手の世界に引き込まれすぎるような関係だったのでしょうか。虐められる関係に惹かれたのでしょうか。また人の手助けが必要な依存的な人に惹かれたのでしょうか。見えてきたパターンは、これからは避けていきたい人間関係です。惹かれる相手を避けるということなので、とても大変なことではあると思いますが、長期的に見ると、怒りや不満がたまりにたまるとこういった関係を続けることは不可能です。惹かれ度合いが少し低かったとしても、同等の立場で関われる関係を選ぶのが大人の選択です。

11・自分の望みを気にかけ、意見を聞き尊重してくれ、仕事と家庭の両立ができる相手が見つかったら、その恋愛を続けてみる

対等に関わってくれる相手が見つかったら、関係を壊さず続けることを考えましょう。【子分癖】がある人は、つまらなくなってきた、もっといい人がいるだろう、もの足りない、魅力を感じないなどと理由をつけて関係を早くに諦めがちです。少しでも魅力を相手に感じたようでしたら、その恋愛を続けてみましょう。対等な関係に慣れ親しむに従って相手から感じる魅力も高まっていきます。

12・仕事でもっと積極的になる。自分のした仕事の手柄を他人に譲渡しない。昇給や昇格を積極的に目指す。他人に

してもらえる仕事はやってもらう

自己主張をしていきましょう。自分が引いてしまったり、下手に出てしまっている状況での振る舞いを直していきましょう。上司には直接ものを言えず不満を募らせていますか？　部下のために自分を犠牲にしますか？　同僚や自分に反対する人たちに好き勝手させていますか？　こういった状況を直しましょう。勇気がいることですが、はっきりものを言って結果が得られると、良い感触を得られるようになるでしょう。

13・（反抗する人は）人に言われることと反対のことをしたくなる傾向に抵抗してみる。自分がしたいことをはっきりさせ、それが上司や権威者の言っていることと同じようなことでも挑戦してみる

反抗をする人は、外的なことに自分を縛りつけるのを止めましょう。他の【子分癖】のある人と同じように、反抗する人も自分のことをよく知らないし自由でもありません。自分の意見や方向性をしっかりと見つめましょう。受けた指示と反対のことをしたとしても、自分を縛りつけ、怒りを感じるだけです。特に権威者の意見にも同意する自由を自分に与えましょう。

14・フラッシュカードを作り、それを使って自分を正しい方向へ導く

ここまでのステップで行き詰まりを感じたら、フラッシュカードを使いましょう。フラッシュカードは自己主張の大切さを思い出させてくれます。徹さんが「度が過ぎる要求を断る」ことに関して書いたフラッシュカードを例として紹介します。

自己犠牲のフラッシュカード

人が自分に度が過ぎる要求をしてきた時、僕には断る権利がある。もし引き受けてしまったら、その人や自分自身に怒りを感じるだけだ。断ることでの罪悪感には僕は耐えられそうだ。断ったことで相手が多少傷ついたとしても、それは一時的なことで僕が断ったことを尊重すると思う。僕は自分自身を尊重したい。

もう一つ真里さんが夫との関係について書いたフラッシュカードを紹介します。

服従フラッシュカード

私が望むことには価値がないなんてことないし、私は尊重されるに値する人間です。だから夫にも私を尊重してもらいたい。自分のために彼に向き合い、私を尊重するように静かに要求できる。もし彼が成長せず私を対等に扱ってくれなければ、別れるつもりです。

フラッシュカードをいつも持ち歩き、［性格の癖］が働いた時、また自分の意見や思いをちゃんと伝えないといけない時、このカードを手にとって読み返しましょう。［性格の癖］やその解消法について、知的な理解を心に落とし込むのにフラッシュカードは役立つでしょう。

最後に……

自分に向き合って取り組むにあたって、進歩にはしっかりと目を向けて自分を褒めてあげましょう。自分を褒めてねぎらうことを忘れると、［性格の癖］を変えることがもっと難しい仕事となります。時々自分が歩んできた道を振り返り、どのくらい進歩したか確かめましょう。先を急いではいけません。少しでも進歩したと思ったら、その達成感をしっかり味わいましょう。そして自分にご褒美を与えましょう。

【子分癖】は今までの記憶と繰り返し強められた積み重ねからできていますので、とても頑固です。だから取り組み始めて間もない頃は【子分癖】が正しいことだと思われるかもしれません。この癖は自己イメージの中心であり、これを通してしか世界は見えません。だからこの癖のせいでとても苦労しているにも関わらず、懐かしみや心地良さすら感じるかもしれません。そういったこともあり、変化はとてもゆっくりとしたものです。それでもあきらめないでください。

［性格の癖］を持っていることを腹立たしく感じ、自分を責めたくなるかもしれません。真里さんは「私って本当に弱虫で大嫌い」と言っていました。けれどこういった態度は、［性格の癖］を治していく妨げにしかなりません。この癖ができ上がってしまった理由をしっかりと見つめましょう。子どもの頃は、生き延びることが第一のことだったのです。生き延びるために役立ってきたその癖ですが、しかし今は自分を傷つけています。だから今それをなくす時ではないでしょうか。今こそ、自分に嘘をついたり自分を弱らせることから抜け出し、自分自身の人生を宣言するための長い旅を始める時なのです。

［性格の癖］を弱めるためには努力が必要です。第12話で紹介した方法を自分の生活に取り入れて諦めず自分自身に向き合ってみてください。

一人で無理だと思ったら専門家に相談し、今までと違う自分を目指しましょう。

注

＊1　何かをしないことでためている怒りを表現する性質。

＊2　食べることを拒み続けてしまう状態。

＊3　過去の辛い記憶と向き合ってイメージの中でなされるべきだったことを思い起こしていくワーク。

第13話　「いつも不完全」
【完ぺき癖】

パエリア少し焦がしちゃうなんて、私最低。料理もろくにできないで、もうホントダメな女。
セラピーなんて必要ないねやらなきゃいけないことたくさんあるんだよ！

【完ぺき癖】紹介編

相談者No.1

芽衣（四二歳）

私生活でも仕事でも完ぺきでないといけないという思いからストレスを感じる女性

芽衣さんは外科医であり、若くして某国立大学医学部の学部長を務めていて、外科手術の腕が優れているだけではなく、大規模な研究も手がけています。国や民間から研究助成金を得ており、世界的に有名な学術雑誌に論文を何本も書き、専門家として世界中を飛び回る生活を続けていました。

芽衣さんは完ぺきな妻であり母親でもありました。芽衣のご主人は大きな会社の役員を務めていましたが、芽衣さんは欠かさず夫の仕事上のパーティーに参加していたようです。お子さんとの時間も作りたいとも思う芽衣さんは、毎日小学生の娘さんたちと一緒に過ごす時間をスケジュールに組み込んでいました。趣味にもこっている芽衣さんは、テニスの練習を日課とし、アマチュアの大会では優勝したこともあったようでした。

自宅はいつもピカピカで、広い庭を自らプロ顔負けにアレンジしていたようでした。けれど、庭の作業を完全に自分一人でできなかったことを悔やんでいたようです。

カウンセラー：芽衣さんは何でも一人でなさる方なんですね。

芽衣：そうね。なんでもやっちゃいます。

カウンセラー：大変じゃないですか？

芽衣：う～ん、でもあまり楽しめてないかな。本当はちょっと気分も暗くなってて。だから来たの。疲れちゃって。

カウンセラー：いろいろとやめようと思ったことはないんですか？

芽衣：ないですよ。けれど、もう四〇も過ぎたし、人生って他の生き方もあるのかなって。自分の時間が欲しいの。

相談者No.2

藍人（四十歳）
限りのない成功への欲のため、体を壊してしまった男性

藍人さんは某ラジオ局のプロデューサーです。東大出のイケメンプロデューサーとして人気ですが、人を見下すようなオーラも出しています。カウンセリング初期に、自慢にならないように注意しながら自分の業績を話していたのが印象的でした。藍人さんは業界では有名人で、また多くの芸能人と知り合いで、ラジオ局では権力を持っています。また稼ぎも良く、モデルや女優と付き合うことが多いようですが、それでも藍人さんは自分に不満を感じているようです。もっともっと成功したい、そう話してくれました。

カウンセラー：どんなことで悩んでいらっしゃるんですか？
藍人：正直に言うと、こんなところにいたくないんだよね。腹痛と頭痛はストレスが原因でリラックスすることを学んでこいと医者に言われたから来たんだよ。
カウンセラー：あなたは、腹痛と頭痛は取り除きたいけど、他は全て今のままにしておきたいと思っていらっしゃるのでしょうか。
藍人：そう。もっともっとやりたいことがあるんでね。

第13話で完ぺきを求める［性格の癖］について、この二人の例を交えながら紹介していきます。まずは【完ぺき癖】を理解し、そしてそれを変える方法を紹介していきます。

【完ぺき癖】理解編

【完ぺき癖】の全体像

【完ぺき癖】とはどういうものか。まずはこの癖の全体像をお伝えしましょう。

・常に一番

第一に、この癖を持つ人はプレッシャーを常に感じるようです。前に進むために自分にムチを打つ癖があるので、ゆったりしたり楽しんだりすることが苦手です。そんなこともあり、学校や仕事、スポーツ、趣味、または恋愛など、何であっても一番になるよう頑張ります。一番大きな家、高級な車、羨ましがられる仕事を持ち、たくさん稼げる仕事をしている格好良い（きれい）な人でありたいと感じます。また想像力に富み、物事の整理が完ぺきでないといけないように感じがちです。

ちなみにここで言う「完ぺき」とは、他人から見て完ぺきだということです。芽衣さんや藍人さんが、自分の理想が高すぎると感じているわけではありません。むしろ、彼らにとっては並レベルに感じられるようです。

だから、この癖のある人はたくさんの成功を収める傾向がありますが、その成功はあくまでも他人から見ての成功です。この癖を持つ人にとっては、ただ自分に期待していたことが事実になったというだけにすぎないようです。

・体の不調

過敏性腸症候群や頭痛などの身体的なストレス反応は、この癖がある人にとってはよくあることです。身体的なストレス反応の例を挙げると、高血圧・潰瘍・大腸炎・不眠・疲労・パニック発作・不整脈・肥満・背部痛・皮膚の問題・関節炎・喘息などです。その他たくさんの身体的な問題を患う傾向にあります。

藍人：体が訴えているような気はするんだけどね。これ以上するなって。
カウンセラー：どうにかした方が良さそうですね。

・楽しめない

この癖を持つ人にとって、人生はたんに「物事を終わらせていく」ことのように感じられるようです。いつもギリギリのところで頑張って、休んだり止まったり、また楽しんだりする暇は皆無のようです。ゲームやスポーツなど、楽しくもあることを含めて、全てが終わらすべき重要な課題のように感じるようです。

芽衣：テニスをしている時、実はあんまり楽しんでないの。自分のパフォーマンスを見て、完ぺきに打とうとしている感じ。うまくできないと、すごく腹立たしく感じる。
カウンセラー：テニスも仕事になっているみたいですね。
芽衣の夫：その通りですよ。だから芽衣とあまりテニスしたくないんですよ。真剣になりすぎる。負けたら死んでしまうみたいな勢いで。で、負けたら凄く怒るんです。芽衣はスポーツにあまり向いていないんじゃないかな、と思っちゃいますね。

・イライラと不安

【完ぺき癖】はネガティブな感情の原因となることが多くあるようです。自分の理想に合わないのでイライラすることが多く、だから慢性的に怒っていて、不安も強く感じるようです。やることがたくさんあるのに時間が少なすぎると感じ、時間に追われ、出来事に落ち込み、終わらせたことに対して虚しさすら感じることもあるようです。

・満たされない

どうして頑張り続けているのだろうと自問することもあるかもしれません。疲れきっている時でも休もうとはせず、もっともっと頑張ろうとするかもしれません。その様子は、今終わらせようとしていることをやってしまえば満足するんじゃないかと信じて頑張っているようにも感じられます。けれど、この物事の取り組み方ではいつまでも満足できません。しかしこの癖を持つ人はたいていこのことを知りません。

藍人：今いろいろ忙しいけど「いつかは満足できるから頑張れ」と自分に言い聞かせてやっていますよ。
カウンセラー：新しい仕事でも、新しい女性でも、車でも、旅行でも、どんなことにでもその高い理想を当てはめていますよね。その高い理想を変える必要があるのではないかと僕は思いますよ。

この癖を持っている人は、もし頑張り続ければ自分の満足する完ぺきさが得られるだろうと信じがちです。完ぺきではないけど、完ぺきに近づいていると感じ、その感覚が頑張る力となってさらに頑張ります。そしてゴールにたどり着いた時に待っている、ゆったり楽しい人生を想像したり空想したりするかもしれません。

カウンセラー：何がそんなに頑張らせているのでしょう。ちょっと立ち止まってみてはどうでしょうか。
芽衣：自分でも考えてるの。いつもトンネルの先が見えるというか、あともう少しだから、ってそこに向かっているという感じがするわ。

しかし、トンネルの先は残念ながら存在しません。どんどん近づいている感覚、これが【完ぺき癖】を深めるからくりです。でも実際は、ゴールを求めているというより、頑張ることが当たり前なのです。

【完ぺき癖】の三つのタイプ

この癖には少なくとも三つのタイプあります。一つ以上に当てはまるかもしれませんし、三つのタイプ全てに当てはまるかもしれません。

三つの【完ぺき癖】タイプ

- こだわりタイプ
- 達成タイプ
- ステータス追求タイプ

・こだわりタイプ

こだわりタイプの人は、全てを完ぺきに整理しようとします。
些細なことであっても細かなところまで気にかけ、どんな小さくても間違いを犯すことを怖がります。物事が整理されていない時に、イラついたり不満を感じがちです。

藍人：昨日最悪だったな。彼女と映画に行ったんだけど、ちょうど真ん中の席が一番見やすいじゃない？　でもそこはもう他に取られていて。だからそこから六席も離れたところに座らなきゃならなかったけど、イライラして映画なんてまともに見てられなかった。

カウンセラー：彼女との時間をとってこの映画を見ることにはとても意味があったんだと思います。楽しめなかったのは残念ですよね。

どこへ行っても藍人さんは細かなことまで気にかけていました。座席も食事も、部屋の温度さえ完ぺきでなくてはならなかったようです。当然のことですが、いつも何かしらが完ぺきではないので、彼はいつも落ち着けず楽しめませんでした。

藍人さんは完ぺきでない周囲に対しても怒りを感じていましたが、こだわりタイプの全ての人がそうという訳ではありません。自分自身に怒りを感じる人もいます。芽衣さんがこのタイプでした。

カウンセラー：ホームパーティーはいかがでしたか？

芽衣：まぁまぁかな。ただ作ったパエリアがちょっと焦げ気味で。そのことで自分がすごく腹立たしかったわ。

このタイプの人は、執拗に自分をコントロールしようともします。生活の中で、自分でどうしようもないと感じることがあると（例えば【心配癖】（第9話）や【子分癖】（第12話）など）こだわりを持つことで、コントロール感を取り戻そうとする傾向があるようです。

・達成タイプ

いわゆる仕事中毒の人がこのタイプです。例えば一日16時間休みなしに働き続けるなどです。成功することに重きを置き、一番になることを義務とし、それ以外の望みや希望は無視してこれに取り組みがちです。

芽衣：大学の時、統計学の成績がBになっちゃうんじゃないかって心配で寝られなかったことがあったわ。Bだと首席卒業できないんじゃないかって。その授業でうまくやれなかった自分に腹立てたなぁ。

自分の癖が、【完ぺき癖】に似た【できない癖】（第11話）なのか、それとも【完ぺき癖】なのか、どちらなのかはっきりさせることはとても大切です。【できない癖】を持つ人は、同級生や同僚と比べてできず、平均以下だと感じます。「自分は何もうまくできない」と感じるのに対して、【完ぺき癖】を持つ人は、最低でも平均以上にはあり、それであって完全主義的な高い基準を満たすために努力します。「まぁまぁやったけど、もっとうまくできたはずだ」と、この癖がある人は考えがちです。

芽衣：失敗なんてしないわよ。まぁ何やってもそれなりにうまくはやれると思うし。怖いのは失敗することじゃなくて、二流でいること。

一方で【完ぺき癖】を持つ人でも、理想が高くてそれを満たせないことがあると「失敗した」と感じることもあります。【完ぺき癖】の人に多い仕事中毒の人の多くは、慢性的なイライラと敵意を感じる、いわゆるタイプA行動パターンです。*1 タイプA行動パターンの人は、自分に勝る人や自分を邪魔する人に怒りを感じ、ほぼ常にいらだちを感じるという特徴があります。また芽衣さんほどには仕事だけの生活にならない人もいるでしょう。仕事以外のこと、例えば家をきれいにすること、買い物すること、また趣味やスポーツなどをやり過ぎて、それらが仕事になってしまっている人もいるでしょう。

・ステータス追求タイプ

このタイプの人は、表面的な自分、例えば周りの評判、社会的地位、裕福さ、美しさなどに極端なこだわりを持ちます。たいていの場合【仮面癖】（第10話）や【一人ぼっちになる癖】（第7話）に対して《逆らう》形で対処しようとする結果です。このタイプの人は、どんなことをしても満足しない傾向にあります。自分の高い基準を満たせないと自分に対して厳しくあたり、または恥ずかしく感じがちです。権力やお金、高く評価されることにとらわれ、自分を受け入れることができません。

カウンセラー：それほど豪華なパーティーに招待されて、そして招待された方たちの中でも一番きれいな女性を連れてパーティーに参加したと伺いましたが、それでも不満に感じていらっしゃるみたいですね。

藍人：席の配置がひどかった。大歓迎されていなかったことは明らかだよ。

藍人さんは、決して満足しませんでした。自分に価値があると感じたことが一度もなかったので、もっと成功しなければならない、そう感じていたようです。そしていくら成功しようと、心の底では自分を認められないようでした。

ステータス追求タイプの人は【愛が足りない癖】（第6話）を持つ人に似ています。感情的に満たされない心を、権力や名声、成功、お金で埋めようとしますが、それでも満たされないという点で似ています。とてもお金持ちで愛情の薄い男性と結婚した女性の相談者がいましたが、彼女は買物依存症でした。豪邸の高価なソファーに一人もたれ、自分が買ったたくさんの素敵なものに囲まれながら、何が足りないのだろう、とよく考えていたそうです。彼女は【愛が足りない癖】を持っていました。

【完ぺき癖】の四つの原因

【完ぺき癖】には四つの原因があります。

【完ぺき癖】の原因

1　条件つきの愛：高い基準を満たした時に両親から愛を与えられた。
2　手本：親（または両親）が高い基準を持っていた。
3　逆境：【仮面癖】【一人ぼっちになる癖】【愛が足りない癖】【できない癖】に対処する方法として《逆らう》ことが定着した。
4　親からの非難：親（または両親）から高い期待をかけられ、それに失敗した時に非難されることが多かった。

・条件つきの愛

子どもがうまくできた時にだけ温かく接し、認め、子どもをしっかりと見てあげるなど、いわゆる条件つきの愛を与える家庭環境が【完ぺき癖】を作り出す原因で一番多いようです。芽衣さんの癖の原因もこのような環境にありました。

芽衣：何か賞をとったり、良い成績を取ったりしないと、全然相手にしてもらえなかったわ。大学を首席卒業できるってわかった時、まず頭に浮かんだのが、家に急いで帰り両親にそのことを伝えて、一緒に喜びたいっていうことだった。子どもの頃から、親はほとんど私を気にかけてくれなかった。

条件的な愛のせいで、子どもは親の愛を得るためだけに頑張らないといけなくなります。けれど、いくら頑張っても足りないのです。自分の子ども時代について、芽衣さんは次のようなイメージを持っていると話してくれました。

芽衣：家に向かって頑張って走るけど、走れば走るほど、家が遠ざかっていくようで。だからもっと早く走ると、家ももっと早く遠ざかっていくような感じかな。

愛情あふれる両親であっても、親が期待することを子どもが成し遂げた時に、特に大きく愛情を与えるようなことも条件つきの愛です。学校の成績や可愛らしさ、格好良さ、地位、有名さ、スポーツなどで、ある程度結果を残すことが、イコール親に大事にしてもらえる一番良い方法になってしまうこと、これが条件つきの愛の問題点なのです。

・手　本

親（両親）が、完全主義だったり、ステータス追求タイプだったり、成功している場合は、親が子どもの【完ぺき癖】の手本となります。子どもが、その親から【完ぺき癖】の態度や行動を学ぶこともこの癖の一つの原因です。家族の誰もが自分たちの基準が高いとは思わず、むしろ当然のことだと思っているので、言われるまでこれを原因とは思わないでしょう。

芽衣：カウンセリングを始めるまでは、自分が普通と思っていることが普通じゃないなんて思いもしなかった。両親が完全主義だなんて思ってもみなかったし、ごく普通の人たちだと思ってたから。でもよく考えてみると、確かに母さんは家のことを完ぺきにしたがっていたのよね。例えば、テーブルの上に紙なんか置いておくと、5分もしないうちにかたづけるように言われたこともあったし。それに、父さんは仕事のことでは完全主義だったな。事業主だったけど、どんなことであっても自分で完ぺきにしたかったみたい。いつも働いていた記憶ばかり残ってるわ。

「うまくやらないといけない」と言い聞かされたわけではなく、芽衣さんは純粋に両親の姿を手本として見て学んだようです。芽衣さんのように、もし親が高い基準を期待していると、直接的・間接的問わず、そういったメッセージが伝わってしまうのです。

親の高い理想は、親の専門性が高ければ高いほど、子どもはその圧力を感じる傾向にあるようです。また社会全体が、成功することに価値があると考えているので、専門家の子ども以外にもこの癖を持った人が多くいるようです。子どもは整備員や店員、画家、音楽家などありとあらゆる社会的地位の親から【完ぺき癖】を学ぶことがあるのです。

・逆　境

子どもの頃の生活水準を上げようとして【完ぺき癖】を作り上げる人も多くいます。周りの子たちと比べて劣っている、また親が劣っていると感じ、その劣等感を成功や社会的地位で埋め合わせたいと感じることがあるようです。藍人さんは安いアパートが立ち並ぶ地域で育ち、それを恥ずかしいと感じていました。公立学校に通っていましたが、私立の学校に行く子たちを羨ましく感じていたようです。

> 藍人：金持ちの子たちが羨ましかったね。ああいう奴らが持ってたものが欲しいと思ってましたよ、ずっと。だから小さい時に、将来絶対に金持ちになってやるって決めてたよ。

藍人さんの【完ぺき癖】は、家族の生活水準の恥ずかしさに対する反発だったのです。

少し横道に逸れますが、この［性格の癖］があると、別の［性格の癖］も持ってしまうことがあります。例えば、愛情不足の親から、いくらかだけの愛情をもらう方法として結果を残すことを身につけた場合、【愛が足りない癖】を持つことになるでしょう。それに親が急かす場合もあるようです。例えば藍人さんのお母さんは良い育ちでしたが、それとは見合わない男性と結婚をし、結婚生活の生活水準に満足していなかったようです。だから、藍人さんのお母さんは、子どもにはもっと良い生活をしてもらいたいと強く願っていたようでした。そんなこともあり、藍人さんはずっと気を抜けずにいたようです。

> 藍人：ベッドで寝ていると、母の声が聞こえることがよくあったね。「起きなさい、やらなきゃいけないことがあるでしょ。宿題終わったの？　テニスの練習はしたの？　友だちに電話したの？」ってな感じで。

この癖を持つ人はたいてい社会的に成功しますが、子どもの頃を思い出すと、うまくいったことや成し遂げたことはあまり思い出せません。逆に、劣っていたり、仲間外れにされたり、また孤独だったことをよく思い出すようです。いくら頑張っても、親から認められなかったし、見てもらえなかったし、愛情をもらえなかった、そういったことがよく思い出されるようです。

芽衣：学校からオール5の通信簿を持って家に帰ったけど、気にさえ止めてもらえなかったこと、よく覚えてる。もっと何かすごいことじゃないと見てもらえないんだって思ったわ。

芽衣さんの家庭では、結果を残していくことが当たり前なので、芽衣さんが誉められるということはあまりなかったようです。芽衣さんのように、結果を残すことが当たり前の人にとっては「完全主義ですよね」とコメントされることに違和感を覚えるようです。だから「違う」としか答えませんし、また両親はどうだったかと質問されると、これにも「違う」と答えることが多いです。この癖がある人たちの基準で言うと、自分たちは完ぺきにほど遠いと感じるようです。

・親からの非難

子どもが結果を出せなかった時に、努力を認めなかったり、子どもが期待通りにしないと、冷たく接する親もいるようです。

藍人：大学に入る時、母は俺が特待生になることを期待してたんだよね。結局なれなかったんだけど、そしたら一週間口きいてくれなかったよ。

学校の成績で「4」を取ったとたん、母親が冷たくなり笑顔で接してくれなくなったと話してくれた別の相談者もいます。【完ぺき癖】を持つ人は、失敗をした出来事に関してはよく覚えています。別の相談者ですが、兄弟でテニスをして、負けると必ず父親に馬鹿にされていた方がいました。家族全体が競争的で、勝つことに価値を置いていたようです。だから兄弟喧嘩も頻繁で、誰が一番強いかも競い合っていたようです。結果として、その方はプロのスポーツ選手になりましたが、暗い過去しか思い出せないとのことでした。

親の期待に応えられなかった時に、親から非難されたり恥をかかされたりする場合【完ぺき癖】の他に【仮面癖】にも悩む方がとても多いようです。

【完ぺき癖】の特徴

【完ぺき癖】の特徴

1　働き過ぎなど、日常の生活の中のストレスで健康が損なわれている。
2　仕事と楽しみのバランスが偏りすぎている。人生は常に緊張やプレッシャーに満ちた楽しくない仕事だと感じている。
3　成功すること、地位、物質的豊かさを常に求めている。人間としての自分にもはや気がつかず、自分を幸せにしてくれるものがわからない。
4　毎日の生活を高い基準のルールにはめることに多大な時間を費やす。リストを作り、計画を立て、掃除や修理をすることに時間をかけ、創造的に楽しんだり休んだりする時間がない。
5　自分の基準を満たす（仕事や成功すること）ことにとらわれているので、人間関係が損なわれている。
6　「自分はあの人の満足いくようにできないんじゃないか」と周囲の人に心配させる。
7　成功したことを楽しんだりせず、急いで次のことに取り組む。
8　たくさんのことを達成しようとして圧倒されている。時間が全く足りないように感じる。
9　基準がとても高いので、達成するプロセスを楽しむというより、多くのことが単なる課題のように感じる。
10　高い基準がたくさんの課題を作り出すので圧倒され、圧倒感を避けるために、先伸ばしをすることが多い。
11　周囲の人や物事が自分の高い基準通りにいかないので苛立ったり不満を感じることが多い。

【完ぺき癖】の根本的な問題は、自然な自分に気がつけないということです。この癖がある人はルールや達成、社会的地位にとらわれすぎるため、自分の体が感じることや気持ち、また人とのつながりで自分が欲していることに気づけません。

芽衣：たまに思うの。私はロボットなんじゃないかって。本当は生きていなくて。自動的に動いているよう感じるの。

愛や家族、友情、創造性、そして楽しみは生き甲斐ともなることです。

芽衣の夫：今年の夏、山荘に家族で行った時のことですが、僕と子どもたちはすぐに水着に着替えて、そばの川に遊びに行ったんですね。泳いだり、水をかけ合ったり、子たちもすごく喜んで。でも芽衣は別荘の中でずっと洗濯だとか、荷物の整理だとか、後でも良いようなことをしていたみたいで。子どもたちと一緒に、川から大声で何度も呼んだけど「ちょっと待って、ちょっと待って」と言うだけで。結局外には出てこなかったよね。

【完ぺき癖】のせいで、この癖のある人は人生の楽しみや充実感を得るチャンスをたくさん失っています。

一方でこの癖のある人は、その人の専門分野ではトップレベルの成功を収めていることも少なくないようです。これが【完ぺき癖】の報酬です。トップレベルになるためのエネルギーや時間を費やせるのは、人生の他の部分を犠牲にしてもいいと思っている人たちだけです。だからもし有名な成功者のインタビュー記事など読むと、彼らは完全主義であり、多大なエネルギーを注ぎ、細かいことにも注意を払い、そして自分や他人をどうやる気にさせているかが語られており【完ぺき癖】を持っていることがわかるでしょう。

この癖がある人は結果を残しますが、それを味わおうとしません。一つ成し遂げたら、単に次のことに気持ちが移るだけで、終わったことはどうでもよくなりがちです。そして時に、成し遂げたことには本当にあまり意味がないこともあります。例えば、台所の引き出しの中がとてもきれいに整理されていることや、子どもの部屋がきちんと整っていることなど、大きな視点で見ると、これらにはあまり意味がありません。集まった人の中で、一番素敵なパートナーを連れているだとか、一番服装を着こなしていることだとか、また99点じゃなくて100点を取ることだとか、大きな視点で見るとこれらにはあまり意味がないのです。

この癖は、親しい関係に確実に悪影響を与えるという特徴もあります。まず初めに、完ぺきな相手を求め、自分の「完ぺき」な基準以下の人は受けつけません。例えば藍人さんが完ぺきだと思った女性は美しく、才能溢れ、成功した女性です。藍人さん以外にも、何人もの男性が彼女を我がものにしようとしていました。そういうこともあり、彼女は藍人さんには興味を感じていなかったようでした。

親しい関係全般では、この癖を持つ人は相手に対して批判的になり、また求めすぎるようにもなります。特に自分の結婚相手や子どもなどの近い関係にある人には、知らずのうちに自分の理想を押しつけ、それを満たせない相手は認められないので見下すようになります。

また恋愛では、自分と同じように【完ぺき癖】を持っている人、または真逆で落ち着いてゆったりしている人に惹かれるでしょう。そして、自分が失ってきたものを全部満たしてくれるような、毎日の生活からプレッシャーを取り除いてくれる、そんな相手にも惹かれるでしょう。一方で、恋人や結婚相手、家族との時間はほとんどなく、未婚であれば、友達や恋人のことを気にしてられないし、また既婚であるなら、家族のことはあまり気に留めておけないかもしれません。仕事や家をきれいに整えること、社会的地位を高めることに熱中しすぎて、純粋に時間がないのです。ゆったりと恋人や家族と一緒に過ごせる日が来るはずだと自分に言い聞かせながら忙しそうにするのです。このように忙しく人生は過ぎ去っていきますが、心はずっと空虚なままです。

もし恋人や結婚相手、子どもと時間を過ごすとしても、落ち着いていられないことが多いようです。芽衣さんは子どもと過ごす時間を毎作っていますが、彼女はそれを楽しんでおらず、また子どもも楽しんでいないようでした。

> 芽衣の夫：芽衣は子どもにいつも何かプレッシャーをかけているように思えます。小学三年生になる娘ですが、この歳ですでに学校の成績のことを気にしていて、頭痛とか腹痛をよく訴えてます。

【完ぺき癖】はこのように親から子へと伝わっていきます。この癖を持つ親は、子どもとただ一緒に過ごしているだけでも、子どもにプレッシャーを与えます。意識せずにはそれを止められないのです。そしてこれは親から楽しみを奪い、そして子どもに不幸を招くのです。

別の特徴として、この癖を持っている人は物事を先延ばしにしがちです。高い期待をもっているので、それを成し遂げられるかどうかで、二の足を踏んでしまうのです。あることに打ち込めば打ち込むほど、その事に関しての先延ばしも多くなるでしょう。そして、本当に何もできなくなってしまうこともあるかもしれません。その高い期待に応えなければいけないと考えることさえ嫌になってしまうのです。

【完ぺき癖】を持つ人は自分に満足することがあまりないことも、この［性格の癖］の特徴です。自分の高い理想を追いかけることに執着しすぎて、愛、穏やかさ、楽しさ、プライド、落ち着きなどのポジティブな感じを感じにくくなっています。その代わりに、苛立ち、不満、落ち込み、そしてプレッシャーを感じやすくなりがちです。

ここからが本番です。自分の性格変えるために、具体的に【完ぺき癖】を弱める方法を理解して、取り組んでいきましょう！

【完ぺき癖】を変えるステップ

【完ぺき癖】を変えるためのステップを紹介します。

【完ぺき癖】を変えるステップ

1 自分の基準が偏っていたり高すぎる状況をリスト化する。
2 その基準を満たそうとすると得することをリスト化する。
3 その基準を満たそうとすると損することをリスト化する。
4 基準を満たそうとするプレッシャーがない生活をイメージする。
5 ［性格の癖］の原因を理解する。
6 基準を25％下げたとしたらどうなるかを考えてみる。
7 その基準を満たすためにかけている時間を数字で出してみる。
8 理想が高すぎない人からの客観的意見を参考にする。または一般的な意見を参考にして、妥当な基準の高さを決める。
9 自分の深い欲求を満たしていくために徐々に生活スタイルや行動を変えていく。

1・自分の基準が偏っていたり高すぎる状況をリスト化する

自分がこだわりタイプか、達成タイプか、あるいはステータス追求タイプかによりますが、リストには、物事を整理すること、きれいにすること、仕事、お金、心地よさ、美しさ、運動、知名度、社会的地位、それに名声などが含まれるでしょう。プレッシャーを感じるようであれば、生活の中のどんな状況も、基準が高すぎる状況となる可能性があります。芽衣さんと藍人さんのリストを紹介します。

芽衣さんの状況リスト

1　外科医としての仕事
2　研究
3　家の整理整頓

藍人さんの状況リスト

1　女性関係
2　仕事を含めた社会的地位
3　周囲の人からの評判
4　家・車・服装

2・その基準を満たそうとすると得することをリスト化する

得することは、今まで成功してきたことに関係することでしょう。物事を整理すること、物事を成し遂げること、または社会的地位を与えられることとからの得かもしれません。また成功の度合いがとても大きくその分大きく得をしているかもしれません。藍人さんが書いたリストを紹介します。

【完ぺき癖】で得すること

1　欲しいものを買えること。
2　特別に感じられること。
3　人は自分を羨ましがり自分の持っているものを欲しがること。
4　どんな女性でも落とせること。
5　高い水準の人間とコネを持てること。

藍人さんは、表面的にはたくさんのものを持っています。しかし彼は自分の持っているものでは満足せず、楽しむこともできませんでした。藍人さんはいつも次の商品を探し求め、次の女性を探し求め、次の社会的地位を探し求めていました。芽衣さんが書いたリストも紹介しましょう。

【完ぺき癖】で得すること

1　たくさんお金を稼いでいる。
2　自分の専門分野で第一人者となっている。
3　賞を受賞している。
4　家がいつも完ぺきな状態。
5　外科医としての腕が高い。

芽衣さんの場合も【完ぺき癖】から得られる得はとても大きなものです。賞賛に値することをたくさん成し遂げてきた芽衣さんですが、幸せには感じていませんでした。その代わりに、常にプレッシャーを感じていました。

この癖を持つ人は、高い理想を満たすことで大きな成功を成し遂げることもあるでしょうが、しかし幸せには感じません。自分にムチを打ち「そんなにやらなくていいんじゃないか」と周囲に言われて、それに苛立ちながら、家を完ぺきにきれいにし続ける。そんなことがそんなに良いことでしょうか？　楽しみと愛の時間も取れない仕事は、いくら稼ぎが良かったとしても幸福な人生の役に立つのでしょうか。疲れすぎて楽しめない肉体的快楽のどこが素晴らしいのでしょう。

3・その基準を満たそうとすると損することをリスト化する

損とは、自分が犠牲にしているものも含めたすべてのネガティブな結果のことを指します。健康、幸福感、希望、リラックスした時間、または良い気分などが含まれるかもしれません。リストを作る時、感情体験の有無だけでなく質も考慮しましょう。例えば、この癖が家族、恋人、友達との関係にどのようにどの程度の影響を与えているかといったことです。芽衣さんのリストを紹介します。

【完ぺき癖】で損すること

1　疲れきってる。

2　楽しみがない。
3　結婚生活がうまくいかない。
4　子どもにプレッシャーを与えすぎている・子どもと一緒にいても楽しくない・子どもは私を怖がっているように思える。
5　友達をたくさん失った。
6　自分の時間がない。

藍人さんのリストも紹介しましょう。

【完ぺき癖】で損すること

1　健康を損なっている。
2　幸せではない。

損することのリストを作ったら、次に【完ぺき癖】の損得を天秤に架けて比べてみましょう。得にはどの程度の価値があるでしょう。損は得を明らかに上回るのでしょうか。比べて、自分にとって納得できる決断をしましょう。

4・基準を満たそうとするプレッシャーがない生活をイメージする

プレッシャーを感じ、馴染み深い焦りを感じている時、今やっていることを止めて、そのプレッシャーがない生活を想像してみましょう。目を閉じて座り、イメージが浮かんでくるのを待ちます。どんなことをしているでしょう。藍人さんは、このイメージワークを通じて、完ぺきな女性である某女優と一緒にいるより、別の一般女性と一緒にいる楽しさの方が自分にとっては価値のあるものだと気がつきました。

藍人：番組の打ち上げでその女優と一緒にいたんだけど、頭の中はあの子のことばかり。その女優の方がきれいだし、金持ちだし、頭で考えるとその子とずっと付き合っていた方が良いに決まってる。けど、あの子と一緒にいたいなぁ、という考えがやまなくてね。その子と一緒の方が楽しいだろうから。

イメージワークは、人生で生じる不都合なことと【完ぺき癖】が直に関係していることを理解させてくれるでしょう。自分への期待を下げさえすれば、これらの不都合は全て取り除けるのです。

5・［性格の癖］の原因を理解する

自分の【完ぺき癖】の原因は何かを理解します。条件付きの愛しかくれない親の元で育ったのでしょうか。親にも【完ぺき癖】があったのでしょうか。前にも述べましたが、この［性格の癖］は、子どもの頃の人間関係に強く影響を受けます。またもしかしたら、この人生の癖は、他の癖（例えば【仮面癖】【一人ぼっちになる癖】【愛が足りない癖】）の一部かもしれません。

6・基準を25％下げたとしたらどうなるかを考えてみる

まず【完ぺき癖】由来の白か黒かの考えに向き合わなければなりません。この癖を持つ人は、物事は完ぺきか失敗かのどちらかでしかないと思いがちで、無難だかとまずまずといった中間を想像できません。０から100の数値（％）で、もし自分の振る舞いが100％でなかったとしたら、それは99％か98％かもしれませんが、この癖を持つ人にとっては０％になってしまいます。70％や80％であっても良い結果を残せる、またプライドが傷つかないという現実を学ぶ必要があります。完ぺきと失敗の間には、非常に多くのグレーな部分があるのです。

芽衣：先日の夕食会、夫のお父さんお母さんもいらっしゃる予定だったの。イタリアンがお好きなので、ラザニアを作ったんだけど、時間がなくてでき合いのソースしか用意できなかったの。嫌な気分だったなぁ。すぐに誰かが文句を言ってくるんじゃないかって思って。自分は価値がない存在じゃないかって。でもその時は頑張ったの。自分に言い聞かせていたわ。夕食会はうまくいって、全体を見るとでき合いのソースを使ったことなんて関係ないことだって。

完ぺきにこだわらず、このように完ぺきでないことを受け入れようとすれば、常にプレッシャーを感じることなく、同じような結果になるのです。もちろん完ぺきを追求することで得られるもののいくらかは犠牲にしなければいけませんが、ストレスが軽減したり、健康が維持できたり、ゆったりできる時間が増えたり、幸せに感じたり、良い人間関係を持てるなどの、大きな得を手に入れることができるのです。

7・その基準を満たすためにかけている時間を数字で出してみる

これには、時間管理が役立つでしょう。時間軸をとった表を作り、その日にやる課題にそれぞれ時間を割り当てます。そして割り当てた時間以上にその物事をやり過ぎないよう気をつけて、できがどうであれ、時間が過ぎたらやめて辛抱しましょう。

芽衣さんは学術論文を書くのに6時間割り当てました。

> 芽衣：6時間あっと言う間に過ぎたけど、もうそれでおしまい。それ以上手をつけず、完ぺきに仕上げなかったわ。でもその後気になって気になって。もっともっとたくさん直したいところがあったのに。それでも頑張らせてくれたのは、子どもたちでした。あの子たちのことを思い出して、あの子たちと時間を過ごすことの方が大事だと思えたのよ。

どのくらいの時間をそれぞれの物事に割り当てるかという基準は、どのくらいそれぞれが大切であるかどうかです。この癖を持つ人は全ての物事が同じように大切だと感じがちです。飛行機の予約も重要な書類を作成するのも、同じく大事だと思うので、それぞれに同じだけの時間をかけてしまいます。だから人生の中の重要度に関わらず、それぞれを完ぺきにこなす時間を割り当ててしまいがちなのです。

芽衣さんは、論文を完ぺきに仕上げるためには24時間必要だと考えていました。けれど、彼女にとって家族の方が大事なので、論文よりも家族への時間を多く割り当てました。

このステップは、完全主義は価値のないことだと気づくチャンスです。完ぺきに至る前に止めると、その分他の事ができます。それぞれの物事に妥当な時間を割り当てましょう。そしてできはどうあれ、時間で終わらせましょう。そうでないと、一つの物事に時間をかけすぎ、時間に追われることになるでしょう。

8・理想が高すぎない人からの客観的意見を参考にする。または一般的な意見を参考にして、妥当な基準の高さを決める

【完ぺき癖】を持つ人は、自分の基準が高いとは自分では思いません。そのため、他人の意見を聞くことがとても役立ちます。楽しみと仕事のバランスがとれている人や、また理想は高いけど人生を楽しめている人に、どのくらい長く仕事をし、どのくらいの時間、家族などと一緒にゆったりとし、どのくらい運動や旅行などに時間をかけているのかを聞いてみましょう。それらの意見を参考に、楽しみと仕事のバランスがとれた生活の青写真を描いてみましょう。

9・自分の深い欲求を満たしていくために徐々に生活スタイルや行動を変えていく

楽しみと仕事のバランス良い毎日の過ごし方へと少しずつ変えていきましょう。芽衣さんと藍人さんは二人ともこれに取り組みました。芽衣さんは上手に時間管理をし、病院で働く時間を減らし、いくつかの研究を学部の助教授に任せるなど、全部は自分で止らないことを覚えました。そして、その分の時間で夫や子どもたちと一緒に過ごすようになったようでした。山登りを始めるなど、野外活動の時間を増やしていきました。当然【完ぺき癖】は和らいでいきましたが、今でも完ぺきにしたい衝動と戦わなければならないこともあるようです。

芽衣：仕事量を減らすと、すっごく楽になったわ。私自身も楽しくなったし、周りの人ももっと楽しくなったみたい。これが頑張れる力だと思う。完ぺきになることに対抗する力だと思うの。

芽衣さんは次のような内容のフラッシュカードをずっと持ち歩いているようです

> 理想を下げても失敗していると思わないでいられます。私は適度に物事をこなせるし、それで良いと思えるし、完ぺきを求める必要はありません。

藍人さんにとって、変わるということは少し意味が違っていたようでした。彼にとっては「彼にとって本当に大事なものを気づかせてくれる」という意味があったようでした。彼女に会ったことも功を奏したようです。完ぺきじゃない彼女に恋愛感情を持ったことで一番驚いたのは彼自身だったようです。

藍人：今の彼女と過ごしていると楽だね。料理をしたり、映画を見に行ったりと、今はただ彼女と一緒に静かな夜を過ごしていたいなぁ。何かものを買ったり、ステータスを高めたり、そんなことは今はどうでもいい感じがする。

芽衣さんも、藍人さんも取引をしました。完ぺきな整理整頓、達成、または社会的地位を手放しました。そしてその代わりに、質の高い生活や、良好な人間関係に囲まれる充実感や愛を手に入れたのです。

［性格の癖］を弱めるためには努力が必要です。第13話で紹介した方法を自分の生活に取り入れて諦めず自分自身に向き合ってみてください。

一人で無理だと思ったら専門家に相談し、今までと違う自分を目指しましょう。

注

＊1　競争心が強くせっかちな性格。

第14話　変わるということ

変わることは簡単なことではありません。
くじけず前に進めるために役立つ考えを知っておきましょう。

変わるということ

自分の根深いパターンを乗り越えようと頑張っている相談者を日々見てきましたが、変わっていくということは難しいことです。本書もそうですが、自己啓発の類の本は、自分が変わるということの難しさを減らしてくれることでしょう。諦めずに頑張っていける方法があれば良いのでしょうが、変わるということは思い通りにいくものではありません。相談者はよく「三歩進んで二歩下がる」という話をしてくれますが、変わることにはたくさんの壁が立ちふさがることでしょう。それについては第3話で解決方法を紹介しています。

七つの基本的前提

［性格の癖］を通じて変わるという方法には、いくつかの基本的な前提が含まれています。これらの前提は事実であると言い切ることはできませんが、ただ事実であると考えると、変わるということがもう少し簡単になることはわかっています。

一つ目の前提は「私たちは誰でも幸せや満たされることを望む部分を持っている」ということです。幸せや満たされることを目指す過程を「自己実現」と呼ぶこともあります。長年の間無視されたり、冷たくされたり、非難されたり、また他の破壊的な圧力を受けることによって、この自己実現を目指す自分が埋もれてしまっているのでしょう。変わるということは、この健康的な自分を呼び覚まし、その自分に希望を与えるということを含みます。

二つ目は「満たされることによってもっと幸せを感じられるような［欲求］または願望がいくつかある」ということです。それらは（1）他人とつながる欲求、（2）自律の欲求、（3）自主性の欲求、（4）認められ・自信を持ち・成功して・魅力的で・価値のある、つまり良い人でいたい欲求、（5）人に対して感じることや人に望むことを表現する欲求、（6）心地良さ・楽しさ・想像性、例えば喜びを感じる興味や趣味、活動を追求する欲求、（7）人を手助けし、気遣いや愛情を示す欲求、です。これらについては後にもっと詳しくお伝えします。

［性格の癖］の方法の三つ目の前提は、「人は根本的に変われる」ということです。この前提には疑いを持つ人もいるでしょう。そういう人たちは、私たちの性格は幼少期の終わり、または遺伝的な影響でもっと前に決められてしまい、大人になってからの大きな性格の変化は不可能だし考えにくい、と考えます。［性格の癖］の方法では、こういった疑いは正しくないと考えられます。というのは、この［性格の癖］の方法で、相談者は根本的に性格が変わっているからです。けれども、根本的に変わるのはとても

難しいことです。親から受け継がれた気質、それと絡めて子ども時代の家庭や友達関係の経験は、変わることを強力に邪魔します。でも変わることが不可能なほどには邪魔をしません。この邪魔する力が強ければ強いほど、変わるための努力が必要で、また他人からの手助けが必要となるのです。

四つ目の前提は「私たちには変化に大きく抵抗をする傾向がある」ということです。この考えは「決心をして取り組まないと基本的な［性格の癖］を変えることができない」ということも意味しています。私たちのほとんどは自動操縦的に物事をこなしています。つまり習慣的な考え方や感じ方、人との関わり方など、今までの人生を通じて実践してきたことを繰り返すということです。これらのパターンは心地良く馴染み深いので、心に決めて、計画的に、継続しなければ変わることは難しいのです。ただ待っているだけでは変化は起きません。過去の過ちや、両親やその両親から受け継いだ悪癖は、意図的で継続的な努力なしには変えられないのです。

「私たちには痛みを回避するという強い傾向がある」が五つ目の前提です。これには良い面と悪い面が伴いますが、良い面は、私たちの多くは心地良さや満足感を得るような経験に強く惹かれるということです。悪い点はというと「成長につながったとしても、私たちは痛みを伴う感情や状況に向き合うことを避ける」という点です。この痛みから逃れたいという望みは変わるための一番強大な壁となります。というのは［性格の癖］を変えるためには、悲しみ、怒り、不安、罪悪感、恥、そして困惑などの感情を掻き立てるような、痛みの伴う記憶に向き合う意思が必要だからです。それに、人生を通じて失敗や拒絶や恥を恐れて避けてきた状況に向き合う必要があるからです。これらの苦痛な記憶や恐れる状況に向き合わないと、自分を傷つけるパターンを繰り返すことになるのです。ほとんどの人が苦痛な感情からは逃れたいと思います。実際、向き合うことをせずにカウンセリングを途中で止める相談者も少なくはないのです。お酒や薬に頼っても苦痛な感情から逃れられないので、変わるためには苦痛に向き合うよう自分を律する必要があるのです。

そして六つ目の前提は「万人に有効な唯一の方法やアプローチはない」ということです。変わるために一番有効な方法は、統合的でありいろいろな方法をより集めたものでしょう。［性格の癖］のアプローチでは、認知療法、行動療法、経験的な方法、インナーチャイルドを扱った方法、精神分析、そして対人関係の方法を利用しています[*1][*2]。このように［性格の癖］のアプローチでは、いくつかの強力な方法を組み合わせているので、他の方法と比べてより多くの人の手助けとなる方法でしょう。

自分の将来像を作ること

七つ目の前提は、自分の将来像を作ることに関係します。変わるということは、単に［性格の癖］がなくなった状態ではありません。それだけでなく、私たちは今後どんな人になりたいか、人生で何を得たいかを発見していくことも必要となります。変わっていく過程で、戻ってこられなくなる前に、この方向性を持つことはとても大事なことであるように思われます。満たされて、幸せで、そして自己実現に導いてくれるものは何でしょう？　これらを踏まえて［性格の癖］がなくなった後のイメージをしてみましょう。

私たちの多くは、明確な方向性を持たないまま人生を送っています。このために、中年に達したり、また仕事から退いたときに、気落ちし、幻滅するのです。自分を導いてくれるはっきりとした最優先のゴールを持ったことがないかもしれません。これはゴールがどこかも知らずサッカーをプレーすることや、目的地も知らずに飛行機に乗るようなことと同じことです。そのような人生の計画を持つことはとても大切なことです。「十の［性格の癖］はゴールへの道を邪魔する壁です。癖は私たちが幸せになるために必要なことを教えてはくれません」。一度人生の計画を立てたなら、それに到達するための具体的なステップを計画していくことができます。偶然に頼るのではなく、変わるための計画を立てましょう。

自分の将来像を作るためには、自分の「生まれつきの傾向」を発見する必要があります。それらには、興味、人間関係、充実感がある活動なども含まれます。私たち一人一人は生まれつきの好みを持っており、人生の中で一番重要なのが、生まれながらに欲することを見つけ出すことでしょう。これらを見つけるヒントが、私たちが感じる感情と体の感覚です。自分の「生まれつきの傾向」を満たす活動をしたり人間関係を持つと気分が良いでしょう。体が満足し、喜びや楽しさを感じることでしょう。

残念なことに、私たちの多くは子どもの頃にこの「生まれつきの傾向」を無視するよう、周りから期待されることをするように言われてきました。例えば生まれつき繊細であるにも関わらず強くあることを求められたり、野外活動が生まれつき好きなのに医学の勉強をさせられたり、生まれつき常識にとらわれない傾向を持つのに常識を重んじるように仕向けられたり、刺激的なことを生まれつき求めるのに習慣的な行動を繰り返すよう促されたり、などです。

この種の例は尽きないでしょう。親や先生が良かれと思い、これらの生まれつきの傾向を無視するよう教育しますから。当然のことながら、私たちは自分だけの幸せを追求することはできず、社会と自分の充足のバランスを考える必要はあります。ナルシスト的になろうと主張しているわけではありませんが、私たちの多くは子どもの頃に「訓練」を受けすぎて社交的になりすぎる傾向があるようです。つまり他人が期待することをする方向性に傾きすぎているということです。

そのため、変わるために私たちの多くは逆のプロセスを踏まなければいけません。つまり自分自身を見出していくということです。借りものではなく、自分にとって幸せになるものは何かを私たちは見つけなければなりません。それを見つけてあげることは本書の役割ではありませんが、自分自身への問いを通じて、本書は間接的に手伝うことをしてくれます。すでに二つ目の前提で私たちの根本的な欲求についてお伝えしましたが、次にこれらをもっと詳しくお伝えしていきましょう。

変わることで一番大切なポイントは人間関係を含む部分でしょう。自分の人生の中で望む人間関係の理想像はどういったものでしょうか？　人とどうつながりたいかを明確にしましょう。例えば親しい関係を考えると、どんな親しい関係が欲しいでしょうか。情熱やロマンス、仲の良さ、家族など、何が自分にとって一番大切なのでしょう。人生のパートナーを見つけることの目的はどんなことでしょう。感情的に近いことは性的な情熱と比べてどの程度重要なのでしょうか。

人間関係はほとんどいつも交換です。頭で計算された交換は、私たちの生まれつきの傾向から離れてしまうので、問題になりやすいことでしょう。私たちの望むことが全て満たされるパートナーはほとんどありえないので、選択をする必要があります。パートナーを決める時に何が一番大切な点なのでしょうか。我慢しなければいけないなら我慢できるような重要度の低い点はどんな点でしょうか。例えば、誰かを好きになって近くに感じるけど、情熱は薄いといったことなどです。全ての人に当てはまる理想の人間関係はないので、一番よく感じるものを自分で決めなければならないのです。

またどのような社会的な人間関係を望むのでしょうか。どんな友だちが欲しいのでしょう。社交の場でどう人と関わりたいでしょうか。自分のコミュニティーのグループにどの程度関わりたいのでしょうか。宗教的な関わりを持ちたいでしょうか。学校や地域の活動に参加したいでしょうか。何かしらの支援グループに参加したいでしょうか。職場ではどの程度同僚と関わりたいでしょうか。これらは、自分の生まれつきの傾向を手がかりに決めていくべき決断となるでしょう。

【愛が足りない癖】【疑い癖】【あなたなしにはいられない癖】【一人ぼっちになる癖】は欲しい人間関係を作っていく一番大きな壁となるでしょう。これらの癖を乗り越えることで、もっと深く、もっと充実した人とのつながりができるようになるでしょう。人間関係における理想像がこれらの［性格の癖］に向き合う導きとなることでしょう。

変わることで次に大切なポイントが自律性[*3]の部分でしょう。どの程度の自律が自分にとって最適なレベルなのでしょうか。自律と自信、そして強い自己感覚を持って生きていきたいのは当然のことですが、自律性と人とのつながりが一番心地よいバランスはどの程度でしょうか。ほとんどいつも一人で仕事をしたり趣味をしたりすることが一番充実しているという人もいれば、人の中にいて人とつながっている時間が多いのが良いという人もいます。

自律性は健康な人間関係を探し、不健康な人間関係を避けたり止めさせてくれる自由を与えてくれます。本来、関係を続ける必要があるので関係を続けるのではなく、続けたいので続ける自由があるのですが【依存癖】や【心配癖】を持つ人の多くは、自分を傷つけるような関係を持ちがちです。こういう人たちは関係を止め、一人で自分の人生に向き合っていくことを恐れています。この二つの癖は、健康的なレベルの自律性を育む一番の壁となります。

自律性は自分の生まれつきの傾向を追求するためにはなくてはならない要素です。これは自己感覚を育み、あるがままの自分でいられることを含みます。音楽家、芸術家、作家、スポーツ選手、整備工、役者、専業主婦（夫）、旅行家、自然愛好家、養育者、または指導者など、何を好もうとも、自律性を持つとそれを自由に追求できるでしょう。何かを恐れて思い切って行動できないということはなく、人間関係で自分を見失うこともなく、自分のパートナーの人生に巻き込まれすぎることもないでしょう。

変わることの三つ目のポイントは、自尊感情[*4]です。自律性と同じように、自尊感情は自由な状況を与えてくれます。それは何かに邪魔される代わりに自由でいられることを意味します。【仮面癖】と【できない癖】が自尊感情を育む邪魔をする癖です。劣っていたり恥ずかしく感じることが気分を落ち込ませ、チャンスを避けたり決断を誤る結果になるでしょう。恥の感覚は重苦しい灰色をした雲のようなもので、いつも周りに立ちこめていて、そのために行動を起こしたり、人とつながったり、自分を表現したり、自分の欲しいものを得たり、または優れた能力を発揮することが難しくなっているのです。

自尊感情を高めていくような人生を選びましょう。自分自身が好きに思えたり、自分を責めすぎたり自分を頼りにしなかったりせず、自分を受け入れるためにできることはどんなことでしょうか。自分の長所は何で、それをどうやれば延ばしていけるのでしょうか。また何が短所で、それをどうすれば改善していけるのでしょうか。

変わることの四つ目のポイントは自己主張と自己表現です。これには自分の望みや要求を表現して満たすこと、そして感情を表現することが関係します。自分を主張することで、生まれつきの傾向に従い、人生から楽しさや心地よさを得られるようになります。どのように自分は自分自身を表現しているのでしょうか。

【子分癖】と【完ぺき癖】が自己主張を難しくさせる癖です。【子分癖】を持つと、自分の自然な欲求や楽しさ・心地良さを欲しいと思う気持ちをあきらめてしまいがちです。あきらめて他人を助けたり仕返しを避けたりします。【完ぺき癖】があると、他人から褒められたり認められたり、または恥をかくことを避けるために、自分の楽しみや心地良さ、または欲求を諦めるので、完ぺきを追求すること、達成をすることが生きる意味となるでしょう。

情熱や想像性、遊び心、そして楽しさは、人生はまんざらでもないと思わせてくれるので、たまにはそれらを取り入れられるようになることはとても大切なことです。仮に自己主張や自己表現がないとしたら、それは重苦しい人生ですし、いつも何かに駆り立てられていているように感じるでしょう。すると自分自身の欲求と周りの人たちの欲求がアンバランスになります。変わるということは、不必要に他の人たちを傷つけずに、自分の基本的な欲求を満たし、生まれつきの傾向を考慮することを含みます。

変わること（または成長）の五つ目のポイントは「他人への配慮」です。とても満足感のある人生の一部として、人のために何かをすること、そして人に共感することを学ぶことがあります。自己中心性は周りの人たちに配慮を示すことを妨げます。人に尽くすことは心地の良いことで、社会的貢献、慈善活動、子どもを持つこと、子どもを育てること、友だちの手助けをすること、これらは自分や自分個人の人生より大きなものへのつながりをもたらします。どのような形で全体としての世界に役立つことができますか？

スピリチュアリティと宗教的信仰は全体としての世界の一部であると感じる大切な点ともなるでしょう。ほとんどのスピリチャルな、または宗教的な活動では、個人や個人の家族など狭い視野だけではなく、宇宙全体という視野を持つことを強調しています。宗教的な経験の多くが、この拡大した視野や充足感を与えてくれます。

自分自身の人生の将来像を描くために、変わるためのポイントをよく考えましょう。人生の目的はおそらく世界共通で、それらは愛であり、自己表現であり、楽しさと心地良さであり、自由であり、スピリチュアリティであり、そして他人に尽くすことでしょう。これらが私たちの望むことです。しかしながら、これらの望みはよくぶつかり合います。例えば、情熱は安定性とぶつかり合うし、自律性は親密さとぶつかり合うし、自己表現は他人への配慮とぶつかり合います。そのため、自分にとっての優先順位、そして自分にとって正しく思えるバランスを見出す必要があるでしょう。自分の欲求や優先を考えた上で、紹介した人生の目的を自分に合ったやり方でまとめ上げましょう。

共感を持って自分に向き合う

「共感を持って自分に向き合う」とは、変わる努力を続ける時の健康的な態度を示す言葉です。自分を変えようと努力し続ける自分に対して優しさを持ちましょう。多くの人が十分に自分が変わっていないことで厳しく自分を責め立てたり、または寛大すぎて頑張りをやめる理由づけをしたりします。

変わることとは、何度も述べてきたように、簡単なことではありませんので、自分自身に優しさの心を持ちましょう。ベストを尽くすために頑張っているのです。自分自身の限界と欠点を認めましょう。そして「性格の癖」を変えることは簡単なことではないということを思い出しましょう。理由があって今の自分になっていることを思い出すことはとても大切なことです。「性格の癖」

の原因を思い出し、子どもの時の自分に共感を示しましょう。

一方で、自分が変わることに責任を持つことも大切です。多くの自助グループは、変わるための責任を持たせることなく、ただ親の犠牲者のように感じさせることがあり、それは非難され続けています。自分自身に向き合うことはとても大切なことで、犠牲者のようにだけ感じさせることには大きなリスクがあります。根気強く、明日やろうと先伸ばしをするのは止めましょう。「いつやるか」の答えはいつも「今」です。どんなに過去に傷つこうとも、それは変わるための責任を持たない理由には決してなりません。子どもの頃の痛みは、どうして変わりにくくて時間がかかるのかを説明はしますが、努力をせずに自滅的なパターンを繰り返して良いという説明にはなりません。

自分自身に正直になりましょう。現実に向き合うことを重要だと思いましょう。とても多くの人が自分自身を欺き、こうであったら良いと思う自分、そして他人という幻想を持ち続けています。こういった人たちは、本来の自分、例えば冷酷さ、悲しみ、怒り、不安に向き合うことにためらいを感じています。自分への妄想は、自分を欺き続けるような行動を促すだけです。

自分のペースで自分自身に向き合いましょう。一度に全てと向き合うことはできないので「性格の癖」には段々とペースをあげて向き合いましょう。たどり着きたい点にたどり着けると信じ、それが成功の合間の失敗や落胆を乗り越える手助けとなるでしょう。忍耐強く続ければ、やがて自分の将来像に到達することができます。

けれど残念なことに、変化は小さなステップを乗り越えるだけでは現れません。変わるためには、信じる心を持ってリスクを負い、大きくジャンプすることが必要です。成長するためには時に大きな変化を加えなければなりません。例えば、特定の人間関係を断ち切る、職を変える、別の街へと引越しをするなどの変化です。自分の生まれつきの傾向に気がつき、そして「性格の癖」を乗り越えていくに従って、過去に終止符を打っていく必要に迫られるでしょう。それはなりたい大人になるために、子ども時代の安心できるパターンを手放すことかもしれません。

他人の手助けを得る

変わることは一人では難しいですが、手助けがあるとより簡単です。自分を気にかけてくれる人たち、友だちや家族に自分が取り組んでいることを話して協力を求めましょう。

友だちや協力的な家族は、良い模範や教師になってくれ、アドバイスをくれたり、手順や方法などを教えてくれたり、またやる気を高めてくれることもあるでしょう。よく知っている人で自分の目標点にすでにたどり着いている人は、目標到達に現実味を与えてくれ、変わることは不可能ではないと思わせてくれるでしょう。

友だちや家族は、たいてい自分より自分に対しては客観的です。だから分析したり根拠を示してくれ、避けていることに向き合うことを促してくれます。自分をはっきりと、そして現実的に見てくれる何人かの人の手助けがないと、変わることはとても難しくなるでしょう。というのは、私たちは自分自身の歪みを自分で見ることが難しいからです。

そして残念なことに、友だちや家族に手助けを求めることが助けにならない場合もあります。そもそも親しい家族や友だちがいないかもしれませんし、家族や友だち自身が苦しんでいて手助けができないかもしれないからです。家族はたいてい手助けというよりは［性格の癖］を働かせ強めてしまうでしょう。もしそうであれば、専門家に相談することを真剣に考えてください。

また他の場合にも専門家への相談を真剣に考える必要があります。例えば症状がとても重く日常生活に支障が出ている、長い間努力したにも関わらず変われなくてどうして良いのかわからない、希望を見失っている場合などです。また危機に瀕している時、例えば長く続いた人間関係が終わる時や仕事を失った時です。こういった時は、普段以上のサポートが必要で、また変わりやすい状態でもあります。また感情的・身体的・性的な虐待を過去に受けたことがある場合、専門家から手助けを受けることを考えましょう。そして自分が周囲の人たちを傷つけてしまっている場合、それは専門家の手助けがはっきりと必要です。

もし症状がとても重い場合、精神科や心療内科の薬物療法は役立つでしょう。例えば深くうつに陥っている場合です。自分に価値がなく感じたり、食事や睡眠が不安定になったり、動きが遅くなったように感じたり、集中ができなくなったり、また楽しんでいたことへの興味がなくなったり、実際に物事がこなせなくなったりした時は、自殺を考えるかもしれません。もしうつがあり特に自殺の考えがある場合は、すぐにでも専門家に相談しましょう。

また強い不安の問題があるかもしれません。例えばパニック発作を体験したり、恐怖症*[5]がいくつもあったり、強迫性障害*[6]の症状があったり、何事に対しても不安を感じたり、また社交の場が怖くてそれを避けたり、社会的な状況や仕事で問題を起こしたりなどです。これらの不安症状が当てはまるようなら、専門家に相談することをお勧めします。

そして、アルコールや薬の問題を持っているかもしれません。過去の何かがつきまとうような、いわゆるトラウマがあるかもしれませんし、過去のフラッシュバック*[7]を体験したり悪夢を見たり、心が麻痺したように感じたり現実でないように感じたりするかもしれません。また食べ過ぎたり食べなかったりといった摂食障害があるかもしれません。痩せたいと強く願い、食べ吐きをし、食べる量が減って命に危険があるほど痩せてしまったりしているかもしれません。これらの深刻な症状があるようでしたら、専門家に相談しましょう。

カウンセラー（医師・心理士・カウンセラーなど）を選ぶ

専門家に相談することを決めたら、どのタイプのカウンセラーを選ぶか決める必要があります。これには万人に通ずる助言はありません。カウンセラーを決めることも、自分の生まれつきの傾向に従う一つの例でしょう。

まず大事なことは、適切な資格があるカウンセラー（プロ）を選ぶことです。一般的に言うと、プロの方がプロでないカウンセラーより良いと言えます。自分の健康を誰かに預けるわけですから、訓練を受け倫理規範のある人を選びたいでしょう。著者は心理士[*8]ですが、類似した問題を持つ相談者の治療経験があるのなら、社会福祉士[*9]や精神保健福祉士[*10]、精神科医[*11]、そして（精神科）看護師[*12]も勧められます。これらのカウンセラーは、最低でも大学（院）レベルの教育を受けており、必要な知識、経験、そして社会への責任、高い基準と倫理規範を持つ専門家団体との繋がりを持っています。症状が重いほど、これらのカウンセラーを選ぶ必要があるでしょう。

冒頭にもお伝えしましたが、カウンセリング（心理療法）にはいろいろな種類があります。その中でもただ一つだけの方法や考え方を持ってケアを行うのはたいてい間違いです。相談者によっていろいろな方法を織り交ぜるカウンセラーが理想で、そういった理由で［性格の癖］のアプローチは統合的な心理療法なのです。

また感情的に合うカウンセラーを選ぶことも大事なことです。暖かく受け入れてくれ、安心していられる人、また共感的で理解があり、素直で信頼できる人が良いでしょう。そして、自分の症状を取り扱える人、つまり制限を設けて方向性を間違えた時にそれを指摘してくれる人が良いでしょう。いつも同意して気分を良くさせてくれるだけだったり、よそよそしかったり、過度に批判的であったり、また裏の意図を持つカウンセラーには疑いを持ちましょう。

そして［性格の癖］によって感じる、カウンセラーへの恋愛感情は避けましょう。例えば、もし【仮面癖】を持っているとしたら、批判的で上から目線のカウンセラーに惹かれるでしょう。そういった惹かれるカウンセラーより、自分のことを好いていてくれて尊重してくれるカウンセラーの方が良い取り組みができるでしょう。もし愛情が足りなかった問題を抱えているようでしたら、冷たくてよそよそしいカウンセラーではなく、もっと関わることを促してくれる人が良いでしょう。惹かれる相手ではなく、癒しの環境を提供してもらえるカウンセラーを選びましょう。

ただある程度親の要素を持ったカウンセラーが良いでしょう。これを「制限のある再養育[*13]」と呼んでいますが、それはカウンセリングの目的が子どもの頃の問題に対する「部分的な解毒剤」を提供することにあるからです。もし過去に親から十分な養育を受けてなかったとしたら、カウンセラーにそうしてもらう必要があるのです。もし過去に非難ばかりされていたら、カウンセラーからサポートしてもらい認めてもらう必要があるのです。またもし親が関わりすぎる傾向があったとしたら、カウンセラーにははっきりとした境界を持って接してもらう必要があるのです。もし虐待を受けていたとしたら、包み込んでもらい守ってもらう必要があるのです。

当然のことですが、カウンセラーに親代わりを期待することはできません。週に一度または二度のカウンセリングで「制限のある再養育」を受けるだけなので、非現実的なことです。むしろ、プロのレベルを超えたサポートや心理療法の制限を超えたサポートの提供を約束するカウンセラーがいるとしたら、それらの人たちには注意した方が良いでしょう。

またカウンセラーは、自分が苦手としている分野における模範です。例えば臆病な相談者にとっては、カウンセラーは自己主張ができる模範です。カウンセラーは問題を解決する効果的な方法を彼／彼女の言動を通じて実際に示してくれる存在です。

自助グループに参加することも役立つでしょう。12ステップ・プログラムのアルコホーリックス・アノニマス（AA）やアダルトチルドレン・オブ・アルコホーリックス（ACOA）、アラノン家族グループ（AL-ANON）、コデペンデンス・アノニマス（CoDA）、ナルコティックス・アノニマス（NA）、オーバーイーターズ・アノニマス（OA）などは、日本でも活動があります。これらは具体的に変わることを手助けするプログラムを提供してくれます。

ただし「カルト団体」には気をつけてください。こういった団体には、カリスマ的な指導者がおり、新しい信者の勧誘を要求し、関わるのに多大な金銭を求めるでしょう。カルト団体は【依存癖】や【子分癖】を強めます。こういった集団は、他の誰もが知らない秘密を知らせるという意味で、メンバー自身が特別な存在だと感じられるように仕向けます。そしてメンバーに大人の責任を果たすのではなく、子どものままでいるよう促す、つまり指導者の定めた決まりに従うことを要求するのです。もし特定の団体に入りたいと考えているけど、その団体がカルト団体であるかどうかわからないようでしたら、まず専門家に相談しましょう。

では本書をT・S・エリオットの「四つの四重奏」からの引用で締めくくります。

探究を止めてはならない
すべての探求の終わりには
私たちは始まりの場所に到達し
始まりの場所を初めて理解するのだ。

We shall not cease from exploration
And the end of all our exploring
Will be to arrive where we started
And know the place for the first time

注

＊1　イメージワークを含む実際に感じることを目的とした介入法。
＊2　カウンセラーとの関係を通じて癒しをもたらす方法。
＊3　人の意見でなく自分の意見を大事にすること。
＊4　自分を尊重する気持ち。いわゆる自信。
＊5　過度な怖さを特定のものに感じることが続く状態。
＊6　（例えば汚れなどが）気になって何度もそれを解消するための行動（例えば手洗い）をすることが続く状態。
＊7　過去の嫌な出来事を深く思い出してその時の気持ちがよみがえること。
＊8　臨床心理学の知識を使ってカウンセリングを行う専門家。
＊9　福祉業務全般に関して援助を行う専門家。
＊10　心の問題を抱える方の社会復帰や参加を援助する専門家。
＊11　心の問題を抱える人に対して医療行為を行う医師。
＊12　医師の補助や患者の療養を援助する専門家。
＊13　カウンセリング関係を通じて、カウンセラーが相談者に対して、心の面での養育をする介入法。

あとがき

本書は『Reinventing Your Life』（1994）の日本語訳です。原作は約四半世紀前に書かれたものですが、古い本の翻訳だから内容的に遅れているというものでもなく、むしろ現代の日本の心理臨床とほどよくマッチした内容となっています。また洋書では「セルフヘルプ」（自分で自分を手助けする）というジャンルが広く認識されていますが、原作はこのカテゴリーの本であり、そもそも一般の方に読みやすい内容となっています。

私は心理臨床に携わる者として、以前からずっと「①やさしい表現で書かれていて、②効果があると科学的にわかっているもので、③相談者が根本的に変われる本」を求めていました。そんな中で本書を見つけ、金剛出版の弓手様にぜひとお願いして翻訳版を作り上げるプロジェクトをスタートさせました。私が求めているものを作り上げたい、そんな想いを形にしたのが本書です。そういった経緯があるので、本書にはいろいろな工夫がなされています。

一番が専門用語を使わずイメージの湧く表現を使うという工夫です。専門用語で「スキーマ」と呼ばれる人の反応の基盤となる信念体系（原書の「Life trap」。原書では11あるが、翻訳版では10とした）をそれぞれ親しみやすい［性格の癖］と表現しなおしたのが一例です。

次にイラストです。洋書は概して挿絵があまりなく、本書も例外ではありません。原書にはたくさんの事例が紹介されていて、読んでいて誰が誰だかわからなくなることが多々ありました。そこで思いついたのがイラストです。登場人物を視覚化することで、記憶に残りやすく、一貫して読み進めることができるようにと考えイラストを採用しました。

そして、文化的な違いを考慮し日本人になじみやすい表現を意識しながら翻訳した点です。特に事例では米国の生活感が色濃く出ている話が多々ありましたので、そこを日本の生活習慣に移し替え、感じられる違和感が減るよう努めました。

内容は原書と同一ですが、見せ方を大きく変えることで「①やさしい表現で書かれていて、②効果があると科学的にわかっているもので、③相談者が根本的に変われる本」に近づいたかなと思えるできになったと思っています。

最後になりますが、様々な調整を行い翻訳を手助けしてくれた金剛出版の弓手正樹様、原著の一人で日本語版の刊行にあたって二十五年越しのお言葉を下さったクロスコ博士、そして親しみやすいイラストを描いてくださった中川銀平さんに深く感謝を述べてあとがきを締めくくりたいと思います。

二〇一八年三月

鈴木孝信

著者略歴

ジェフリー・E・ヤング

ニューヨーク、フェアフィールド群（コネチカット州）の認知療法センターの創始者でありディレクター。コロンビア大学精神医学部の教授。国際的に認識される認知療法の指導者。コネチカット州、ウィルトンに在住。

ジャネット・S・クロスコ

キングストン（ニューヨーク）で個人臨床を行い、グレートネック（ニューヨーク）で認知療法センター・ロングアイランドの共同ディレクターを務めている。

訳者略歴

鈴木孝信（すずき　たかのぶ）

一九七九年　東京生まれ。二〇〇二年　ケンタッキー州立大学を卒業。二〇〇六年　マサチューセッツ大学大学院で修士課程を修了する（理学修士）。アダムズ大学大学院所属。二〇二二年　アダムズ州立大学カウンセラー教育学博士課程修了。カウンセラー教育学博士。

東京多摩ネット心理相談室の代表。医療法人和楽会赤坂クリニック／横浜クリニックにて非常勤心理士として勤務。フォーカスしたマインドフルネスを活用する心理療法「ブレインスポッティング」の国際トレーナーとして手法の教育を国内外で行う。

著訳書――『マインドフルネスのはじめ方』（単訳、金剛出版、二〇一七）、『ブレインスポッティング入門』（共訳、星和書店、二〇一七）、『スキーマモード・セラピー』（共訳、金剛出版、二〇一三）、『ぐっすり眠れるドクターレッスン・ノート』（編著、講談社、二〇一二）、『パーソナリティ障害の認知療法』（共訳、金剛出版、二〇〇九）がある。

自分《じぶん》を変《か》えれば人生《じんせい》が変《か》わる
あなたを困《こま》らせる10の［性格《せいかく》の癖《くせ》］

2018年5月30日　発行
2022年3月30日　2刷

著　者　ジェフリー・E・ヤング
　　　　ジャネット・S・クロスコ
訳　者　鈴木　孝信
発行者　立石　正信

印刷・製本　平河工業社
装丁　エム・サンロード
挿画　中川　銀平
株式会社　金剛出版
〒112-0005　東京都文京区水道1-5-16
電話 03-3815-6661
振替 00120-6-34848

ISBN978-4-7724-1622-1　C3011

Printed in Japan ©2018

スキーマ療法

パーソナリティの問題に対する統合的認知行動療法アプローチ

［著］=J・E・ヤング他　［監訳］=伊藤絵美

●A5判　●上製　●488頁　●定価 **7,260**円
● ISBN978-4-7724-1046-5 C3011

境界性パーソナリティ障害や自己愛性パーソナリティ障害を
はじめとするパーソナリティの問題をケアしていく，
スキーマ療法の全貌を述べる。

パーソナリティ障害の認知療法

スキーマ・フォーカスト・アプローチ

［著］=J・E・ヤング　［監訳］=福井 至　貝谷久宣他

●A5判　●並製　●152頁　●定価 **2,860**円
● ISBN978-4-7724-1086-1 C3011

認知療法の創始者ベックの弟子であるJ・ヤングによる
パーソナリティ障害への認知療法実践書。
実際に施行するための「ヤング・スキーマ質問紙」を巻末に収録。

マインドフルネスのはじめ方

今この瞬間とあなたの人生を取り戻すために

［著］=J・カバットジン　［監訳］=貝谷久宣　［訳］=鈴木孝信

●A5判　●並製　●200頁　●定価 **3,080**円
● ISBN978-4-7724-1542-2 C3011

読者に考えてもらい実践してもらうための簡潔な言葉と
5つのガイドつき瞑想のCDで
体験的にマインドフルネスを学べる入門書。

価格は10％税込です。